集人文社科之思 刊专业学术之声

刊　　名：德国哲学
主办单位：湖北大学哲学学院

German Philosophy (The 2017 Volume,No.2)

2017年下半年卷

集刊序列号：PIJ-2014-092
中国集刊网：http://www.jikan.com.cn/
集刊投约稿平台：http://iedol.ssap.com.cn/

主　编■邓晓芒　戴茂堂
副主编■舒红跃

德国哲学

（2017年下半年卷）

GERMAN PHILOSOPHY

(The 2017 volume,No.2)

社会科学文献出版社
SOCIAL SCIENCES ACADEMIC PRESS (CHINA)

卷首语

本期在编期间，惊悉我们敬爱的学界前辈梁志学先生不幸仙逝，享年 87 岁。梁先生素来以堂堂武夫形象示人，身材健硕且目光炯炯，一身正气。前年（2016 年）《德国哲学》创刊 30 周年纪念大会上，梁先生作为本刊创办人之一，做了主题发言，全场都为 85 岁高龄的梁先生思路之清晰、言辞之干净而暗暗称奇。去年（2017 年）8 月，商务印书馆建馆 120 周年纪念大会在北京饭店召开，我与梁先生被分在一个组（哲学组）讨论，当时梁先生虽然已检查出肺癌，说话有些中气不足，但仍然精力满满，伸出手来要和我掰手腕。我当然不敢用力，略试了试，惊呼："机械臂啊！"后来听说梁先生住院治疗了一段时间，又回到家中静养，由女儿照看。今年 1 月 5 日，我趁在北京开会时，和妻子一起去他家看他。在病床上，我握住他的手，他脸色清癯，认出我来，眼光和煦，与平时没有什么两样，只是已说不出完整的句子，只是反复叨念着："1931 年……1937 年……"保姆说，估计他是在回顾自己的一生：1931 年出生于山西定襄，1937 年上小学。但是由于说话太困难，只好作罢。我在床边坐了 20 来分钟，梁先生摆手示意和我们告别，我想梁先生大概也很累了，就出来了。没想到 10 天后，也就是 1 月 15 日凌晨，梁先生走了。我在武汉接到张伟珍发来的消息，随即回了一封电子邮件：

"没想到梁先生还是没有能够挨到春节，一位顶天立地的汉子轻轻地摆了摆手，驾鹤西游去了。

我曾在《梁志学先生〈小逻辑〉新译之观感》一文中写道：

'梁先生是我在德文哲学文献翻译上的第一篇处女作康德《实用人类学》

译稿的审稿人。记得当年（1986 年）接到梁先生寄回给我的经过批改的译稿和充满鼓励的回信时，感激和钦敬之情难以言表。梁先生的字迹清秀而严整，包括信封上的字都一笔不苟，几乎可作“硬笔书法”的范帖，令我深感惊异。这种字只有心气极为充盈的人才写得出来。梁先生作为前辈名家对我的点拨使我在翻译技巧上茅塞顿开，更重要的是，他的严肃认真的学问态度给我的示范是我终生难忘的。’

在后来的接触中，我越是了解梁先生，越是感到这真是一位了不起的哲人，中国学界的良心。十天前我去看他时，他虽然已经说不出一句完整的话，但思路仍然是那么清晰。他躺在病床上，两只手轻轻地向我摇摆了几下，好像说：我要去了，后会有期。

特撰挽联一副：

平生两件事，救亡不废启蒙意；

举世一真人，学问彰明德性光。”

我至今保存着梁先生亲自用铅笔批改过的我的《实用人类学》译稿，可以看到改动处不是很多，但每改必中要害，并展示一种翻译境界，令人叹服。

梁志学，又名梁存秀，老革命，中国社会科学院荣誉学部委员，哲学研究所研究员，我国著名哲学家、西方哲学史专家、翻译家。1956 年于北京大学哲学系毕业后，分配到中国社会科学院哲学研究所工作，曾任《哲学译丛》责任编辑、《自然科学哲学问题》丛刊主编、《中国大百科全书·哲学》自然辩证法部分常务副主编。著有多部有关黑格尔和费希特以及德国古典哲学的专著，译有《费希特选集》（五卷）及黑格尔《小逻辑》等一系列西方哲学经典，离休后，仍然埋头于主编《黑格尔全集》，已由商务印书馆出版第 6 卷、第 10 卷、第 17 卷、第 27 卷。梁先生生前发表的最后一篇文章，应该就是连载于本刊创刊 30 周年纪念辑（2016 年下半年卷）和本辑的长文《思辨逻辑的基本观点》（上、下）了。稿件是由梁先生手写在稿纸上邮寄来的，字写得极为工整漂亮。也许正因此，他从来不用电脑打字，都是自己手写，一般老一辈学者，字写得好的都有这个情结。梁先生一生研究的重点是德国古典哲学中的自然观和历史文化理念，并且比较重视文本考据之学；而这篇文章则以黑格尔思辨逻辑的方法论问题为研究对象，应看作梁先生长期脚踏实地埋头于具体哲学问题之后的一次理论升华，具有总管全局的意义。

哲人已逝，一代一代的中国学者就像传递接力棒一样，在200年间把中国的西方哲学研究推进到了今天这样的高度，以至于连德国学者到中国来都慨叹不已："德国哲学在中国！"这些学者从来不张扬，不见报，不出镜，不理睬人世的喧哗，一心在思想的以太中遨游，与人类精神世界中最明亮的星座为伍，他们是中国文化的脊梁。

邓晓芒

2018年2月18日于武汉

[附《德国哲学》编辑部唁电]

中国社会科学院哲学研究所：

惊悉梁志学先生于今天（15号）凌晨逝世，不胜哀伤！梁先生是我国德国古典哲学研究领域中的学术泰斗，也是学术界同人的人格典范，他的离去，使中国哲学界顿失一位顶天立地的贤哲。他给我们留下的精神财富将不断地滋养后学，激励我们继承他的遗志，将中国的学术事业推向前进。

《德国哲学》编辑部全体同人，2018年1月15日

目录 德国哲学（2017年下半年卷）

特　稿

思辨逻辑的基本观点（下）

梁志学*

三　逻辑思维与理智直观

内容提要　本文是对黑格尔思辨逻辑的基本观点的研究，分为上下两篇。在上篇中研究的是：(1) 思辨逻辑对象的过程里的进化与退化；(2) 在这个过程里理性与知性的关系。在下篇中研究的是：(3) 逻辑思维与理智直观的关系；(4) 这个过程里历史东西与逻辑东西的统一。这些研究都是以唯物辩证法为指导，结合现代自然科学与社会科学的成果进行的。

关键词　辩证逻辑　知性逻辑　进化　退化　理智直观　历史东西

理性逻辑思维是把握辩证矛盾发展过程的唯一正确的思维方式，这是一种经过中介的或间接的知识，黑格尔在建立起这样的原则时并没有完全否定直接的知识，否定理智直观。这样就出现了间接知识与直接知识的关系问题，即逻辑思维与理智直观的关系问题。

---

* 梁志学（1931—2018），中国社会科学院哲学研究所研究员，曾任《哲学译丛》责任编辑，《自然科学哲学问题丛刊》主编和《中国大百科全书·哲学》自然辩证法部分常务副主编，主要从事德国古典哲学的翻译与研究。

黑格尔在建立他的逻辑学时对这个问题的分析和解决并不是从古老的哲学史着手的，而是从康德以来的哲学发展过程着手的。他考察的主要是康德和谢林在这个问题上所持的观点，得出了他要得出的正确结论。

理智直观这个范畴起源于康德在其《判断力批判》中提出的“直观的知性”。他在考察有机自然界的方式时发现，机械论的考察方式主张，一切物质东西及其形式的产生都必须按照单纯的机械规律来鉴定才是可能的，目的论的考察方式则主张，有些物质产物是无法按照单纯的机械规律鉴定为可能的，而为了识别它们，需要用目的性的规律。前一种考察方式是知性的考察方式，坚持原因与结果的机械性联系，后一种考察方式是理性的考察方式，坚持原因与结果的目的性联系。为了解决这个二律背反，康德花了很多力气，作出一些设想。首先，他设想过，在有机自然界中机械性因果联系与目的性因果联系是结合在一起的，而这就可以使前一种联系从属于后一种联系，但他并没有突破知性逻辑的框架，并不能说明前一种联系是一种更加普遍的联系，即目的性因果联系的极限，相反地，他从主观唯心论出发，认为作出这样的说明是独断论的，说什么“两种原理作为一个事物从另一个事物得到解释（演绎）的根本原理，是不能在同一个自然事物里加以结合的”①。其次，他也想象过机械论原理与目的论原理在超验领域里结合在一起，但他并不真正了解现象与本质的辩证关系，反而把两者形而上学地割裂开，认为“这两种迥然不同的因果性的这样一种结合的可能性是我们理性所不能理解的”②，这样一来，他又陷入了不可知论的立场。最后，既然机械论原理与目的论原理的客观结合是不可能的，康德便只能停留于知性思维，即“推理的知性”或知性逻辑思维。他也发现，“我们的知性对于判断力有一种特别的情况，那就是在知性的认识里特殊东西不为普遍东西所规定，因而也不能单从普遍东西推演出来”③。康德由此得出了知性逻辑思维不能把特殊与普遍，因而也不能把机械论原理与目的论原理结合起来的结论，也就是说，他实际上肯定了知性逻辑思维不足以把握辩

① Kants Gesammelte Schriften, “Königlichen Preussichen,” *Akademie der Wissenschaften*, Vol. 5, Berlin, 1902 – 1983, S. 411.

② Kants Gesammelte Schriften, “Königlichen Preussichen,” *Akademie der Wissenschaften*, Vol. 5, Berlin, 1902 – 1983, S. 422.

③ Kants Gesammelte Schriften, “Königlichen Preussichen,” *Akademie der Wissenschaften*, Vol. 5, Berlin, 1902 – 1983, SS. 406 – 407.

证矛盾。

怎么办呢？康德决意寻找一种更高的认识能力，但这种更高的认识能力在他的视野中绝不可能是辩证的思维能力，而只能是非逻辑推理的认识能力。请看，他写道："可是，直观也毕竟属于认识，并且直观的完全自发性的能力会是一种完全不同于感性和不依赖于感性的认识能力，因而会是最广义的知性，所以，我们也就可以设想一种直观的知性（从反面来说，全然是非理性的知性）从普遍东西进到特殊东西，又从特殊东西进到个别东西，也不会遇到自然界在其产物中按照特殊规律对于知性的符合的偶然性，而正是这种偶然性使我们的知识很难达到对于自然界的多种多样事物的认识的统一性。"① 这样，康德就假定了一种直观的知性，一种非逻辑推理的、不依赖于感性的认识能力，这种认识能力就是要洞见特殊与普遍、机械性因果联系与目的性因果联系的统一的。

德国古典哲学改造者谢林大力发展了康德的这个假定。他把康德所谓的"直观的知性"称为理智直观。他之所以接受了康德假定的这种更高的认识能力，是为了克服当时在自然哲学研究中占支配地位的知性逻辑的思维方式。在当时的自然哲学研究中，已经揭示出许多辩证矛盾，诸如吸引与排斥、正电与负电、化合与分解、因果性与目的性等，需要从历史发展的观点加以探讨，但那种自然哲学研究还囿于"非此即彼"的思维方式，并不能把握这种发展，所以，谢林在从事自然哲学研究时就坚决否弃了知性逻辑的思维方式，而诉诸理智直观。

谢林以为，在整个自然界里，"对立在每一时刻都重新产生，又在每一时刻被消除。对立在每一时刻这样一再产生，又一再被消除，必定是一切运动的最终根据"②。"贯穿在整个自然界里的正是一种普遍的二元对立，而我们在宇宙里发现的只不过是这种原始对立流传下来的一些后代，宇宙本身就存在于它们中间"③。可以说，在德国古典哲学发展里，谢林第一个揭示了辩证矛盾是一切事物发展和变化的源泉，这是他所作出的一项极其重要的贡献。但他是怎

---

① Kants Gesammelte Schriften, "Koniglichen Preussichen," *Akademie der Wissenschaften*, Vol. 5, Berlin, 1902 - 1983, S. 406.

② 谢林：《先验唯心论体系》，梁志学、石泉译，商务印书馆，1977，第148页。

③ Friedrich Wilhelm Joseph Von Schellings Sämmtliche Werke. Edited by. K. F. Schelling. Charleston: Nabu Press, 2010, Volume 3, S. 250.

么解释辩证矛盾的发展过程的呢？

从本体论来看，谢林认为，这种矛盾发展的各个阶段是理智力求达到自我直观的活动所经历的阶段。第一个阶段是以质料为标志的直观，它的矛盾是吸引和排斥，它是理智直观其自身的没有成效的尝试。第二个阶段是以物质为标志的直观，它的矛盾发展过程是从磁体的南极和北极的统一出发，经过带正电的物体与带负电的物体的分立，而进到对立面的相互渗透的化学过程，它仍然是不成熟的理智直观。第三个阶段是以有机体为标志的直观，它的矛盾是机械性与目的性、直线式因果联系与圆圈式因果联系，它体现了理智的本质，因而在它发展的顶点达到了理智的自我直观。这样，谢林就把康德假定为最高认识能力的理智直观改变成了他的自然哲学体系的最高本原，即“绝对同一体”。

从认识论来看，谢林在理智直观问题上也比康德走得更远。第一，康德把理智直观假定为非逻辑推理的，是在它作为把握有机自然界的认识能力的意义上讲的，谢林则进一步认为，“这样一种直观是一切哲学的官能”；“它不是以客观事物或主观事物为对象，而是以绝对同一体，以本身既不主观也不客观的东西为对象”①。这样，谢林就给自己堵死了以非逻辑思维转向逻辑思维，从而建立辩证逻辑的道路。第二，在康德那里，理智直观是作为克服科学和哲学遇到的辩证矛盾提出来的，他只说这是一种更高的认识能力，而没有说它是科学家和哲学家所不曾拥有的，但到了谢林这里，理智直观则变成了一种解决矛盾的神奇才能，它仅仅是艺术天才所拥有的。在他看来，科学家只能用机械的方法，试图去解决本来只能由艺术天才找到解决办法的难题，所以“在科学里没有天才”②。不仅如此，在他看来，艺术也高于哲学。他写道，“艺术对于哲学家来说就是最崇高的东西，因为艺术给哲学家打开了至圣所，在这里，在永恒的、原始的统一中，已经在自然和历史里分离的东西，必须永远在生命、行动和思维里躲避的东西仿佛都燃烧成了一道火焰”③。结果，真正足以把握现实世界的本质的就只有那些具有不可言传的神奇天才的艺术家，但谢林的这种非理性主义倾向不久就在德国古典哲学的发展进程中遭到了扬弃，尽管在它

---

① 谢林：《先验唯心论体系》，梁志学、石泉译，商务印书馆，1977，第 274 页。
② 谢林：《先验唯心论体系》，梁志学、石泉译，商务印书馆，1977，第 272 页。
③ 谢林：《先验唯心论体系》，梁志学、石泉译，商务印书馆，1977，第 276 页。

的背后有强有力的支持者。

这位支持者就是直接知识论者雅可比。他早就在他的《沃尔·德玛》（1781年）里宣称，“凡属绝对本身的真东西，都绝不是用推理和比较的方法得到的；我们的直接知识（我在）和我们的良知这两者是某种神秘的东西的活动，在这种活动中心灵、知性和感觉是结合起来的”①。在这里，雅可比也像康德那样，认为我们通过正确的思维、通过思辨的逻辑是无法认识作为万物的本原的绝对者的，而只有通过主体的直接知识、通过非逻辑的理智直观才能认识这样的绝对者，或者像黑格尔在谈到有限者与无限者、现象与本质的关系时指出的那样，“在康德那里结论是，我们只认识现象，在雅可比这里结论是，我们只认识有限的、有条件的东西”②。因此，根本问题还在于阐明有限者与无限者的关系，从而阐明间接知识与直接知识、逻辑思维与理智直观的关系。黑格尔从自己关于这种关系的辩证观点出发，分析了直接知识论的主张。黑格尔正确地看到，这种“主张在于，无论作为一种单纯主观的思想的理念，还是一种单纯的独立存在，都不是真理”，因此，“理念只有以存在为中介，才是真理，反过来说，存在只有以理念为中介，才是真理”，也就是说，直接知识论想得到理念与存在的统一，这是它的正确的地方；但它的错误的地方在于，它没有看到，“两个不同的规定的统一并不仅仅是纯粹直接的，即毫无规定的和空洞的统一，而是恰恰在这种统一中设定了这样的关系，即一个规定只有以另一个规定为中介，才有真理，或者，如果想这么表达的话，任何一个规定只有通过另一个规定，才与真理协调起来”③。这就意味着，理念与存在的统一是有限者与无限者的矛盾不断发展的过程，是间接知识与直接知识的矛盾不断发展的过程，在这样的过程中两个对立的规定既相互区分，又彼此统一，或者更具体地说，有限者蕴含着无限者，无限者映现为有限者，间接知识包含着直接知识，直接知识体现为间接知识。直接知识论否定了这样的辩证发展过程，这就犯了片面性的错误，导致了三个后果：把主观的知识冒充为真理；把一切迷信和偶然崇拜宣布为合理的；把真正信仰的对象限定于没有规定的超越性事

① Friedrich Heinrich Jacobi，Werke. Gesamtausgabe Hrsg. V. Klaus Hammacher and Walter Jaeschke，Hambarg：Meiner，Stuttgart：Frommann-Holzboog，1998，Bd. 5，S. 122.

② 黑格尔：《哲学史讲演录》第四卷，贺麟、王太庆译，商务印书馆，1995，第305页。

③ 黑格尔：《逻辑学——哲学全书·第一部分》，梁志学译，人民出版社，2002，第143～144页。

物。尽管黑格尔在批评雅可比时总是限于宗教哲学领域，而没有涉及自然哲学领域，但他所阐明的辩证认识过程对于真正的哲学研究和科学研究都具有巨大的启发价值。

黑格尔在扬弃这种非理性主义倾向时是分为两步走的。他所走的第一步在于，从积极方面批判地继承康德的“直观的知性”所包含的合理内容，同时也揭示康德的这个概念的错误。在他看来，“直观的知性”是一个很深刻的规定，因为它预示着构成自然界的本质的具体概念或理念，预示着自然界中的对立面的统一。他说，有机体是自然界的机械性与目的性的统一。“我们把它认作是一个内在于感性事物中的概念，这概念使得那特殊的东西遵照它［的规定］；这样我们就是按照一个直观知性的方式来考察有机体。伟大的东西就是理念，就是真正的具体的东西。亦即通过内在概念规定了的实在。”① 他充分肯定了康德的“直观的知性”的合理内涵，说康德把具体东西的观念引入了哲学。但是，黑格尔也指出了康德的“直观的知性”具有主观主义和不可知论的性质。他写道，“康德自己又把这些观念仅仅理解为主观的规定；它们仅仅是考察的方式，不是客观的规定”。“康德曾经揭示了最高的对立，并且说出了这些对立的解除”。“同时康德却说，这只是我们的反思的判断力的一种方式，生命本身并不如此，但我们却习惯于那样去考察生命，那只是我们的反思的通则。”② 康德未能通过“直观的知性”走向客观辩证法，走向思辨逻辑，而陷于“非此即彼”的对立，“这完全是知性哲学，它否认了理性”③。

黑格尔在扬弃这种非理性主义倾向时所走的第二步在于，他既肯定了谢林在发挥康德的“直观的知性”方面所做出的积极贡献，也批评了谢林在这方面所导致的错误观点。黑格尔认为，谢林在考察理智的无意识的创造过程时已经形成一个观念，即在对立面自身之内指出它们的真理是它们的统一，这个观念是正确的，因为每一方面单独来看都是错误的；但是，“谢林并没有把这个观念按一定的逻辑方式加以彻底论证，在他那里对立统一是直接的真理”④。谢林把主观与客观的绝对无差别的同一性既作为他的哲学的开端，又作为矛盾

① 黑格尔：《哲学史讲演录》第四卷，贺麟、王太庆译，商务印书馆，1995，第 302 页。
② 黑格尔：《哲学史讲演录》第四卷，贺麟、王太庆译，商务印书馆，1995，第 302 页。
③ 黑格尔：《哲学史讲演录》第四卷，贺麟、王太庆译，商务印书馆，1995，第 306 页。
④ 黑格尔：《哲学史讲演录》第四卷，贺麟、王太庆译，商务印书馆，1995，第 354 页。

的绝对解决的归宿；对此，黑格尔写道，“但同一性不是抽象的、空洞的、枯燥的。这乃是（形式）逻辑的同一性，按照共同之点的分类别，而区别却仍然存在于同一之外。（真正的）同一性是具体的，既是主观性，也是客观性，主观性和客观性皆作为被扬弃了的、理想的环节包含在其中。（谢林的）同一性是绝对地（抽象地）陈述出来的，并没有证明它是真理。在哲学研究里，人们要求对于所要树立的观点加以证明，但是如果从理智的直观开始，那我们就会满足于断言、神谕，因为所要求于我们的只是作理智的直观”①。谢林的“理智直观”抛弃了逻辑的东西和思维，而把雅可比的“直接知识”奉为原则，按照这个原则，应用逻辑范畴的间接知识是达不到真理的，因此，获得真理的唯一途径就是灵感之类的非逻辑的直接知识。关于这类观点，黑格尔指出，直接知识和间接知识是统一的。一方面，按照最普遍的经验，确实会有许多真理直接呈现在有教养的人们的意识里，然而它们是多方面的反复思索和长期的生活经验的产物，就是说，无数的间接知识转化成了某种直接知识，“直接知识实际上是间接知识的产物和成果”②。另一方面，在科学和艺术里，天才的创造活动确实会洞见事物的枢机，然而随着岁月的推移，他们的非凡建树已经变为简单的思想规定，就是说，直接知识转化成了间接知识，“许多在以前曾为精神成熟的人们所努力追求的知识现在已经降为儿童的知识”③。黑格尔揭露了直接知识论的观点的片面性，说这种观点自以为超越了“非此即彼”的知性逻辑范畴，实际上仍然陷于这类范畴。

谢林的“理智直观”产生了极其恶劣的后果，这引起了黑格尔的反感。黑格尔批评说，既然他的“理智直观”抛弃了概念的认识，那就只能把知识设定在任何偶然碰巧想到的东西上，而这样一来，就似乎只有少数具有艺术天才的个人才会享有对于具体事物、对于主客同一体的“理智直观”。黑格尔描写道，这些充满了对永恒、神圣和无限的高尚情感的幸运儿，穿着法座的道袍阔步而来，佯言自己就像从手枪里发射子弹一样，突然产生出深刻的洞见和奥妙的灵感。“不过，创见虽深刻，还没有揭示出内在本质的源泉，同样，灵感虽闪烁着这样的光芒，也没有照亮最崇高的苍穹。真正的思想和科学的洞见，

---

① 黑格尔：《哲学史讲演录》第四卷，贺麟、王太庆译，商务印书馆，1995，第353页。
② 黑格尔：《逻辑学——哲学全书·第一部分》，梁志学译，人民出版社，2002，第141页。
③ 黑格尔：《精神现象学》上卷，贺麟、王玖兴译，商务印书馆，1979，第18页。

只有通过概念所作出的劳动才能获得"①。黑格尔又批评说，谢林的"理智直观""由于缺乏概念，就自称是一种直观的和诗意的思维，它给市场上带来的货色，可以说是一些由思维搅乱了的想象力所作出的任意拼凑——一些既不是鱼又不是肉，既不是诗又不是哲学的虚构"②。他认为，尽管这种自命不凡、放肆粗疏的虚构被视为天才或灵感的表现，然而，既然"理智直观"刻意追求的不是把握客观内容的本性，而是任意拼凑的东西，那它就必然会把一切迷信和偶像崇拜都宣布为真理，为毫无道理和违反道德的意志内容进行辩护。黑格尔的这些批评意见是在 19 世纪初提出的，他未能看到"理智直观"的非理性主义在后来德国资产阶级哲学发展中造成的不良影响，不过这种发展完全证实了黑格尔的批评意见的正确性。

"理智直观"在德国古典哲学中早已作为一个被扬弃了的概念，变成了历史的插曲。对于这个概念应该给予全面的评价。著名的匈牙利哲学家格·卢卡奇说过，"谢林的理智直观具有两面性。一方面，它是对于直接存在的客观现实中表现出来的矛盾的辩证超越，是达到对自在之物的本质的认识途径，因此也是在认识论上对于单纯知性范畴把这种表现出来的矛盾视为固定不变东西的看法的超越"，"另一方面，这种理智直观则包含着在这样一些惊人前景和逻辑困难面前的非理性主义的逃遁，这些前景与困难是与超越单纯知性思维而达到理性、达到合乎逻辑的辩证法不可分离地结合起来的"③。这个评价合乎历史的本来面目，很有道理。现在，马克思主义哲学家正在致力于推进辩证逻辑的研究工作，在解决这样艰巨复杂的思维科学课题时，是否也会以某种改变了的形式出现德国古典哲学发展史上的那类课题呢？停留在传统逻辑的框架里，不愿意过渡到辩证思维的领域，固然是错误的，但抛弃合乎逻辑的思维，就像用"燃素"解释燃烧问题那样，用某种类似于"理智直观"的假想的认识能力来逃避面临的逻辑难题，这也同样是错误的。在评论那些放弃概念的严肃性和思维的清晰性，而代之以无聊幻想和自负神气的谢林派人士时，黑格尔曾说，"他们自以为他们正处在中心，其实他们只停留在表面"④。这个评语也

---

① 黑格尔：《精神现象学》上卷，贺麟、王玖兴译，商务印书馆，1979，第 48 页。

② 黑格尔：《精神现象学》上卷，贺麟、王玖兴译，商务印书馆，1979，第 47 页。

③ Georg Lukács Werke，Frank Benseler（Hrsg.），Luchterhand rerlag，Darmstaclt and Neuwied，1962，Bd. 5，S. 127.

④ 黑格尔：《哲学史讲演录》第四卷，贺麟、王太庆译，商务印书馆，1995，第 370 页。

同样适合于20世纪中叶在我们国家出现的那种坚持“形式思维”的主张，它不仅在哲学界没有成气候，而且它的首倡者在自然科学家提出的认识论问题面前无法作出回答，而只好退避三舍，这就是假借形象作出思维结论的行径所导致的下场。

四　历史东西与逻辑东西

无论是知性思维，还是理性思维，无论是直接知识还是间接知识，它们所要把握的对象都是内在的逻辑过程与其外在的历史过程，这样就在任何事物的发展过程中都存在着逻辑东西与历史东西的辩证关系。在对这种关系的研究中，黑格尔首先探讨了具有基本意义的哲学与哲学史的关系问题。在他看来，逻辑理念发展的不同阶段采取了先后相继出现的哲学体系的形态，其中每个哲学体系都以逻辑理念或绝对理念的一个特殊定义为自己的开端；正像逻辑理念的展开表明自身是从抽象到具体的进展一样，在哲学史上最早的体系也是最抽象的，因而同时也是最贫乏的体系，而且较早的哲学体系与较晚的哲学体系的关系在一般情况下就等于较早的逻辑理念发展阶段与较晚的逻辑理念发展阶段的关系。具体地说是这样的：较晚的哲学体系把较早的哲学体系作为已被扬弃的体系，包含到自身之内，或更确切说，较早的哲学体系为较晚的哲学体系所推翻的真正意义，就是这样。有一种片面地理解这种扬弃的观点，它以为被推翻的哲学体系整个来说已经不再有效，而被消除殆尽，根本完结了。黑格尔批评了这种观点，他指出，“假如事情真是这样，哲学史的研究就必定会被看成一种极其可悲的事情，因为这种研究只能说明，在时间过程中出现的一切哲学体系是如何被推翻的。但是，虽然我们应当承认一切哲学体系都是曾经被推翻了的，同时也必须坚持没有一种哲学体系是曾经被推翻了的，而且也没有一种哲学体系是能够被推翻的。这种情况有两个方面：第一，每一种配作为哲学的哲学都以理念为其内容；第二，每一种哲学体系都应该看作是理念的发展过程的一个特殊环节或一个特殊阶段的表述。因此，推翻一种哲学仅仅意味着超出它的限制，把它的特定原则降低为一个观念的环节。所以，哲学史就其根本内容而言，并不是要研究过去的东西，而是要研究永恒的、全然现在的东西，并且在其结果中也不可以与人类精神的错误陈迹的展览相比拟，而是可以与供奉万尊神像的庙堂相比拟。这些神像就像是在辩证发展中先后相继出现的理念的各个不同阶段”①。

所谓内在的逻辑过程是指逻辑概念以其纯粹的形态在哲学家们的头脑中的发展，即概念递进的推演，它的特点是这种逻辑概念由此及彼的进展具有意识到的内在必然性，这就是说，后一个概念的产生和更加丰富的规定性是从前一个概念必然引申出来的。揭示逻辑概念的推演及其在思维中被认识到的必然性，是作为第一哲学的思辨逻辑学的课题。黑格尔就此把思辨逻辑概念系统规定为用纯粹概念把握绝对理念的科学，而纯粹概念只有经过系统的推演过程才能把握住绝对理念的全部丰富内容。因此，在逻辑概念的发展过程里虽然有许多不同的概念、推演阶段和环节，但它们都是唯一的绝对理念的自身不同的规定、发展阶段和环节，思辨逻辑的任务就是把握这些规定、发展阶段和环节。

所谓逻辑概念发展的历史东西，是指它以改变了的形态，即哲学体系的形态在时间中的发展。这种发展方式和逻辑东西的发展方式的不同在于它不具有必然性的意识，而采取了一种似乎偶然出现的，但又符合时代要求的方式。这就是说，在哲学史里逻辑概念的不同阶段和环节不是以纯粹思想的形式出现的，而是以极其不同的哲学体系的形态出现在某些特殊的领域里，出现在这个民族或那个民族里，出现在某些政治环境或由政治环境引起的错综复杂的关系里；这些哲学体系可以在时间中彼此相继地出现，甚至在中断或停顿了许多世纪才重新出现，也可以在短期内突飞猛进，甚至跳跃式地越过了几个世纪。在历史东西的发展中，逻辑东西依然在内部依据其自身的规律发挥作用，但这种规律为外在的偶然性笼罩起来，并未明确地表现出来。因此，揭示一个哲学体系接替另一个哲学体系的进程与其内在规律，就是哲学史研究的课题。黑格尔就此把哲学史规定为人类认识绝对理念的历史，或者更具体地说，规定为逻辑概念以具有外在性和偶然性的各个哲学体系的形态在各个历史时期的哲学家的头脑中出现和进展的历史。所以，哲学史上虽然出现了许多不同的甚至对立的哲学体系，但它们都是唯一的、正确的哲学体系的不同发展阶段和环节，它们各自的特殊原则都是这个体系的整体原则的各个分支，所以归根到底是以绝对理念的某个规定为基础的。

---

① 黑格尔：《逻辑学——哲学全书·第一部分》，梁志学译，人民出版社，2002，第 169 页。

黑格尔在探讨哲学中的逻辑东西与历史东西的关系时，指出了两者在进展次序与蕴含内容上的一致性。关于前一种一致性，他指出“历史上的那些哲学系统的次序，与理念里的那些概念规定的逻辑推演的次序是相同的”。“如果我们能够对哲学史里面出现的各个系统的基本概念，完全剥掉它们的外在形态和特殊应用，我们就可以得到理念自身发展的各个不同阶段的逻辑概念；反之，如果掌握了逻辑的进程，我们也可以从它里面的各个主要环节得到历史现象的进程。”[①] 关于后一种一致性，黑格尔指出，在历史上不断变化的那些哲学体系都蕴含着不断发展的绝对理念的内容，这种内容就是推动它们发展的力量，是作为各种哲学体系的基础的动力，所以，“这种发展的主导力量就是各种多样性的形态的内在辩证规律”[②]。这种内在的辩证规律在哲学史上是通过无数的偶然性为自己开辟道路的，从而使得哲学体系的历史发展也同绝对理念的逻辑发展一样，是遵循着辩证发展的道路前进的。这样，前后相继的不同哲学体系之间的关系和前后相继的不同逻辑概念之间的关系就会是根本一致的，或者说，都会是在后者把在先者作为被扬弃了的东西包含在自身之内。

在阐明哲学中的逻辑东西与历史东西的这两种一致性时，黑格尔作出了一个极其重要的结论。他说，“我认为，如果我们能够对哲学史里出现的各个系统的基本概念，完全剥去它们的外在形态和特殊应用，我们就可以得到理念自身发展各个不同阶段的逻辑理念；反之，如果我们掌握了逻辑进程，我们也可以从它里面的各个主要环节得到历史现象的进程”[③]。这就是说，逻辑东西与历史东西不管是在出现的次序上一致的，还是在表达的内容上一致的，都属于绝对理念，绝对理念才是这两种东西具有一致性的基础。正是在这个结论里，我们既看到了黑格尔的光辉的辩证法，也看到了他的客观的唯心论，所以，我们在肯定逻辑东西与历史东西在哲学中的辩证统一时，必须肯定这样的统一是以物质的发展过程为依据的。恩格斯曾经就此写道，“历史从哪里开始，思想进程也应当从哪里开始，而思想进程的进一步发展不过是历史过程在抽象的、理论上前后一贯的形式上的反映；这种反映是经过修正的，然而是按照现实的历史过程本身的规律修正的，这时，每一个要素可以在它完全成熟而具有典型

---

① 黑格尔：《哲学史讲演录》第一卷，贺麟、王太庆译，商务印书馆，1995，第 34 页。
② 黑格尔：《哲学史讲演录》第一卷，贺麟、王太庆译，商务印书馆，1995，第 40 页。
③ 黑格尔：《哲学史讲演录》第一卷，贺麟、王太庆译，商务印书馆，1995，第 34 页。

性的发展点上加以考察”[①]。这就是说，逻辑东西是用概念反映的历史东西，或者说，历史东西是包含逻辑东西用概念所反映的内在本质的。这就要求我们，在研究辩证逻辑，进行概念推演时，必须以物质世界中出现的客观历史事实为依据，在研究哲学史，探讨相继出现的各个哲学体系时，必须揭示出它们先后体现的辩证推演的各个环节，理解它们在它们时代存在的必然性。

当然，哲学中的逻辑东西与历史东西的一致性也不是绝对的或者毫无差别的。例如，从两者的蕴含内容来看，作为思辨逻辑的开端的“存在”并不完全等同于泰勒斯所说的构成万物的本原的“水”，而只能说在“水”中包含了作为逻辑开端的“存在”。又如，从两者的进展次序来看，在欧洲哲学史上并没有出现一种哲学体系把作为逻辑范畴的“无”定为自己的最高原理，黑格尔只能从古代印度请来佛教哲学支持自己的论断。哲学中的逻辑东西与历史东西的一致性之所以不是绝对的，根本原因在于规则的东西是通过无数不规则的东西实现的，必然的东西是通过无数偶然的东西实现的，当不规则的东西、偶然的东西出现的概率趋于零时，就没有与逻辑东西相对应的历史东西出场，反之，当不规则的东西、偶然的东西出现的概率趋于无限大时，就没有与历史东西相对应的逻辑东西出现。所以，黑格尔要求思辨逻辑与哲学史的研究必须确切指出哲学内容的历史开展与纯粹逻辑理念的辩证发展在什么限度内在一方面有一致性，在另一方面有分歧；或者说，思辨逻辑与哲学史的研究既要善于从哲学的历史形态所包含的内容里提取出不同阶段的逻辑理念，也要善于从逻辑的进程里得出哲学的历史现象的进程。

依据这样的要求，黑格尔给我们提供了这样一幅哲学精神的画面：“精神的躯体是哲学史上的英雄们，他们在尘世中的生命虽然已经消逝，但他们的事业并未随着他们的躯体而消逝，因为他们的事业的内容是合乎理性的东西，它并不是他们想象、梦想和猜想出来的，他们的业绩仅仅在于，他们把潜在的合理东西从精神的深井中——在这里，这种潜在的合理东西最初只是作为实体、作为内在本质存在的——暴露出来，促使它进入意识，进入知识。因此，这些业绩不仅在记忆的庙堂作为图像被前人存放起来，而且在当前还同样现实存在，还同样像在它们出现的时代那样是活生生的”。从这幅画面上可以看到，

① 《马克思恩格斯选集》第二卷，人民出版社，2012，第 14 页。

“在思维的逻辑系统里，思维的每个形态形成过程都有它的地位，它唯独在这里才具有效用，并且由于更进一步的前进性发展而被贬为从属环节；就像这种情况一样，每一种哲学在整个进程里也是一个特殊的发展阶段，并且拥有它的确实的地位，它在其中有它的真正价值和意义”①。

根据以上所述，黑格尔针对整个哲学史得出了两个重要结论。“第一个结论是，最初期的哲学是最贫乏、最抽象的哲学，在这些哲学里面，理念得到最少的规定，它们只停滞在一般的看法上，并没有充实起来”；但理念的“发展的推进是更进一步的规定，而更进一步的规定就是深入理念本身，所以，最晚出的、最年轻、最新近的哲学就是最发达、最丰富、最深刻的哲学，在这里，凡是初看起来好像已经过去了的东西，都被保存下来，包括进去，它必定是整个历史的一面镜子。开始的是最抽象的，因为它只是一种萌芽，它自身还没有向前进展，而由这种向前进展的过程所达到的最后形态，作为一种进一步的规定来出现，当然是最具体的”②。所以，黑格尔一方面要求现时代的哲学家不要狂妄地把我们自己时代的哲学引为骄傲，因为全部哲学史陈述的精神就在于认识到，时间较晚的发挥出来的哲学是思维精神的先行工作所获得的主要结果，是为较早的观点驱迫着前进的，并不是孤立地自己生长出来的；另一方面黑格尔也要求现时代的哲学家对我们自己时代的哲学不要采取全盘否定的态度，用他们的臆造的范畴，建立某种时髦哲学，想贬斥谁就贬斥谁，想推崇谁就推崇谁。可以说，黑格尔对于现代哲学家所发出的这两点忠告是十分中肯的。与此同时，黑格尔在对待哲学史家方面不仅防止了以古非今的错误倾向，而且也批判了以今非古的错误倾向，他认为我们不可在古代哲学里去寻找多于所应寻找的东西，所以无须要求古代哲学具有一些属于比较深刻的意识的概念。可以说，他的这种考虑是相当全面的。

根据以上所述，黑格尔针对整个哲学史得出的第二个结论是：“正如在思想的逻辑系统里，每一思想的形态都有它独自有效准的地位，通过进一步向前的发展而被降低为从属的环节一样，每一哲学在全部过程里都是一个特殊的发展阶段，有它的一定的地位，在这个地位上有它的真实意义和价值。必须依照

① G. W. F. Hegel Gesammelte Werke（Akadmieausgabe），hg. von der Rheinish-Westfälischen Akademie der Wissenschaften，Hamburg：Felix Meiner Verlag，1968，Bd. 18，SS. 65－67.

② 黑格尔：《哲学史讲演录》第一卷，贺麟、王太庆译，商务印书馆，1995，第44～45页。

这样的规定去认识它的特殊性格，承认它的地位，对于它才有正确合理的处理，也就是因为这样，我们对于它的成就不可希望和要求得过多。我们不要在它里面去寻求须于较高发展的知识里才可提供的满足。我们不必相信，我们思想上的问题或现代世界感兴趣的问题可以在古代哲学家那里找到答案。我们现代的问题有了某些思想上的教养，作为先在的条件。因此，每一哲学都属于它的时代，受它的时代的局限性的限制，因为它是某一特殊的发展阶段的表现"，"它只能满足那种适合于它的时代的要求或兴趣"[①]。正是在这里，黑格尔以古希腊哲学为例，批评了对待哲学发展过程的一种复古主义思潮。这种思潮与那种否定哲学发展的最高阶段的虚无主义思潮，即目空一切的时髦哲学思潮相反，要倒退到古希腊哲学中去，复兴柏拉图和亚里士多德的哲学。他就此指出，"理念在早期哲学里还没有很明确地出现。因此，柏拉图和亚里士多德的哲学就他们的原理来说，尽管现在还存在着，但哲学已不再是在柏拉图和亚里士多德的哲学的形式和阶段里了。我们不能够再停留在他们那儿，他们已经不能再复兴了，因此在我们今天不再有柏拉图派和亚里士多德派了。要复兴他们，无异于把更完善、更深入自身的精神带回到一个较早的阶段。但这样的事情是没有的，也是不可能的，甚至是极其愚蠢的，就好像一个成年人费尽力气要想退回到青年，青年要想回复到童年或婴儿时期那样，虽然成人、青年、孩童是同一个体"[②]。这种对于复古主义的批评也是非常正确的。

根据逻辑东西与历史东西在哲学中的同一性，黑格尔进一步针对哲学本身作出了两个重要结论。第一个结论是：哲学作为时代的产物自始就对现实世界采取批判的态度。他说，"哲学作为一个时代的精神的思维和认识，无论是怎样先验的东西，在本质上却也是一种产物"；"当整个民族快要接近于没落，内心的要求与外在的现实发生了裂痕，精神对它的现实生活表示厌烦与不满时，哲学思想就会开始出现，精神逃避到思想的空旷领域，建立起一个思想的王国，以反抗现实的世界"，虽然"哲学对于思想所开始破坏的世界，要予以调和"，但"哲学所作的调和工作不是现实的调和，而只是在理想世界里的调和"[③]，即对不符合时代精神的没落世界在思想上的清理。黑格尔从伊奥尼亚

① 黑格尔：《哲学史讲演录》第一卷，贺麟、王太庆译，商务印书馆，1995，第 48 页。
② 黑格尔：《哲学史讲演录》第一卷，贺麟、王太庆译，商务印书馆，1995，第 49 页。
③ 黑格尔：《哲学史讲演录》第一卷，贺麟、王太庆译，商务印书馆，1995，第 53～54 页。

哲学的兴起开始，一直谈到近代哲学的独立发展，说明了哲学在整个历史中的这个主要特点，他的说明对于我们周围依然活动的那些“代代红哲学家”确实不可不察。

根据逻辑东西与历史东西在哲学中的同一性，黑格尔针对哲学本身作出的第二个结论是：“哲学是最盛开的花朵，它是精神的整个形态的概念，是整个客观环境的自觉和精神本质；它是时代的精神，是自己正在思维的精神。这个多方面全体都反映在哲学里面，以哲学作为它们单一的焦点，并作为这个全体认知其自身的概念”。“哲学并不站在它的时代以外，它就是对它的时代的实质的知识”。但无论从形式方面来看，还是从内容方面来看，哲学都超出了它的时代，不断地发展自身；“它是此后即将实现出来的精神的内在诞生之地”①。这个结论不仅肯定了哲学是不断发展的，而且肯定了哲学的真正前进是促成时代精神革新的动力。所以，黑格尔总是赞扬代表真理的新的哲学的诞生，而否定那种故步自封的旧的哲学的苟延。在这里我们所能看到的是以真理为其唯一内容的哲学的蒸蒸日上，而不是违背时代精神的错误哲学的胡说八道，合乎规律的逻辑范畴将永远在历史的长河中演变与前进。

在我们评价过思辨逻辑的上述四个观点之后，我们将会看到，本体论意义上的逻辑范畴的进化与退化的辩证统一是怎样发展的，认识论意义上的知性概念与理性概念、理智直观与思维活动的辩证统一和发展观意义上的逻辑东西与历史东西的辩证统一就是怎样发展的；在黑格尔的体系里，作为第一哲学的思辨逻辑的各个环节的推演不仅与认识论上的各个环节的推演相对应，而且与发展观上的各个环节的推演相对应。因此，把握上述四个观点就是把握整个思辨逻辑的关键②，而这也正是黑格尔《逻辑学——哲学全书》导论部分要向真正的哲学爱好者讲的基本内容。

---

① 黑格尔：《哲学史讲演录》第一卷，贺麟、王太庆译，商务印书馆，1995，第 56～57 页。

② 关于如何把握这个关键，也可以参见杨祖陶《康德黑格尔研究》，武汉大学出版社，2001，第 350～355 页。

赵敦华与邓晓芒对谈

——康德与黑格尔*

赵敦华、邓晓芒　等

内容提要　这次对谈的主题是对康德和黑格尔的哲学进行比较，两人一致认为康德和黑格尔在哲学上各有长处，也各有缺点，但对于中国当代思想文化来说，我们既要康德，也要黑格尔；但在究竟如何评价他们各自的优点和缺点方面，两人抱有不同的意见并展开了一些深入的讨论。由此涉及康德和黑格尔对伪善的理解问题，马克思对黑格尔国家学说的批判问题，战争与永久和平问题，历史文化、政治哲学与形而上学的关系问题，德国哲学与卢梭和法国大革命的关系问题。在提问和回答时还谈到了对卢梭的整体把握、中西语言文字的差别和中西文化的比较、德国古典哲学对中国当代哲学的意义和影响以及启蒙作用；等等。

关键词　康德　黑格尔　中西文化比较

主持人江畅：

今天给我们讲课的是北京大学哲学系赵敦华教授和华中科技大学哲学系的邓晓芒教授，他们要讨论的题目是“要康德还是要黑格尔”。赵老师和邓老师是改革开放之后国内第一批做西方哲学研究的人，并且一干就是这么多年。

---

* 这是2017年11月4日赵敦华和邓晓芒应湖北大学哲学学院之邀在该院报告厅给院里师生们所做的一次对谈的录音记录稿，由湖北大学哲学学院副教授庄威整理、邓晓芒教授审定。

两位老师的学问涉猎非常广泛，包括西方哲学、中国哲学、马克思主义哲学，并且造诣都非常深，在国内外享有盛誉。今天很荣幸请到赵敦华教授与邓晓芒教授来讲课，一方面他们要表达他们自己的观点；另一方面他们对西方哲学持什么态度，尤其是对康德与黑格尔应该持什么态度，他们都有比较深的研究。我相信他们一定会给大家带来很多的启发，下面以热烈的掌声欢迎两位老师讲话。

赵敦华：

刚才江畅老师讲的是“要康德还是要黑格尔”，其实我是康德与黑格尔都要。缘起大概在两年以前，中华外国哲学史年会在华中科技大学举行，在年会上我和邓老师有幸同台发言，我们两个事先也没商量，但是不约而同地就讲起了20世纪80年代关于是“要康德还是要黑格尔”这么一个争论。其实也没有争论，就是李泽厚发了一篇文章，它的论点就是“要康德不要黑格尔”，黑格尔已经过时了，黑格尔已经产生了很多副作用，康德和现在方兴未艾的现代西方哲学联系更为广泛。我们两个不约而同地谈起了这篇文章，观点也是一致的：既要康德又要黑格尔。他们不仅是德国古典哲学，而且是整个西方哲学史上的两座高峰。他们之间不是非此即彼的关系，而应该说，理解了康德可以更好地理解黑格尔，理解了黑格尔也可以反过来更好地理解康德。我们两个人的论文也已经发表了，邓老师的论文被《华中科技大学学报》抢先发表了，我的论文正好在会议期间，《武汉大学学报》的主编就找我，说要发表在《武汉大学学报》上，基本上是同时发表的。虽然我们两个人的观点在“要康德还是要黑格尔”的这个方面是一致的，但是我们讲为什么既要康德又要黑格尔，我们的侧重点可能有所不同。邓老师既是研究康德的专家，也是研究黑格尔的专家，他能够比较黑格尔和康德的长处和短处，康德有哪些长处，黑格尔有哪些长处，黑格尔又弥补了康德哪些短处，但是黑格尔自己又有一些短处，他又是怎么论述的。我的题目只是一个引子，我还是强调黑格尔哲学体系的理论意义与现实意义，所以我可能更多的是从黑格尔的观点来看康德的观点。因为大家都知道，黑格尔对康德的批评比较多，有些批评是公正的，但是因为康德已经去世了，康德也不能来为自己辩护。当然我认为这种批评也是有限的，因为当时各种条件的限制，黑格尔在时间上来讲是在后的，理论发展了，时代的背景也变化了，那么可能有些问题他讲得就更全面一点，也更深刻一点。但是我们两个人只是侧重点不同，所以今天我们两个人的对谈只是切磋，感谢湖北大学给我们这个机会，希望在座的各位都积极参与。

主持人江畅：

要么，邓老师先呼应一下？

邓晓芒：我来讲一下吧。这个问题在好多年前，大概是二〇〇几年的时候，在北京大学开会，我就和几个德国教授在一起讲康德和黑格尔的论“伪善”问题。

赵敦华：

那次是纪念康德 200 周年诞辰，是一个国际研讨会，因为全世界都在纪念康德，所以我们北大就举办了一个国际学术研讨会。当时来了一大批专家，德国康德研究会的主席也来了，晓芒那篇文章我还记得，是用德文来宣读的，在当时引起的反响还是比较大的。

邓晓芒：

对，那个德国教授后来给我提了个问题，就是你到底要康德还是要黑格尔？到底是赞成康德还是赞成黑格尔？我说我是想用康德来补充黑格尔，后来他们对这个答复非常满意。当时我确实是这样想的，两位哲学大师其实各有长处，一定要 PK 的话，没有哪个真正是赢了或者是输了的问题，他们各自都有见地。根据不同的时代，可能有些人偏向这一方，有些人偏向那一方。比如说李泽厚的那个时代，偏向康德是非常可以理解的，因为长期以来黑格尔在国内的西方哲学界占据着统治地位，出了那么多书，而且黑格尔思想是马克思哲学的直接来源，康德虽然说也是来源，但是毕竟隔了好几个人了，所以人们总是一谈到康德的时候，就引用黑格尔的那些批判。那些批判当然是有道理的，但是刚才赵老师讲，要是康德在的话，肯定会为自己辩护。我们可以设想，如果康德还在，他将会怎么辩护。比如说最有名的批评就是，康德的《纯粹理性批判》想把地基清理干净之后再重新建立起一座大厦，黑格尔就讽刺他，说就像一个人想要学游泳，教练跟他说你在学会游泳之前千万不要下水。我们一听就觉得非常实在，人只能在水中学会游泳，怎么能在岸上学会游泳呢？好像很有道理。但是我想要是康德还在的话，他可能会这样说，一个游泳教练恐怕还是有些知识可教的，不然要游泳教练干什么，把人丢到水里去不就行了，恐怕还有一些要领必须先交代一下吧。所以恐怕不完全是这样的。康德的意思是在进入知识之前，我们还有一些必要的清理地基的工作，或者是否定性的工作，把那些已经被证明不利于知识发展的东西切除掉，就像游泳教练告诉你几个要领，千万不能怎么怎么样，可能一到下水的时候你会忘记了，但是一到紧要的时候你可能又会想起来，这样你可能会学得更快一些。

还有一些批评，特别就是我比较赞同康德而没那么赞同黑格尔。康德那么重视道德形而上学，黑格尔就不太重视了，黑格尔在《精神现象学》里面也谈道德，《法哲学原理》里面也谈道德，但是他谈道德的风格和康德是不一样的。康德是理想主义地谈道德，黑格尔是现实主义地谈道德，一谈道德的时候黑格尔总是露出一点不屑，如果在场听他讲的话，似乎可以看到他的嘴角带着讽刺的微笑。但有时候他又装作很认真地在谈，只是他认为道德最后是要被取代、被扬弃的，最后要归到市民社会、历史、国家。一谈到国家，黑格尔就神圣起来了，就开始正襟危坐了。康德倒觉得国家不是那么神圣，他当时更偏向于卢梭，所以最近我写了一篇文章叫作《从黑格尔的一个误解看卢梭的公意》，就是实际上在国家理论方面，黑格尔是比卢梭更为倒退的，就像马克思批评的，黑格尔既要保持中世纪封建时代的那一套形式，但是又要在这套形式里面加入一些现代法治社会的内容，而谈到现代法治社会的时候他又要套上中世纪的紧箍，所以在这个问题上他实际是从卢梭后退了一步，黑格尔还不如康德。黑格尔没有接受卢梭的社会契约论，黑格尔认为国家那么神圣，怎么能够用契约来解释呢？契约只适合于市民社会，它就是用来做生意的，家庭、国家都不能用契约。当然你可以承认黑格尔这话也有他的道理，他比康德和卢梭更有现实感，问题在于德国的现实当时是比较落后的，所以他就比卢梭和康德更加落后。因此，他越有现实感，越合乎德国的国情，他的理论就越保守。

还有一个我不满意的地方就是黑格尔对战争的谈论。康德是完全反对战争的，他认为战争何必呢？你最后要消灭战争，和平相处；黑格尔就认为战争是上帝之手，如果没有战争的话，人的社会就是一潭死水，就会发臭、腐败。按照黑格尔的那种国家理论可能是会腐败的，因为他的制度是带有中世纪色彩的。卢梭其实在《社会契约论》里面提出了怎样预防腐败的一套办法，比如说运用选举、定期更换领导人等，但是后来希特勒法西斯从黑格尔那里吸收了战争有利于社会发展的观点。其实黑格尔也不是完全没有道理，但是综合考虑，我认为这一方面康德还是更可取一些、更亲切一些，因此我在那个会上的发言里对黑格尔的批评更多一些。当然我对康德也有批评，比如康德的理想主义、不切实际，但是我对黑格尔的批评可能更严厉一点。我现在还在考虑这个问题：理想主义究竟要不要？过几天我要去北师大参加一个会议，德国克莱默教授（Heiner Klemme）要跟我来一个对话，他列了一系列的问题，我也列了一个问题，就是康德的纯粹理性理念的调节性或者说范导性原理是不是已经过时了，已经没有用了。里面隐含的一个观点就是，康德的理想主义其实还是很有必要的，人类不能没有理想，如果一切都那么现实的话，那人类真的就是走到历史的终结了，福山的结论真的就是无法反驳的了。只有理想主义才能走出人类的困境，你一定要有一个人类的理想，资本主义肯定不是人类的理想，你必须要有一种社会批判理论，就像马尔库塞、法兰克福学派讲的社会批判理论，就是把共产主义当作社会批判的一种标准，或者说是乌托邦。所谓从马克思回到傅立叶——傅立叶就是乌托邦思想，乌托邦思想不是完全不切实际，它具有批判性，它实际上不是用来实现的，而是能够用来批判我们这个社会有哪些缺陷的。所以马克思、恩格斯对傅立叶极其欣赏，认为他真正抓住了我们这个社会的一些弊端、一些要害，他的批判那么犀利，而这种批判能够促使我们现实生活中的人去思考和改进社会。可以说马克思主义也是从空想社会主义中发展出来的。这个应该说是有他的功劳的，而且这个功劳在今天来说还有必要重视。而这样一种观点我觉得跟康德很有关系，康德的永久和平作为一个理念来说，他也不一定说要放在现代意义上来实现。上次在华中科技大学我和 Höffe 对谈的时候，他就说康德的永久和平可以用在现在的联合国体制上，可以把联合国变成一个实体，一个世界性的人类共和国。我就笑，认为毕竟这有点不太实际。但我还是相信康德的那种理想，你让它成为那种理想就行了，不要去搞政治。Höffe 就有点想让理想进入政治的那种架势。

赵敦华：

连欧盟都有点难以支撑了，联合国就更……

邓晓芒：

对对对，他就是想以欧盟为模式，把联合国办成更大的欧盟，有点太不切实际了。因为越是想进入现实的就越不实际，你不如就让他作为一种理想标准，像康德所说的，它是一个物自体的理念，但它可以范导人类前进的方向，没有这个理想人类社会就大不一样，人类有理想那是绝对必要的。所以我觉得这方面，黑格尔把他的体系封闭了。当然历史也在发展，但是不能没有理想。黑格尔认为是这样的：把一切都交给神，交给国家，国家就是上帝在地上行进，然后由战争来把先进民族选拔出来，把落后民族淘汰出去，你跟着走就行了。这个理论听起来让人比较难以接受，还是康德开放一些。

赵敦华：

晓芒其实把那篇论文的要点都讲出来了，我就根据晓芒的这篇文章和他商榷一下。第一点我是完全同意的，康德清理地基不是为了建立知识的形而上学大厦，而是要建立道德的形而上学大厦，所以康德在《纯粹理性批判》的序言里讲了一句话："限制知识是为了给宗教留下地盘"。这句话遭到了很多人的批判，其实康德这句话的意思是，如果现在把传统的形而上学独断论扩大到知识的一切领域，只会导致封闭、迷信、狂热，他认为这正是德国知识界的状况，所以他要做一个清理，《纯粹理性批判》实际上做的就是这种清理的工作。晓芒也讲到了理性的导向性、调节性作用，像康德的先验方法论这一部分很多人都忽视了，其实这一部分非常重要，它明确讲出了哲学的最终目的是让人们过一种善的生活，那么善的终极目的的最后依据在什么地方？其实就是道德。康德不能凭空地创造一种依据出来，他一定要把欧洲 1000 多年以来的道德传统、基督教传统写出来。比如他认为基督教的传统本质是道德，所以他写了《单纯理性限度内的宗教》，在这本书里面我们就能看出他就不是那么理想。我觉得康德有很多现实的部分，他那本书实际上就是在讲现实的道德，就是道德在我们现实的社会，我们从历史上继承下来的基督教的社会。我们的道德本质是什么？康德在《单纯理性限度内的宗教》这本书里一直都在解释福音书，解释教会是什么意思，解释福音书里某句话是什么意思，其实他这样做的目的就是把道德含义揭示出来。所以在这一点上我非常同意晓芒兄的那些话，他清理地基，然后像游泳教练一样，给你几个准则，教你怎么做哲学，他的目的是让你知道你做哲学的根本目的是什么，你的根本目的可能不是成为一个比别人更聪明的人，而是和别人一起过一种道德的生活，全社会都过一种道德的生活，我觉得这是苏格拉底以来西方哲学的目标。西方哲学史上好多人讲到知识论以后，好像把知识论和伦理学分开了，但是如果把它们二者分开，最后就会在知识论上陷入一种独断论，那么在道德伦理学说方面也是独断的、狂热的。休谟早就看到了这一点，所以康德说休谟把他从独断论的迷梦中惊醒。

在先验方法论里面康德也对休谟做了很高的评价，因此当时康德的反对者就讲康德是德国的休谟，这是有道理的。休谟为什么要提出不可知论，他的不可知论没有康德的那么系统、全面、有说服力，依靠常识怎么可能得出不可知论呢？康德是基于现象与本体的区分，这非常重要。我最近看了牟宗三的书，他为中国哲学建立了一个体系，看起来好像很独断，但是他在《中西哲学之会通十四讲》里面他列出了自己的主体，讲了物自体和现象的分别，他的体系中最根本的关键点也是东西方哲学会通的架构，在这个架构下只有做得好和做得不好的区别，没有东方和西方的差别。你看这句话讲得多好，他的道德形而上学想超越康德，但是最后走的还是康德的架构。

邓晓芒：

这和我下午要发言的内容基本上一致。①

赵敦华：

所以我是赞同你这点。第二点，你讲“伪善”这个题目，也讲到了道德的理想性问题，还有黑格尔的现实性问题。我的看法可能跟你不大一样。我觉得伪善这个问题是黑格尔补充了康德，我明天在湖北大学的讲座就会讲到这点，我讲座的题目就叫“根本恶、伪善、平庸之恶”。根本恶和伪善，一个是康德的概念，一个是黑格尔的概念，因为晓芒我也看到你写了几篇关于伪善的文章，黑格尔的伪善概念非常深刻，我觉得在某种程度上他补充了康德。因为黑格尔讲得很清楚，他一方面讲伦理和道德从词源上来讲是同义词，但他在这本书里说，我要把它们给分开，所以我们看到在《法哲学原理》里面三篇，第一篇是抽象法，第二篇是道德，第三篇是伦理，他认为伦理高于道德。他讲道德的时候最后还夸奖了康德关于道德、良心、善良意志、道德自律的思想，他认为这是道德范围内现代意义上较高的观点，这当然是当时的观点，也可以讲这在当时的道德领域达到了最高点，这也是康德的一大贡献。他在这一点上是很肯定康德的，最后好像是第 141 节就在讲伪善，这是道德篇里最长的一节。他讲的是什么呢？就是当道德发展到良心的时候，有一个不可逾越的障碍——伪善。因为良心是一个最高的判断者，立法者也好，执行者也好，自律者也好，都是以良心作为道德的立法者，但如果良心是伪善的，那怎么办？伪

---

① 当天下午邓晓芒准备在武汉大学召开的“第五届中哲、西哲、马哲专家论坛”上的发言题目为《论康德哲学对儒家伦理的拯救》，后因故推迟到第二天下午。

善这个概念虽然康德已经用了“坏良心”这个词，但是“坏良心”这个词在撒旦那里就有了。个人对个人的信仰、个人对个人的良心不存在外在的宗教，个人只崇拜自己的良心，如果良心是坏良心，信奉的准则是恶的准则，但是用道德诡辩的方法把它讲成是善的，道德就无法约束、无法纠正伪善。黑格尔的那章可能邓安庆的翻译比较好，他把第二篇翻译成“道德法”，我觉得翻译成“道德法”好。黑格尔讲权利和法律是相对称的，所以从德文意义上讲，晓芒应该也知道 Recht 这个词应该翻译成法权，不是“法哲学原理”。后来我也跟邓安庆提过，我说你把它翻译成“法权哲学原理”应该更好一点，因为它既有法律又有权利的意思，但是邓安庆考虑了一下还是翻译成了“法哲学原理”。因为道德的矛盾不能克服，黑格尔的辩证法就从矛盾过渡到了伦理。伦理和道德有一个很重要的区别，伦理阶段其实含有道德，它是扬弃掉了这个小道德，扬弃不是否定，但是它认为道德阶段是个人的内在主观性，而在伦理阶段道德成为社会的一个习俗，并且是一种良俗。第二点就是伦理的法不是道德法，而是一种伦理实体的法权制度，其实他最重要的部分就是市民社会，市民社会是他的精华。后来晓芒也讲到了马克思，马克思确实很重视黑格尔的国家学说，你看马克思写的《黑格尔法哲学批判》没有批判其他部分，他批判的是国内制度，并且讲到国际法，国内制度没写完，他写不下去了，因为他批判国内制度没有从市民社会开始。

邓晓芒：

他从两百多节开始批判的。

赵敦华：

对，他从两百六十一节开始，然后也没批判完，一直到三百一十几节国内制度都没写完。但是马克思他很重视这个东西，他 1859 年出版的《政治经济学批判》序言，那是公认的讲马克思唯物史观标志性的书，他在里面讲到他写的第一本书就是《黑格尔法哲学批判》，然后他也说他对黑格尔讲的市民社会、经济基础、上层关系等写了很多。其实在当时《黑格尔法哲学批判》根本就没有发表，但是在那个时候他已经意识到市民社会的重要性。如果我们看到市民社会那章，就能看到黑格尔其实既有现实性也有理想性，他对市民社会寄托了很大的理想，只不过他认为这个理想在市民社会实现不了，必须要有国家。因为市民社会的国家制度是个外部国家制度，外部国家就是司法、警察和同业公会三权分立，黑格尔认为要有国家把这三者统一起来。他反对三权分立，主张三权统一，他认为这一点只有国家能做到。国家是王权、行政权和立法权，国家和市民社会相比多了一个王权，他认为王权非常重要；另外一个方面行政权也很重要，这就反映了他调和的立场。正是因为这一点，晓芒讲到中世纪的封建残余，这个也没错。其实马克思的批判在很多方面也是这样说的，他认为黑格尔太现实了，都是从当时的普鲁士王国的现实出发。但是我也要讲一讲国外现在比较流行的观点，这个观点不是我的观点，这个观点认为黑格尔对市民社会有很大的褒奖，这个观点的支持者包括哈贝马斯，哈贝马斯认为黑格尔就是用国家吞噬了市民社会。另外，有些专家认为国内制度关于三权的设计带有理想性，因为当时的普鲁士王国还没有统一，它还没有帝国议会，实际上是 1871 年普法战争以后，由俾斯麦建立的帝国议会制度是过了三四十年以后才成立的。并且当时黑格尔讲到立法权的时候是中央集权内阁制，当时德国也没有中央集权内阁制，只有王权。所以当时黑格尔是想用另外两个权利来约束君主的权利，他指出王权是君主专制，最理想的状态就是君主不亲自决策，由内阁、立法会预批，君主再签订决策，当然这个只是理想，不是现实。我发现黑格尔的三权同时参考了当时欧洲的三个国家，普鲁士的王权、法国的中央内阁制和英国的内阁制，他是想用法国和英国的制度来约束德国的绝对王权，变成君主立宪制，因为当时英国、荷兰、日本、北欧的一些国家都是君主立宪制。但是马克思的批判确实也是对的，时代不一样，黑格尔在《法哲学原理》里讲得很清楚，只有当一个时代结束以后我们才能对它做哲学的反思。正是在这个命题的基础上，讲了一个著名的格言“密涅瓦的猫头鹰在黄昏起飞”，他认为他这个时代已经结束了，他只是对法国大革命那个时代做反思，那么对将来适不适合？他并不知道。我觉得黑格尔并没有封闭，他在《历史哲学》里讲到了美洲大陆是一个新世界，美国是一个新世界，它现在需要好多旧大陆的东西，但是就未来发展而言也许它是最有希望的。他在《历史哲学》里说过这样的话，你看托克维尔跑到美国去考察，写了关于美国的一本书，讲了美国的民主和法国所谓的民主根本不一样。马克思一定要与君主立宪制这种彻头彻尾的、荒谬的混合物做斗争，这种彻头彻尾、荒谬的混合物是什么造成的，恰好是黑格尔死后威廉四世推行了保守的、倒退的制度，他重用了历史法学派。我今天下午就要批判历史法学派，历史法学派是对黑格尔的一个倒退，也遭到了马克思的批判，在对历史法学派的态度上，马克思和黑格尔是一致的。马克思在文章中，对黑格尔法哲学批判的同时也批判历史法学派，因为历史法学派才是真正的、完全保持了中世纪的制度，甚至不是中世纪，就是所谓日耳曼原始的、习俗的、恶劣反动的残余。

至于你对战争的看法，我完全同意。因为黑格尔最后没办法，他讲的是一个民主国家，民主国家的君主立宪制虽然很合理，但是它只适合于国内，它不适合于国与国之间的关系，国与国之间的关系可以谈判、协商，但归根结底最后还是要以战争来解决。这就是他在《历史哲学》中讲的，历史用了看不见的"上帝之手"，历史就是对神学最好的证明，或者说是"历史的狡计"，理性不过是借用世界历史上伟大人物的欲望来达到它自己的目的。战争的结果推动了历史的进步，战争虽然是恶的，但是它最后的结果是历史的进步。第一次世界大战结束以后，就有人批判黑格尔是德国军国主义的先驱者，第二次世界大战以后有人认为他是法西斯主义的先驱者，我认为这都是军国主义和法西斯主义对黑格尔《法哲学原理》最后一部分的歪曲，因为黑格尔的东西需要把握得很细，不能只用他的战争理论而不管他的所有权理论、市民社会理论、道德理论、伪善理论、君主立宪制理论，黑格尔的体系是一个森林，如果只找到森林里的一棵木头，拿着木头来做自己的旗杆当然是歪曲。

邓晓芒：

黑格尔的战争理论我也可以为他辩护一下。在我们今天看起来战争不得了，实际上在他那个时代战争并不是我们今天所理解的全民动员，所有人都要全力以赴投入进去，他的战争更多的是君主、小邦国相互之间的冲突，君主要打仗，国家就向富人借钱，英国当年的大宪章就是局限在这个方面来谈战争。历史的一潭死水就是搅动起来而已，而不是把所有的国家都投入进来，比如后来的第一次、第二次世界大战。战争跟人民没关系，人民仍然在干他该干的事儿，君主们派雇佣兵打仗，之后战争双方达成协议。当时他写《法哲学原理》的时候是什么时候？

赵敦华：

1820 年。

邓晓芒：

那时黑格尔对拿破仑颇有好感。

赵敦华：评价非常高，黑格尔认为拿破仑是“骑在马背上的世界精神”，这是他给私人朋友信里面的内容。他很崇拜《拿破仑法典》，因为《拿破仑法典》在法国大革命期间把自由、平等的精神推行到整个欧洲。

邓晓芒：

所以黑格尔的战争观不能和经过两次世界大战以后的战争观来等同，不是一个量级的。再一个就是关于伪善的问题。黑格尔确实要比康德更深刻，康德意识到伪善的问题，但是他在《单纯理性限度内的宗教》里采取的办法是充分地发挥人性中向善的禀赋中的第三个禀赋，他认为一个能负责的人格性就能排除伪善。伪善是人性中的根本恶，在这本书里确定了这一点，根本恶就是不可能完全摆脱的恶，肯定会附着在人身上，但是人性中还有向善的禀赋。向善的禀赋有三个层次。第一个是人的生命力，感性的生命力，拥有生命力人才可以做一切事情。第二个就是把人的动物性禀赋和道德准则混合在一起，人已经有理性自觉性，只不过把理性当作工具来使用，导致了人类文化上的进步。但是这两个层次都有可能会导致人性中的恶和人类的劣习混进来，虽然你很有生命力，但是生命力会使你变得堕落，还有就是如果把道德法则和非道德法则混合在一起支配自己的行为，就可能导致伪善，导致文化中的劣习。文化中的劣习不是完全没有好处，他在《实用人类学》里面也讲到，在文化中有一种“可以允许的道德假象”，就是人人都装作很有道德，这时伪善是可以允许的，在人们的现实社会当中，文化的进步过程中免不了这一现象，而且也是应该的，装文明肯定比赤裸裸的野蛮好。等人们学会了彬彬有礼、互相谦让，这就是文明社会，但是这肯定也会导致伪善。唯有第三个层次的道德禀赋，即能够为自己负责的人格性或者说道德自律，才能够摆脱伪善，如果人们能够做到为道德而道德，就不会用感性的准则来偷换道德的目标，打着道德的旗号为自己谋私利，这就可以摆脱伪善了。黑格尔认为康德的想法太天真了，为道德而道德也可以变成伪善。

赵敦华：

对，我为良心而良心，但是我的良心是坏的怎么办？如果碰到这样的情况，道德就没办法了。

邓晓芒：

所以黑格尔最后说，他认为从基督教的忏悔、知罪角度可以走出伪善、承认伪善，因为人人都是有罪的，大家互相宽容。

赵敦华：

康德？

邓晓芒：

不，是黑格尔。

赵敦华：

我认为是康德。

邓晓芒：

黑格尔在《精神现象学》里面写了，从道德过渡到宗教。

赵敦华：

对，但是你要看到在《法哲学原理》里面他就觉得不行，那就得依靠伦理。

邓晓芒：

那样也不行，伦理也是暂时的。因为伦理属于客观精神，而宗教已经进入了绝对精神。

赵敦华：

不，你那个还是从《精神现象学》里来看的。在这里我要说一句，原来晓芒是研究《逻辑学》的，《逻辑学》看重的是“思辨的张力”，你那个写的是很有力度的。但是你现在又在教《精神现象学》，把《精神现象学》看作黑格尔最重要的著作，这实际上是从法国开始的，就是科耶夫、希波利特这些人，但这些人也受到了马克思《1844 年经济学哲学手稿》的影响。马克思《1844 年经济学哲学手稿》是 1933 年由梁赞诺夫发掘出来的，包括马克思的《黑格尔法哲学批判》也是在 1936 年才被发掘出来的，以前只知道他写过一篇《〈黑格尔法哲学批判〉导言》，《黑格尔法哲学批判》是什么书呢？大家都不知道。马克思在《1844 年经济学哲学手稿》里对《精神现象学》评价非常高，他认为这是“黑格尔哲学的真正诞生地和秘密”，还给它做了一个摘要……

邓晓芒：

《德意志意识形态》中还说过它是“黑格尔哲学的圣经”。

赵敦华：

并且还对马克思的劳动异化理论提供了一些观点，这对西方马克思主义有很大的影响。从黑格尔思想发展的脉络来讲，《精神现象学》是他的第一部著作，有些人认为只研究黑格尔的《精神现象学》已经不够了，要回到他的耶拿手稿，甚至更早，但是文本研究还是要以他本人经过深思熟虑决定公开发表的为准。他写好了为什么不发表，第一个可能是没时间，第二个是还没整理好，第三个是对有些问题的思考还不成熟，所以你讲耶拿手稿之类的东西更重要，是讲不通的。

邓晓芒：

只能作为参考。

赵敦华：

但是他的《逻辑学》非常重要。

邓晓芒：

特别是《小逻辑》。

赵敦华：

但是《大逻辑》也非常重要。

邓晓芒：

当然很重要，但是《小逻辑》是经过最后修订的。

赵敦华：

《大逻辑》上卷也经过修订，但是下卷还没有开始。《法哲学原理》是他公开发表的最后一部著作，因为他生前就只有《精神现象学》《哲学百科全书》(《小逻辑》属于《哲学百科全书》)《逻辑学》《法哲学原理》四本书，不是特别多。

邓晓芒：

其他都是讲演录。

赵敦华：

对，其他都是他的讲课稿，他不如康德生前发表的作品多。

邓晓芒：

我看重《精神现象学》不只是在学理上，而是从文化底蕴上看重。从学理上讲《逻辑学》当然更重要，特别是《小逻辑》，但是从文化层次的底蕴深度和历史感来说，《精神现象学》是黑格尔最具有代表性的作品。康德实际上也有《实用人类学》《自然地理》等和一些小文章，但是康德的现实感，尤其是历史纵深感远远不如黑格尔，他比较讲究纯粹理性，他认为道理是放之四海而皆准的。当然他的历史感也不是没有，像从柏拉图到后来伊壁鸠鲁这段历史过程寥寥几句就讲完了，他不太重视这一方面。我觉得康德还是有一种科学主义的态度，所谓《任何一种能够作为科学出现的未来形而上学导论》。

赵敦华：

对啊，但是那本书也是个手稿。

邓晓芒：

不，后来发表了，那是个《纯粹理性批判》的通俗本，他写给看不懂的人入门的一本小册子。但是他写的题目很有意思，虽然卢梭教育了他，说他的东西应该对广大老百姓有用，不能仅仅是书斋里科学家的成果，但是他还是有个基本的科学主义态度，他想要建立一种最科学的形而上学。最科学的形而上学分为两类，一个是自然的形而上学；另一个是道德的形而上学。

赵敦华：

我以为你讲的是自然形而上学，《自然科学的形而上学基础》你不是也翻译了吗？我觉得他的自然形而上学写得不是非常成功，就像黑格尔的自然哲学一样，自然科学的东西怎么可能完全从形而上学的角度来解决。

邓晓芒：

其实他也不完全是从形而上学的角度，他把牛顿的自然原理拿来往四个范畴上面套。

赵敦华：

我觉得黑格尔是要把自然科学的东西用逻辑学的范畴来套。

邓晓芒：

但是康德还是把《道德形而上学》当作是最科学的，只有这才是最有先验法则的、最科学的形而上学范畴体系。其实康德的《道德形而上学》最后的范畴体系也很支离破碎。前不久我做了关于“德行论的形而上学导论”的句读，我就发现康德在这里的思想不是很有整体性，尤其是在我没有句读完的那些部分，要花很大的注意力在康德用的词汇上，要注意这些词在哪些地方是怎么用的，然后才能勉强连成一个体系。但是很多说法都是和之前矛盾的，你必须要想办法解释、化解这些矛盾，帮他做圆场，你才能看得懂，不然你不知道他想表达什么。他自己认为未来的形而上学就是这样的，最高等级的形而上学还是道德形而上学，而自然的形而上学是扫清地盘的。自然的形而上学也很重要，像《纯粹理性批判》，对自然科学的先验哲学批判地提供了一个先验范畴体系，康德就认为自然的形而上学问题已经解决了，我们需要把它悬置起来，给信仰留下地盘。悬置的意思，刚才你说的叫作?

赵敦华：

限制。Aufhebung，翻译成悬置比较好。

邓晓芒：

就是束之高阁、挂在那里，我不否定它，但是现在不是谈论这个问题的时候，我把它放在那里。

赵敦华：

就和现象学里的悬置一样。

邓晓芒：

有点像胡塞尔。

赵敦华：

我们现在存而不论，等我们把这个基础解决了以后再来谈。

邓晓芒：

以前我们把它翻译为“扬弃”，跟着黑格尔的意思来译，其实它还没有这个辩证法的意思，而只是放在高处先不管它。康德自认为头上的星空和心中的道德律这两大问题他都解决了，临死的时候说“es ist gut.”（一切都）“好了”，他还是很有自信的。他把自然科学的问题和人类道德的问题都解决了，唯一还没有解决的就是这两大理论如何沟通的问题，这也就是第三批判的内容。第三批判的问题比前两个批判更加深入，后来的理论也从这里引出了很多思路，但是他有一些不能自圆其说的地方，可能跟他前两个批判的表述上有些出入，有些需要修改。但是总体上说他的一切都已经基本完成了，最终的目的就是他早年受卢梭的启发看《爱弥儿》，感到一个哲学家不应该只是关心自然科学，还应该关心广大老百姓需要什么，在道德上为他们立下一个根基。黑格尔的《精神现象学》就不太关心抽象的道理，他关心的是抽象的道理背后的现实、历史的基础。所以我读黑格尔《精神现象学》的时候感受到，已经不能仅仅用哲学体系来把握它，西方文化史也包含在里面了，尤其对我们中国人来说，我们不了解，因此更加感兴趣，而且比起康德来它使我们获益更多。我曾经把康德描述为中国人哲学思维训练的“夏令营”，你到那里面走一遭，你的思想能力就能得到提高。黑格尔则不仅仅是夏令营，他让你扩大心胸、了解西方文化，比较东西文化异同。所以伪善的问题，康德在《单纯理性限度内的宗教》里谈了这个问题，但是在《实践理性批判》里就没有谈，他只说要出于道德律，而不仅仅是符合、服从道德律去做道德的事情，这就是他的绝对命令所要求做的事情，但是他没有把伪善作为一个问题提出来。作为一个问题提出来是在《单纯理性限度内的宗教》这本书，讲了人的三个恶劣的倾向，实际上这三个层次恶的倾向都是附着于三个善的禀赋之上，尤其是前两个禀赋所带出来的。

赵敦华：

第三个才是根本恶，其实前两个不是根本恶，只是恶劣，一个是软弱、一个是混淆，第三个就是根本恶。

邓晓芒：

第三个就是自欺，颠倒道德和非道德的次序。

赵敦华：

道德准则颠倒了。人做坏事不是偶然的，不只是动机和相互间的利益，是按照你的准则来作恶，作恶已经成为你的一个准则了。

邓晓芒：

还不只是你作恶时候的准则，而且你做好事的时候把准则颠倒过来了，这才是根本恶。本来应该是出于道德律做好事，但是你只是服从道德律、符合道德律，但却是出于感性的需要，或者说是你利用道德律来服从自己的感性需要，这就是伪善了。根本恶在这里。

赵敦华：

但是它的准则不是一种道德准则，而是一种非道德准则。如果你的准则出于道德准则当然是最高境界，但是在大多数情况下都是混合的，或者说是动摇的，甚至说是颠倒的。刚才晓芒讲的我都同意，你觉得康德的《道德形而上学》很难读，也不成体系，你还讲到他的德行论，法权论同样也是这样，但是如果你看看黑格尔的《法哲学原理》就很成体系，他就是按照他逻辑学的方法来运用的，所以他就没必要再谈方法了。你看黑格尔的《法哲学原理》，当然这不是他的形而上学。现在我觉得中国关注黑格尔可能有三个阶段。第一个阶段是重视《逻辑学》，包括“文革”前，包括张世英先生，其实国外也是这样，因为它是一个体系性的东西。第二个阶段，改革开放以后就重视《精神现象学》。在新时代我觉得我们更应该重视黑格尔的政治哲学，他的政治哲学不只是他的《法哲学原理》，还包括他早期的一些著作，还有薛华编的一本《黑格尔政治著作选》，这里面有黑格尔早期和后期写的一些论文。这个不仅对黑格尔早期哲学研究本身有帮助，而且对研究马克思主义哲学也很有帮助。为什么说黑格尔是马克思主义的直接来源，就是因为马克思主义对辩证法里面很多实质性内容的继承，实质性的继承在《法哲学原理》可能会找到更多一点。

邓晓芒：

我对政治哲学最近几年才开始关心，之前我一直不是很关心，以前有朋友还埋怨过我对这方面不太注意，也不太了解。中国改革开放以后一大堆政治哲学问题堆在我们面前，迫使我们去思考，所以这两年我也开始在看这方面的书，比如说《法哲学原理》。但是我觉得还有更深层的东西，比如说文化传统、中西文化心理比较，还有思维方式问题，所以我更关心文化问题和思维方式的问题。关于做黑格尔《精神现象学》的研究、句读，也是出于这个动机。我觉得我们中国人不必太急于求成，现在做政治哲学研究的人越来越多，而且比研究抽象的形而上学的人还要多。我的很多学生，不管是做康德还是黑格尔研究的，后来都做政治哲学研究去了。这当然是无可厚非的，因为当前的局势所带起来的时代思潮就是这个方向，而且英美哲学那边也是，你要关注这个方面，会有大量的参考书，他们做了很多研究，你可以吸取一些思想。但是我总觉得还有更深层次的东西，这个东西如果不解决，或者说没有进步，就算政治体制改革已经完成了，问题仍然得不到解决。世界上很多第三世界国家或者地区都有前车之鉴，就是政治体制已经是民主体制了，但是人民还是从旧时代过来的，即使政治体制建立在那里也是形同虚设，它已经变质了或者说变性了。所以我更关注的是中国人的思维方式是不是可以变革一下，而思维方式又涉及文化传统，文化传统就涉及中西比较。你既然要搞政治体制改革，走民主、法治这条道路，那么这些东西在西方到底是怎么产生出来的，你应该有所了解。比如我们尽可能要理解西方人的宗教、上帝正义论，没有这些，西方的民主法治就没有根基。为什么美国总统要手按《圣经》来宣誓，因为有上帝正义的信仰的前提，而中国人因为没有这个前提，所以把民主法治的体系当作工具，虽然立法规定了要依法办事，但是随时有可能破坏它。我们的宪法、民法、刑法在中国人的头脑里都没有任何神圣感，宪法无非是把人们聚拢起来、方便统治，民法、刑法就是方便处理经济关系，尽可能不出乱子。

主持人江畅：

它这个里面是不是有这个问题，西方中世纪的立法都是上帝赋予的，近代是自然法，不是从上帝而来，是自然的，本性的，后来哈耶克就说法律需要一个元法律，给法律提供一个权威性的东西。中国的法律好像没有说明来自于哪里，所以它就有两个问题，一个是源头、根据在哪里的问题，最多找到马克思那里。

赵敦华：

找到马克思也不行，因为马克思没有太多讲国家的地方，马克思批判黑格尔太强调国家，把《法哲学原理》最后一章也就是最重要的一章讲成了国家篇，马克思认为国家要走向自由人的联合体。

邓晓芒：

马克思是要消灭资产阶级法权。

主持人江畅：

黑格尔找到了绝对精神。

邓晓芒：

绝对精神就是上帝。

赵敦华：

但是我比较赞同的是上帝是绝对精神。

主持人江畅：

另外一个问题就是我们现在的法不强调专业化，西方则特别强调法律专业化。

邓晓芒：

我们只看需要，需要什么样的法，然后我们就立一个。

赵敦华：

我觉得法律问题是个很复杂的问题，在西方也不完全是圣经里的戒律，戒律基本上还是宗教概念上的戒律。在旧约时代是政教合一的，戒律就和现在伊斯兰国家的教法一样，宗教的戒律同时也是刑法。但是后来就不一样了，经过罗马时代，罗马法是非常成体系的，基督教后来在罗马帝国里成为国教，所以哲学家讲法律问题还是太抽象，法学家就会讲得很具体。如果从西方文化的视野来讲，宗教是不够的，罗马法就是一种宗教加上古希腊的理性精神和自然法，在中世纪宗教有个整合，包括希伯来的宗教、罗马的法制是很完善的，但是它们也不是统一的。

主持人江畅：

在托马斯·阿奎那那里把法律分为了几种，最根本的是永恒法，不是上帝法，其次是自然法，再次是人为的立法，他把基本的东西放在永恒法里面，上帝法有旧法和新法，就是旧约和新约。

赵敦华：

但是这个后来马上就否定了，到了近代，从格劳秀斯到霍布斯对自然法又有新的观点。其实卢梭认为法律视野、法律原则就是公意和人民主权，我觉得这也是黑格尔批判卢梭的地方。

邓晓芒：

他的批判其实批错了。我前段时间做了一个报告，就是讲黑格尔对卢梭的一个误解，他认为卢梭的公意就是相当于众议，黑格尔主张的不仅仅是公共意志或者说共同意志，应该是普遍意志。其实卢梭的公意就是普遍意志，它超越于众意之上，但是可能因为卢梭的表述不精确，经常会引起误解。卢梭甚至达到了一种极端的结论，他认为公意的民主体制在人类现实中根本不可能实现，未来也不可能，只有神明一样的人才能实行民主制度，现实中的人类实行民主制度肯定会引起动乱、不稳定、血腥，他已经预见到了法国大革命的后果。但是法国大革命的理论家西耶斯这些人完全误解了卢梭，把众意当作卢梭讲的公意。

赵敦华：

卢梭在《人类不平等的起源》《社会契约论》等著作里的讲法确实很混乱，卢梭不像康德、黑格尔一样用词那么严格、概念那么清晰，所以我觉得对卢梭做不同的解释，有一定的误解也是正常的。卢梭自己都没有怎么讲民主制，他讲共和制，他认为公意都不能使大国都同意，只有像日内瓦那样的城邦才行，他的书本来是献给日内瓦大议会的，后来日内瓦大议会拒绝了，他是把日内瓦当作理想的东西，那么到大国肯定是不行的。

主持人江畅：

后来近代自由主义之所以批判卢梭主要是两个问题：第一，他主张的全民参与制在大的国家是实现不了的，即使在今天也很难做到；第二，西方人不能接受他把人民所有的权利都交给国家，自己虽是主人，但是个人没有自己的自由。

赵敦华：

这个说法很抽象：每个人都把自由交出来，然后其他人又把自由交给我，这样我除了获得自由以外我没有损失任何东西。

邓晓芒：

这个没有可操作性。很多人对卢梭有误解，以为他要把这个加以操作，其实卢梭自己讲得很清楚，他这些东西只是一个理念，只是一种“公民宗教”。所以后来卢梭在《社会契约论》里面拼命地要建立一种公民宗教，很多人不理解公意是怎么牵扯到宗教上去的。卢梭讲要宗教宽容，因为所有人都有缺点，甚至很恶劣，只有一点是值得吸取的，他们是带有公共性的、公道的，所以冲着这一点，我们需要宗教宽容。但是这绝对不是用来实现的，这叫作“第四种法律”。国家法、民法、刑法，第四种就是公民宗教，这是铭刻在每个人的内心里面的，不是刻在铜表上面，也不是刻在大理石上面，而是刻在每个人的心里，这就是他的公意。包括刚才讲的每个人都将自由交出去的社会契约，在现实中只能是众意，少数服从多数，只不过在少数服从多数之前我们要进行一个投票，我们是不是按照少数服从多数来实现社会契约，预先的投票就是公意，不需要现实的执行。我们设想在此之前有过一次投票就行了，这肯定是百分之百同意的，如果你不同意就只能出局。

赵敦华：

或者我强迫你，或者怎样……

邓晓芒：

强迫都是后来的，属于可操作性的。

赵敦华：

这个确实是不可操作，最后搞成了公意宗教。

邓晓芒：

把它变成可操作性的，就成为灾难了。

赵敦华：

法国大革命后来就是这样，它把立法都变了，变成了德性统治，黑格尔批判的就是这一点。罗伯斯庇尔为什么最后会走向恐怖，因为追求的是绝对的自由，最后是德性的统治。黑格尔在《精神现象学》里面没有意识到这点，在《法哲学原理》里面已经讲到了这点。在《精神现象学》里面他把伦理的典范当作古希腊的城邦，道德是经过教化之后才有的，而《法哲学原理》里面是按照逻辑的、范畴的体系来排的，不一定和历史的背景完全一样，所以伦理就是最高的。他最后认为光靠德性是不能够支撑的，第一，需要习俗——人的第二天性；第二，要有实体性的伦理制度。

主持人江畅：

刚才邓老师与赵老师已经给我们谈了很多观点。给我的总体感觉是邓老师还是比较倾向康德，给了康德更多的肯定，赵老师比较肯定黑格尔，特别是他的市民社会和实体思想。当然两位老师都肯定了两位思想家的贡献和意义，也注意到了他们两位思想家的缺陷。机会非常难得，下面就给各位老师和同学与两位专家的交流提问机会。

提问一（陶文佳）：

我觉得大家都习惯以整体性的思维方式去看康德和黑格尔，而对卢梭可能就不是，卢梭的全集直到最近才出版，当然这个全集也不能算作真正意义上的全集，因为还不全，后来商务印书馆又出了两本小集子，直到这个出完了，才算是全集。其实对于卢梭而言，我们也需要以整体的思维去看他，《爱弥儿》大家都把它当作教育学的著作，其实这本书是在讲，如果我们要达成像神一样可以实行民主制的生活，应该有什么样的条件。他的梦想就是两个农民坐在一棵大树下讨论什么是公意，这是他的梦想，其实这里的农民就是公民，那公民到底是什么样子的？他就是用《爱弥儿》来说明公民应该接受怎样的教育。当然我不同意他的很多想法，但是我觉得通过《科西嘉宪章》和《论波兰的治国之道及波兰政府的改革方略》这两本书可以看得出来，卢梭如果去参与法国大革命，他一定不会同意罗伯斯庇尔的很多观点。因为在《论波兰的治国之道及波兰政府的改革方略》这本书里他不断在强调：波兰人民，你们要想清楚，你们要不要去改变现状，因为只要你去革命，就必须要知道革命带来的后果是什么。包括卢梭在谈音乐和其他的东西时都有自己的立场、思路。我认为卢梭在讲第一次签社会契约的时候一定是有问题的，因为所有人都去签契约，那么所有人都是平等的契约者，像洛克所说的，在一个平等契约的情况下，还需要比我们所有人都更高的一个人，就像监督者、立法者之类的人。还有就是卢梭引入的“立法者”这个概念，实际上在《科西嘉宪章》和《论波兰的治国之道及波兰政府的改革方略》里，他自己想做这样一个立法者，但是他的立法者是一个解释不清楚的存在，是整个社会契约签约者之外的一个存在，而且有神圣的意味。我认为卢梭有很多说不清楚的地方，但大家的重点可能都放在卢梭的《社会契约论》上。我觉得可以展开一点，把他的其他著作放到一起来看，就会更清晰一些，所以就这一点我想跟各位老师商榷一下。

赵敦华：

我很同意你的这些观点，关于卢梭的研究只有更正确的，没有最正确的。但是现在文本还在待发掘状态，我觉得还是以他生前公开发表的文本为主，在这个基础上再做一个自圆其说的体系，但是问题就在于很多人都可以在这个基础上做出一个自圆其说的体系。

主持人江畅：

我觉得《爱弥儿》确实不是为了教育而写的一本书，其实就是为了培养新的公民，理想社会中的公民。

提问二（宋伟）：

刚才邓老师提到中西文化比较、中国人和西方人的思维方式有差异。西方的字母表文字和中国的方块字差异很大，西方学者提出一种观点，他们认为一神论、公理式的法律和典章是使用字母表文字的结果。两位老师怎么看？

邓晓芒：

从历史上来说当然符合历史事实，但是完全绝对地划分开来恐怕有所偏颇，因为人性实际上都是相通的。我可以用拼音文字来表述一个词，也可以用方块文字来表述，特别是现在方块文字已经吸收了拼音文字的很多因素，我们不完全是方块字，而是用方块字来书写的拼音文字，包括它的语法、语感。所以我觉得方块文字在现代的意思、意义不是很关键，关键在于我们的思维方式能够突破方块字和几千年的传统给我们带来的局限，能够进入到西方文字逻辑性、说理性的思维方式之中。我觉得现代汉语在这方面有长进，其实原则上都是可翻译的，当然翻译的是否精确还有待商榷。

赵敦华：

通过数码化的方式，不管是汉语还是英语都可以转化成数码。文字决定论的方法是一种文化观，但我们有很多各种各样的文化观，有的人讲思想观念决定文化观，有的人讲是物质基础决定文化。你刚才讲的是书写文字决定论，这是德里达提出的一个说法，他是西方语音中心主义者，也就是逻各斯中心主义者，又是一个西方中心主义者。他在《论文字学》里认为这样并不符合东方的象形文字，2000 年他在中国说了一句话："中国古代没有哲学，只有思想"，然后引起了关于中国哲学合法性的大讨论。到底是语音决定论还是文字决定论？思维方式不是线性的，即使西方好像是在讲逻辑演绎，从公理出发，其实我们可以看到西方的哲学很难成为一个演绎体系，比如斯宾诺莎的演绎体系，就像贺麟讲的，他最有思想的东西其实在注释里，注释里的是他演绎不出来的。

主持人江畅：

文字发明确实有很多偶然性，毕竟我们的中文传到日本去，它要是一直用可以用到今天，但是有人就想起来要改变一下，使其与汉语有所区别。

赵敦华：

中国的文字是六法，形和音已经结合在一起了，形音字后来占的比例越来越大。因此汉字很容易数据化，像以前汉字输入多么困难，但是现在汉字输入可以比拼音文字还快，打一两个键就可以把一个字打出来。我觉得文字虽然很重要，但不是决定因素。

提问三（王振）：

我想接着第二个问题请教一下赵老师和邓老师。我觉得宋老师背后的意思可能不是说两种文字体系决定了某种东西，他肯定没有决定论的意思在里面，而只是说两种文化使用了两种不一样的文化体系，而语言使用的不同，在我们的思维里造成了很深刻的影响，也就是语言深刻地影响了我们的思维和认识。比如印欧语这种拼音文字对逻辑的表达特别有利，至少效率特别高，就像我们今天所熟悉的亚里士多德的形式逻辑，拼音文字天生就适合表达一些推理论证的东西，而汉语中的表意式的方块文字很难做到这种推理的东西，这造成了我们在思维方式上不是很擅长于抽象的逻辑，所以说不是单纯地决定，只是我们使用了这两种语言体系之后对我们的思维有深刻影响，造成了文化上的分歧。

赵敦华：

我来做一个延伸。两种语言体系造成了两种逻辑，一种是西方逻辑，一种叫中国逻辑。

提问三（王振）：

我不是这个意思，只是说印欧语更适合于表达逻辑，比如说在人工智能领域里所有计算机代码符号几乎都是用西方的逻辑语言，汉语肯定是不能表达的。

邓晓芒：

我觉得这可能是个暂时性的现象。

赵敦华：

汉语不能表达，我很疑惑，为什么要用拉丁字母或者希腊字母来表达，我觉得这也是一种逻辑，如果用汉语的方块字，像我小时候学的拼音字母、部首、片假名来表达。当然这个事情是没办法的，因为这个东西是西方人先创造出来的，他先定了符号的意义。

提问三（王振）：

这不是从发生学的意义上来讲，谁先谁后，谁先产生的，就是说用了这个东西之后就会对人产生影响，不是说从发生学的角度来讲。

赵敦华：

我觉得中国人学逻辑，就讲数理逻辑，他们的能力不比西方人差，它的表述完全可以用汉语来表达。

邓晓芒：

汉语也有它的优势，比如说“信仰”这个词，在德文里就是 Glaube，可以翻译成信仰也可以翻译成信念，它就没有两个德文词把这两个词语区分开来，你就只能用这个词。翻译的时候康德说我要悬置知识，为信仰留下地盘，但是也可以说为信念留下地盘，我们就根据康德的思想觉得这个地方应该翻译成信仰，不能翻译成信念，但是字面上确定不下来。这种例子还有很多，情感、情绪、情操等在英文里都是 emotion 一个词。所以汉语比拼音文字更精确，只是因为学汉语太难，西方人学不了，我们学拼音文字很容易，就二十六个字母。

赵敦华：

最典型的就是 being，在西方都叫 being，但是我们汉语里可以叫作存在、是、存有，但是西方在讲 being 的时候确实有这三种含义，有的时候它就是在讲存在，有的时候就是在讲是，有的时候就是在讲存有，而我们汉语和西语比就有这种优势，对形而上的讨论，有的人认为是西方特有的，但是如果用中文的是、在、有，可能会比西方的更好理解。

邓晓芒：

我在课堂上讲伦理学的时候经常跟学生讲，这个话题要用汉语来说。

主持人江畅：

最典型的就是汉语中的“道”，英文就找不到合适的词来翻译。

赵敦华：

中文当中讲味觉的词是最多的，西方人形容好吃可能就只有一个词 delicious，中国人讲好吃就有很多语言。但是外文中讲情绪像 feeling、emotion、sentiment，汉语可以把它们翻译成不同的词，但是有些细小的东西我们掌握不了它的内在差别。

邓晓芒：

其实我们的词汇量比英语要多。比如说我在创造一个美学体系的时候就能用到所有的表达情绪的词，这个换作英文是做不到的，英文没有那么多词。

赵敦华：

但是刚才那位同学讲在逻辑当中表现纯思想、思维的部分，我觉得中西文是各有长处的。

提问四（林季杉）：

我觉得今天的收获很大，因为赵老师来之前就让我把 2016 年发的那两篇文章看一下，我就有了更多一点的思考。虽然说两位老师的结论都是要康德也要黑格尔，但是邓老师说好像中国人更需要康德，因为康德能够解决中国人好像不能理性思维的问题，所以您就把康德说成是训练我们思维的夏令营，谈到了国民性和劣根性之类的问题。对我比较有启发的是，必须要在中西比较的思维模式里去训练中国人的思维方式。还有您说康德更是理想主义的，黑格尔的体系有点封闭，赵老师就反对这个观点，我也认真地读了赵老师的文章。赵老师的文章对我启发比较深刻的是黑格尔的真理观，这是我们中国人比较需要的，尤其是说到他后来对道德和伦理有个区分，我觉得如果您后面有时间可以给我们多讲一些。但是我有点不是特别懂的就是在市民社会里面去培养一种社会习俗的做法，这种做法跟中国的传统有点接近，但其实黑格尔批判中国的道德体系，他觉得中国的道德体系好像是一个很漂亮的东西，但只是一些口号性的东西，其实里面没有自由。所以他特别强调中国传统的政治制度和道德是远离自由的道德，他同时又提倡市民社会里可以培养、训练一种风俗，好像把道德、伦理培育成一种社会风俗，我就觉得不太懂。所以如果您有时间的话，可以稍微给我们展开一下。我的第二个问题是想问一下邓老师，您可能觉得康德对我们中国人比较重要是从思维方式的角度。我比较关注基督教、艺术及美学方面的问题。我觉得黑格尔对中国美学界的影响比较大一些，但是事实上康德给我们的东西可能会更多。我上学的时候在文学院，美学老师讲课评论作品就会说内容是什么，形式是什么，内容跟形式如果能达成一致，就是一个最高的标准，这其实是受黑格尔观点的影响。但是我现在觉得把内容和形式分开好像不是特别好，但这种模式已经训练了文学院的学生。康德说过主观普遍性的一种提法，我觉得可能是更重要的，因为很多人觉得美是客观的东西，但是其实主体也很重要，但是主体如何达成一致，就是通过无功利的审美，如果每个人都无功利，那么就能实现一种主观的普遍性，所以我觉得他的这种启发相比于黑格尔的启发对我们是更有意义的。我想知道您的想法是什么样子的。

赵敦华：

你刚才讲的都是跟中国有关系的。其实我觉得康德和黑格尔对中国都持批判态度，不只是黑格尔，因为黑格尔讲得比较多，而且有些话说得比较刻薄。其实黑格尔的主要意思康德都讲过，只不过康德是在一份讲稿中提过，而不是在主要著作里，比如说黑格尔对《论语》的评价其实就是康德说过的，他对老子的评价康德也说过的。他们都生活在启蒙时代，当时有两个流派，一个是厌华派，另一个就是亲华派，卢梭也是厌华派，所以卢梭、康德、黑格尔对中国的态度都是一样的。在中西文化交流的初期，他们对中国文化也不大了解，他们都看了一些书，所以他才能做出那么多判断。我觉得差别不完全是在市民社会，这个问题还是跟道德有关系，中国确实是一个道德国家，黑格尔说过康熙和乾隆都是最有道德的皇帝，但是他们还是制止不了腐败。他还是从道德的角度讲，但他不是讲自由，而是讲尊严，他认为道德核心的东西是个人的尊严。中国为什么培养不起来道德，因为尊严其实有关人格，中国在道德以外的严刑峻法制度太残酷了，没有尊严就没有自由。自由是黑格尔的整个概念，黑格尔认为人的意志是自由的，从一开始人就是自由的，只不过程度不同。在抽象法的第一阶段，人从自然中脱离出来就已经有自由了，所以不是自由的问题，但是道德上的自由主要表现在个人尊严上。个人的尊严就是自我内在的领域，其他人是不能过问的，如果他人侵犯了我的内在道德领域，这就是对我最大的冒犯。如果道德法能够保护你的尊严，那么道德自由一定会发展起来，比如说康德的道德自律。黑格尔认为中国的法律不是一种道德法。中国的法律太严酷了，需要放弃个人的尊严，向外在权威、利益屈服，虽然皇帝是一个道德尊严，但还是失败了。这一点上黑格尔还是很有道理的，所以如果我们有文化自信的话，仔细分析黑格尔话语中的哲理，对我们还是会有启发的。

邓晓芒：

关于美学问题一言难尽，但是可以考察一下。其实中国美学界 20 世纪 40 年代到 80 年代基本上都受到了黑格尔的影响，关于现实主义美学都是从这个角度来解释，后来李泽厚的实践论美学也是在这个基础之上，李泽厚把康德美学归结为主体性论纲，在这个基础上强调主体性，之后人们才开始关注康德美学，包括无目的的合目的性等这些原理被我们所认可。但是康德美学的那几个契机只是在扫清外围，美不是什么，美有什么特点，但是美本身究竟是什么他讲不清楚。讲了一个共通感，前面都是无目的的合目的性、无概念的合规律性、无利害的愉悦性这样一种否定性的语言，至于究竟什么是美他没有一个很准确的定义。但是他毕竟给中国美学发展扫清了很多障碍，而且对国际美学界而言这也是一个基点，当代美学也是从这个基点上成长起来的。所以我觉得说我们完全受黑格尔的影响也不准确，当然西方的海德格尔也是受黑格尔的影响，还可以看到一点痕迹，但是大量的还是受到康德的影响。我把现代西方美学归结为两大流派，一个是从康德发源的；另一个是从黑格尔发源的，他们各有千秋，我的观点基本上就是从这两方面展开的。

提问五（张华峰）：

我比较感兴趣的是“伪善”这个概念，康德和黑格尔怎么讲伪善我不是很熟悉，但是我个人比较熟悉的是中文意义上的伪善。伪基本上等同于假，按照中国道家的说法它就是一种造作和刻意，为了外在的目的而表现为一种善的行为，但是善不能只停留在内心或者说概念之中，它必须表现为行为，当它表现为行为的时候就必须触及外部的规则，如果这个外部的规则是让好人付出更多成果的规则，它可能就反馈到你的动机里面。宫廷中伪善的人特别多，在恶劣的环境下，不伪善可能就面临生命的成本。当我们在考虑道德性的时候，如何更好地处理与外部规则的关系？康德和黑格尔对这个问题是如何解答的？

邓晓芒：

伪善的问题如果仅仅停留在“说假话”这个层面上可能还不够根本，康德在《单纯理性限度内的宗教》里讲得比你这个说法更深刻，伪善是根本恶，归结为自欺，不是欺人。我做了道德的事在外人看是很好的，我自己也经常沾沾自喜，觉得我是个道德的人，但是你反思过你做好事的目的是什么吗？有些人是为了拉关系，有些人是为了治国平天下，都是为了其他种种目的。所以康德特别强调要出于道德律，而不只是符合道德律，伪善就体现为仅仅是符合道德律，但是却自以为这就是实践了道德律，认为自己不可能做不道德的事情。这里面恰好就埋藏了恶的契机，可能下一次就做了不道德的事情。所以伪善要深化到自欺这个层次来理解，人有没有可能自欺，中国人很难考虑到这个问题。基督教里经常考虑到这个问题，人不可能完全认识你自己，只有上帝才是知人心者。个人自我感觉很好，但实际上对自我的认识可能是错误的。弗洛伊德讲人有潜意识，在潜意识中人并不是处于道德律控制之中，还有恐惧、利益、本能欲望等动机，能不能有反省意识？而且这种反省意识无关好人还是坏人，所有人都不可能反省到位，因此西方人认为人有原罪。为什么说这是根本恶，其实就相当于基督教中的原罪，人不可能完全反省到位，因为自由意志本身是一个物自体，不可能把它攥在手里，掌控它的活动，如果自由意志可以操控，也就不是自由意志了。既然自由意志不能攥在手里，它就既可能善也可能恶，因此要讲反思精神。中国人虽然也讲反思精神，如“吾日三省吾身”，但是这种反省不够彻底，只是反省个人对某条道德法则是否做到位，但是没有反省这种按照道德法则的行为是出于怎样的动机，所以确实需要对伪善做深入的探讨。

赵敦华：

刚才的同学其实讲了外在条件和内部条件，其实我刚才已经举过例子了。中国人是有道德的，中国人为什么要放弃内在尊严，是外在的法律太过严酷。但是这不是黑格尔讲的伪善，黑格尔讲的伪善表达了即使外部条件再严酷，良心的名誉可以抵御外部条件的严酷，如果良心是真正的良心，这种抵御就是善的，这就是康德讲的善良意志、道德自律；而如果是坏良心，本来就已经在干坏事，但是为了个人的尊严，外在的正当惩罚反而成为恶，个人有权拒绝，自欺就是这样，自欺是真心诚意相信自己干的坏事是好的。萨特讲自欺讲得很好，他认为自欺既不是对自己说谎也不是对他人说谎，这其实也就是平庸之恶。阿伦特的平庸之恶就已经是制度性的存在，本来我已经是不情愿的，但是在制度之下，人心不知不觉就变成伪善，但这是由制度造成的。一般人置身于坏的制度之中，都成了坏人，但是他们自身没有意识到自己是坏人。

邓晓芒：

他们是真心实意、恪尽职守地服从康德的绝对命令，不是因为恐惧，而是真心拥护。

赵敦华：

恐惧在制度下已经消灭了，有恐惧之后首先会有反抗者，但是反抗者已经被消灭了，所以剩下的人是已经习惯于自欺的人。

学生：

但是制度又是怎样产生的？

赵敦华：

这个问题其实很重要，到底是人决定制度还是制度决定人，这就类似鸡生蛋还是蛋生鸡的问题。

提问六（戴茂堂）：

我始终觉得在中国有个很奇怪的现象，一个是在国家层面，我们的执政党特别相信德国哲学，尤其是马克思主义，所以马克思、恩格斯成为我们的思想领袖；一个是在学术的层面，特别相信德国哲学。事实上却有一个相反的情况，马克思主义作为指导思想需要我们坚守，但是老百姓却觉得坚守特别艰难，这是什么原因？黑格尔和康德两个哲学家我们都需要，但是对普通老百姓而言都不需要，为什么在国家、学术界等上层都觉得德国思想特别重要，但是在老百姓那里有个巨大的断裂，这种断裂、反差是怎么产生的？

赵敦华：

晓芒和我都写过很多文字，认为中国需要启蒙，启蒙就是把上层的高精尖思想和老百姓的认识结合起来，对老百姓进行教化，这就是启蒙的一个过程。中国人思想的启蒙不仅仅是通过西方思想来启蒙，启蒙也要有中国化的过程。知识分子也不能以精英的名义来指示老百姓要怎么做，这样也得不到老百姓的认可，康德和卢梭都认为自己是平民中的一员。我们现在这个时代和西方不一样，西方的启蒙都是由哲学家来教育教化民众，但是中国的启蒙更复杂，因为中国做哲学的学者在民众眼中跟他们差不多，甚至认为哲学家就是耍嘴皮子的，他们认为他们真正应该学习的榜样是商人、歌星等。研究马克思主义者也有这个问题，要怎么把马克思思想传播到民众中去，其实这也是一个启蒙的问题。

邓晓芒：

这其实是一个历史的常态，当年康德、黑格尔写他们的作品时也没有想到要去教化群众。在“文革”的时候发动群众学哲学，每个生产队门前都贴着“十三个哲学观点”，让农民去背诵，这是没有什么效果的。精英与民众之间有很大的差别是常态，因为老百姓只要能保障他们的衣食生活，不论是什么理论，他们都可以认同。实际上一个国家的文化不是由老百姓来决定的，主要是精英来决定的。长期以来的耳濡目染，老百姓慢慢也会接受一些思想，比如说基督教文化，虽然你不是基督教徒，但是无形之中也会受到基督教文化的影响；你是一个无神论者，你相不相信公正，你对正义有没有神圣感？他们对正义还是会有神圣感，法国唯物论者不信神却信正义，这就是一种影响。对中国老百姓的影响也是这样。在中国社会，对老百姓的教化只能慢慢来，它已经显示出一点影响了，比如老百姓会觉得你拆我的房子不公平，然后自发地找一些法律书来看，请教律师，上访。

赵敦华：

晓芒你还是有点精英情绪，我觉得老百姓已经很了不起了，都说高手在民间。

邓晓芒：

这也是精英启蒙的效果。

提问六（戴茂堂）：

我关注的是为什么中国启蒙更在乎德国哲学家。

邓晓芒：

英美哲学看起来很平易，实际是贵族性的，实际上是为精英写的，而不是为老百姓写的；虽然康德、黑格尔看起来晦涩，实际上倒是为老百姓写的。

主持人江畅：

由于时间有限，今天的讨论就到此结束。从今天的讨论中可以看出两位老师的学识贯通古今中外，而且有强烈的现实关怀，很多问题都不只是纯学术的交谈，与当代中国、当代人类都是有关联性的，两位的学问都做到了炉火纯青的地步，所以在座的各位都不敢点评。我觉得有两点是值得大家注意的，第一，大家做学术、写论文的过程中一定要先打好基础；第二，一定要有现实关怀，即使埋头读书也要经常关注现实生活，这样才能活学活用。今天的交流正式结束了，我们用热烈的掌声再次感谢两位老师。

康德哲学研究

论康德哲学在美德与知识问题上的超越

强以华*

内容提要　美德与知识的关系问题是西方哲学史上一个十分重要但又充满争议的问题。苏格拉底提出的“美德就是知识”命题中的“知识”尽管也包含道德知识，但主要指的是理智知识，不仅如此，他的这一思想经由柏拉图、亚里士多德还进一步提升成了一般哲学层面上的观点，并且构成了传统形而上学的特征。在区分理论理性和实践理性的基础上，康德区分了具有自然必然性的自然世界和具有自由必然性的道德世界，以及区分了研究自然世界的自然形而上学和研究道德世界的道德形而上学，据此，他在一般哲学的意义上把真与善区分开来，把求真（它以知识为目标）与求善（它以美德为目标）区分开来（它内在地包含了在伦理学的意义上把知识与美德区分开来），实现了在美德与知识问题上对于传统形而上学的超越。康德的超越其实是休谟区分事实命题与价值命题之思想的进一步发展，它是对美德与知识关系的正确处理，但是，如果不像康德那样把伦理学仅仅看成形式主义的唯动机论的伦理学的话，那么，像康德那样把理智知识完全排除在道德特别是道德判断之外的做法也会对伦理学造成某种伤害。

---

* 强以华，1956 年生，湖北大学哲学学院教授，博士生导师，主要从事西方哲学和伦理学研究。

关键词 美德 知识 等同 不等同 超越

本文所说的康德哲学在美德和知识问题上的超越，指的是康德哲学关于美德与知识相互关系的思想对于他之前的传统形而上学关于美德与知识相互关系的思想的超越。康德之前的传统形而上学在美德与知识相互关系上的思想就是“美德就是知识”，并把这一观点提升为一般哲学的观点，而康德在美德与知识相互关系上的思想就是在一般哲学的层面上指出了“美德不是知识”。我们认为，从总体上说，康德关于美德与知识相互关系的思想超越了他之前的传统形而上学在此一问题上的思想，但是，如果把康德的思想绝对化，那也会给伦理学造成某种伤害。

一　前康德哲学关于美德与知识的思想

前康德哲学关于美德与知识相互关系的思想就是“美德就是知识”。在前康德哲学中，“美德就是知识”这一命题既表现在具体的伦理学这一学科中，也表现在更为基础的一般哲学即形而上学这一学科中，它最初由苏格拉底提出并体现在具体的伦理学这一学科中，然后经由柏拉图、亚里士多德的发展进而体现在一般哲学即形而上学这一学科中。就前康德哲学“美德就是知识”这一命题说，它的核心在于“美德就是知识”中的“知识”究竟是一种什么样的知识，也就是说，它究竟是价值意义上的道德知识，还是事实意义上的理智知识呢？有人认为它仅仅是道德知识（这样一来“美德就是知识”就成了同语反复），也有人认为它指的是理智知识。我们认为，尽管这一命题中的知识也包含价值意义上的道德知识，但是，它强调的重点还是事实意义上的理智知识。

苏格拉底关于“美德就是知识”的基本观点在于：美德是一种善，善就是有益的东西，然而，我们只有借助理性、智慧或知识才能知道何种东西是善的亦即有益的东西。例如，健康、美丽、富裕，甚至灵魂的善包括勇敢、节制、正义等，尽管都是有益的东西，但是这些东西使用不当也可能成为有害的东西，换句话说，它们只有在被正当利用的时候，才是真正有益的东西。为了这些有益的东西能够得到正当的利用，我们就必须在理性的指导之下，通过智慧、凭借知识正确地对这些对象加以认知、辨别，并且对其加以权衡。因此，“美德就是知识”。知识（理性、智慧）乃是唯一能够帮助心灵懂得善恶，辨别利害，按照善的亦即有益的要求行事的东西。所以，苏格拉底说道：“一切别的事物都系于灵魂，而灵魂本身的东西，如果它们要成为善，就都系于智慧。”① “一般来说，灵魂所企图或承受的一切，如果在智慧的指导之下，结局就是幸福；但如果在愚蠢的指导之下，则结局就相反”②。从苏格拉底关于“美德就是知识”的基本观点可以看出，在他的“美德就是知识”中，确实包含道德知识，也就是说，为了确定何谓“美德”，人们首先要知道什么是有益或善的东西，或说，人们首先要知道诸如健康、美丽、富裕，以及勇敢、节制、正义等都是有益的东西或善的东西。这里，知道何谓有益的东西或善的东西的知识属于道德知识，它是帮助人们辨别有益与否和善恶与否的基础。不过，在他看来，在很多情况下，尽管人们已经知道某种东西（例如健康、美丽）是“有益”或“善”的东西，但是，在什么才“真正地”是这个东西（例如健康、美丽）的问题上，人们却可能认识不清甚至产生误解，所以，他们还需要另外一种知识来帮助他们认知、辨别和权衡它们是否真的就是有益或善的东西。这种知识乃是一种区别于道德知识的理智知识，它的作用仅在于认知、辨别和权衡“事实”。因此，在苏格拉底那里，在知道何谓有益或善的东西的问题上，人们的“知道”实际上包含了两个层次，即：其一，形式或表面上的知道，这就是说，人们在尚未考虑某一对象在实质上究竟是不是它名义上的东西的情况下仅仅基于该一对象的名义而断言它是有益或善（例如健康、美丽）的东西，由于缺乏实质性的了解，所以，这种知道只是一种“表面上的”知道。其二，实质或深层上的知道，这就是说，人们在形式或表面上已经知道了某一对象是有益或善的基础上，进一步通过考察在实质上或深层次上知道了此一对象确实是有益或善的东西。其中，形式或说表面的知道依赖的是道德的知识，而实质或深层上的知道依赖的则是理智的知识；前一种知识的任务是从价值上辨别某种对象有益与否、善恶与否，后一种知识则是从事实上辨别某一对象是否真的就是有益或善的东西。在一个人做道德判断时，在他已经通过道德知识知道了何谓有益或善（或说知道了某种东西是否有益和善）的

---

① 北京大学哲学系编译《古希腊罗马哲学》，商务印书馆，1982，第166页。

② 北京大学哲学系编译《古希腊罗马哲学》，商务印书馆，1982，第165页。

基础之上，需要理智知识对其是否真的有益或善作出最终的确认，如果没有这种最终的确认，我们在理解美德的时候可能会产生误解，我们在自以为按照美德行动的时候也可能会陷入误区。

苏格拉底在《普罗泰戈拉篇》中专门讨论了“无人自愿作恶”的问题，他的讨论也证明了他关于“美德就是知识”命题中的知识主要就是理智知识。针对普罗泰戈拉关于“一切快乐都是好的，一切痛苦都是坏的”的观点，苏格拉底在对这一观点表达了原则上同意的基础上做了两点补充说明：其一，他把快乐及痛苦区分成纯粹的快乐及痛苦和不纯粹的快乐及痛苦，前者指的是当下的快乐及痛苦本身，后者指的是那种除了当下的快乐及痛苦之外还包含了当下的快乐或者痛苦所产生的具有相反性质的后果的快乐或者痛苦。就不纯粹的快乐及痛苦而言，即使我们同意普罗泰戈拉的观点，那么我们也不能简单地在两个当下事件的快乐和痛苦之间作出抉择。因为这些当下的快乐或痛苦还会包含它在未来带来的相反的结果，如果当下的快乐或痛苦在未来带来的相反的结果要大于当下的快乐或痛苦，那么，这里的快乐的事件就不是快乐而是痛苦或这里的痛苦的事件就不是痛苦而是快乐了。所以，我们在快乐和痛苦之间抉择的时候就不仅要考虑当下的快乐和痛苦，还要考虑它们所产生的相反的后果。那么，我们如何才能作出正确的抉择呢？苏格拉底（或柏拉图）认为它需要知识和技艺的帮助。正是这些知识和技艺能帮助我们消除由远近或大小、过度或不足的影响所产生的错觉。这里，他把相关的知识和技艺看成一种专门的学问，认为它们也就是认知、辨别和权衡真假的学问，显然，它是一种关于事实真相的理智或理智的学问，“或者更加精确地说，是一种算术”①。其二，苏格拉底把快乐和痛苦与善和恶等同起来，他把善看成是快乐，把恶看成是痛苦。他说：“……快乐和痛苦只是善与恶的不同阶段。”② 不仅如此，他还把那些能使自己快乐但却会引起快乐丧失或导致超过快乐的痛苦的快乐称为恶，并把虽然痛苦但却能够驱逐更大的痛苦或引起快乐来压倒痛苦的痛苦称为善。既然快乐和痛苦就是善和恶，并且快乐和痛苦连带相反结果的情况也适合善和恶，那

---

① 柏拉图：《普罗泰戈拉篇》，《柏拉图全集》第一卷，王晓朝译，人民出版社，2002，第 482 页。

② 柏拉图：《普罗泰戈拉篇》，《柏拉图全集》第一卷，王晓朝译，人民出版社，2002，第 480 页。

么，前面关于快乐和痛苦连带它们的相反结果的抉择方式对于善和恶的抉择也一样适用。这就是说，知识和技艺是选择真正的善而避免真正的恶（或选择真正的快乐而避免真正的痛苦）的必要条件，它们是通向真正的善或者快乐的必经之路。根据以上的分析，苏格拉底提出了“无人自愿作恶”的论断。在他看来，人都会选择快乐而避免痛苦，亦即选择有益（善）的东西而避免无益（恶）的东西，但是，由于对于真假快乐和痛苦、真假善和恶的认知、辨别和权衡需要专门的知识和技艺，所以，那些在主观上希望选择快乐和善的人因缺乏知识（以及技艺）却有可能在客观上选择了痛苦和恶。苏格拉底据此说道：“由此可以推论，无人会选择恶或要成为恶人。”① 作恶其实只是由于无知。

根据以上的分析，我们认为，苏格拉底“美德就是知识”命题中的知识主要指的是认知、辨别和权衡事实的理智的知识。

除了在伦理学的层次上把美德和知识等同起来之外，苏格拉底还把哲学对于世界本原的探讨从原因转换为目的，他的这一做法也为后来哲学家从一般哲学的高度把美德和知识等同起来做了一个意料之外的铺垫，也为他自己的在伦理学意义上的关于“美德就是知识”的思想在西方哲学史上被提升为一般哲学意义上的“美德就是知识”的思想提供了一个意外的基础。我们知道，苏格拉底在登上哲学舞台时对于哲学研究对象所做的重大调整之一就是他把对于世界原因的研究转换成了对于世界目的的研究。在他那里，我们可能采取两种方式探讨世界的根源：一种方式是把世界看成自然世界，我们所要探讨的世界根源就是自然世界的原因，在他看来，他以前的大多数哲学家例如自然哲学家就是按照这种方式来探讨世界的根源的；另外一种方式是把世界看成由上帝创造的世界，我们所要探讨的世界根源就是上帝创造世界的目的。根据他的观点，由于世界本身就是上帝按照自己的目的创造的世界，所以，探讨世界的第一种方式是错误的方式。据此，他要改变哲学探讨世界根源的方向，把以往哲学关于自然世界之原因的探讨转换成为从世界之中体验上帝创造世界之目的的探讨。一般来说，探讨自然原因是一种对“事实”的探讨，它的目的是“求真”（获得知识）；探讨上帝目的是一种“价值”（上帝创造世界的“善

① 柏拉图：《普罗泰戈拉篇》，《柏拉图全集》第一卷，王晓朝译，人民出版社，2002，第484页。

意”或善良的目的以及体现了上帝之“善意”的善的世界）的探讨，它的目的是“求善”（获得美德）。苏格拉底在实现从自然原因的探讨到上帝目的的探讨的转换时，尽管他的主观目的是要用一种探讨代替另外一种探讨，但是，他的做法客观上在探讨世界根源的问题上把真与善亦即事实与（道德）价值，以及求真（它要获得理智知识）与求善（它要获得道德知识）并列了起来，从而为后来的哲学家在世界根源的问题上把真与善（求真与求善），以及把关于理智的知识和关于道德的知识统一起来提供了客观上的可能性。后来，柏拉图便把理念既看成作为世界本质的事实又看成作为世界目的的善（也就是说，它是现实世界个体事物模仿的目的、理想）；亚里士多德更是直接把作为世界本原的第一实体既看成形式因（它是世界之真的原因）又看成目的因（它是世界之善的原因）。从苏格拉底提出“美德就是知识”这一命题开始，经由柏拉图、亚里士多德将其扩展到一般哲学之中，这一命题已成为康德之前传统形而上学普遍接受的观点，笛卡儿、斯宾诺莎、莱布尼茨无不如此，特别是斯宾诺莎，在《伦理学》一书中，他在“伦理学”的标题下系统讨论了“认识论”，他的这一做法最好地诠释和充分地发挥了“美德就是知识”的命题。其实，“美德就是知识”已经成为西方哲学及西方伦理学区别于世界其他民族哲学和伦理学的根本特征之一。

二 康德哲学对关于美德与知识思想的超越

传统形而上学“美德就是知识”的命题在休谟那里已经遇到了初步挑战，康德则在自己的哲学中彻底摧毁了这一命题，把美德与知识之间的等号改成了不等号。由于传统形而上学自苏格拉底之后已逐步把“美德就是知识”的命题上升成了一般哲学的观点（这一观点内在地包含它在伦理学中的贯彻），所以，康德的摧毁工作是在一般哲学的层面上展开的。

从一般哲学层面上说，“美德就是知识”主要表现在世界的本原自身就是真（事实）与善（价值）的统一，因此，对于世界本原的求真（认识，它的结果就是知识）与求善（实践，它的结果就是美德）也存在着内在的统一。正因为如此，康德从一般哲学的层面上摧毁传统形而上学“美德就是知识”之命题的工作便从摧毁传统形而上学的世界或世界本原理论开始。在传统形而上学那里，世界首先表现为本质（本体）世界，这个世界内在地包含善的含义。但是，康德反对传统形而上学把世界看成是本质世界的观点，在他看来，这种本质世界乃是一种独立于人而存在的纯粹客观的外在世界，由于人只有在认识的过程中才能知道外在世界，所以，本体论应该建立在认识论的基础之上，这就是说，世界是在认识的过程中才展开的，认识的过程既是认识自然真理的过程又是世界的产生（向人发生）的过程。康德把这一过程称为“人为自然立法”的过程。这里的“人”指人的纯粹理性，而这里的“法”指人的纯粹理性先天固有的“法则”（先天原理），它是一种认识能力，亦即人在认识自然现象时应用于认识活动的“认识形式”。康德认为，人的认识不能离开来自经验的认识内容（质料），但是这些认识内容只有经过人的理性先天固有的认识形式的整理、安排才能真正进入认识领域并且真正构成认识的内容，因此，人的理性先天固有的认识形式乃是人类认识得以进行的先天条件，从“世界是在人的认识中向人发生的”之观点的角度来看，它也是世界得以向人发生的先天条件。此外，根据康德的理解，既然人的认识以来自经验的质料为内容，那么，它就不可能脱离经验，也就是说，认识始终只能是经验性的认识，知识始终只能是经验性的知识，既然世界就是在人的认识过程中向人发生的世界，那么，世界也始终只能是经验性的世界。据此，他把传统形而上学的那种独立于人的外在本质（本体）世界说成是物自体，亦即它是人并不知道并且与人无关的存在。因此，人类面对的世界就是经验世界，康德将其称为现象世界。康德与经验论哲学家不同，他认为人类理性先天固有的“法”（认识形式）作为认识和世界的先决条件，它在把自身给予现象世界时便使现象世界具有了“法则”（规律、自然的必然性），在此基础上，它也使关于现象世界的经验性认识具有了普遍必然性，从而使得关于现象世界的经验知识成了科学知识。康德指出，通过认识论发生的世界乃是一个与道德无关的自然世界，它只是一个具有自然的必然性的事实世界。除此之外，人还有一个“人为自己立法”的世界。“人为自然立法”的“法”源自人先天固有的纯粹理性，这种理性只是一种能够提供先天的认识形式的“理论理性”，“人为自己立法”的“法”也源自人先天固有的纯粹理性，但是，这里的理性不是“理论理性”而是一种“实践理性”，这里的“法”也不是认识形式而是“道德法则”。因此，与“人为自然立法”的过程是一个人在认识中把自己先天固有的认识形式给予自然世界从而使得自然世界成其为自然世界的过程不同，“人为自己立法”的过程乃是一个人在实践中把自己先天固有的道德法则给予自己从而使得道德世界成其为道德世界的过程。康德认为，在“人为自己立法”的过程中，通过道德法则建构的世界作为一个与事实的自然世界无关的“道德”世界，它也有自己的内在法则或规律，这种法则或规律就是自由的必然性。根据康德的观点，实践理性相比于理论理性具有“优先”地位，与此相应，作为实践理性之产物的道德世界相比于作为理论理性之产物的自然世界也具有“优先”地位，据此，他在把自然世界看成是现象世界的同时把道德世界看成是本质（本体）世界。正是在此意义上，他进一步把道德世界称为“知性世界”，并把现象世界称为“感性世界”，甚至强调知性世界属于“原型的世界”，感性世界属于“摹本的世界”。总体而言，在康德的哲学中，在人的理论理性和实践理性的基础上，通过“人为自然立法”和“人为自己立法”分别产生了两个世界。“人为自然立法”的过程是一个认识论的过程，它所产生的世界是自然世界，这是一个受制于自然的必然性的事实世界；“人为自己立法”的过程是一个实践的过程，它所产生的世界是道德世界，这是一个受制于自由的必然性的价值世界。

康德进一步把关于人类理性的两种运用以及运用的结果（具有自然必然性的自然世界和具有自由必然性的道德世界）的研究划分成形而上学的两个领域。康德在《道德形而上学基础》的“序”中谈到知识的分类。他说在一切理性的知识中，除了逻辑学这一形式的知识之外，就是作为实质知识的物理学（自然哲学）和伦理学（道德哲学）。其中，自然哲学研究自然的规律，道德哲学研究自由的规律。自然哲学和道德哲学中的那些立足于先天原则（而非经验根据）的纯粹部分如果局限于某些理智对象，就叫形而上学。根据康德的上述论断，我们可以得出这样的结论，即：自然形而上学和道德形而上学既是依据于先天原则的纯粹哲学（因此它有别于经验哲学并与逻辑学有某种共同之处），又是关于理智对象的实质哲学（因此它有别于逻辑学并且与自然哲学和道德哲学有某种共同之处）。因此，康德进一步作出结论说：“这样，我们就想到两种形而上学：一种是自然形而上学，一种是道德形而上学。”[①]

① 北京大学哲学系编《西方哲学原著选读》下卷，商务印书馆，1982，第 309 页。

康德告诉我们，围绕“人为自然立法”而研究自然世界及其规律的学问属于自然形而上学，围绕“人为自己立法”而研究道德世界及其规律的学问属于道德形而上学。所以“形而上学划分为纯粹理性思辨的运用的形而上学和纯粹理性实践的运用的形而上学。因而，它要么是自然的形而上学，要么是道德的形而上学”[①]。尽管“形而上学”这个名词通常指的是思辨理性的形而上学，但是，“只要纯粹的道德学说仍然属于出自纯粹理性的人性知识也就是哲学知识的特殊部门，那么我们就要为它保存‘形而上学’这个名称”[②]。

康德在区分人的理论理性和实践理性的基础上，通过对具有自然必然性和自由必然性的两个世界的区分，以及通过对研究这两个世界及其必然性的两种学科亦即自然形而上学和道德形而上学的区分，最终把传统形而上学原本统一于世界本原的真善统一，以及真善统一基础上的“知识”（求真的产物）与“美德”（求善的产物）的统一区分开来。在他那里，具有自然必然性的自然世界是一个事实世界，它是一个实然的世界，所以，自然形而上学要研究的是事实上出现某事的规律，这一规律作为实际如此发生的关于自然事物的“必然”规律，它告诉人们对象“是”什么，研究它的结果是我们究竟能够知道什么（知识）；具有自由必然性的道德世界是一个价值世界，它是一个应然的世界，所以，道德形而上学要研究的是人在实践中究竟应该如何行为的规律，这一规律作为人（理性的人）应该遵循的是关于实践的应然规律，它告诉人们“应该”如何行为，研究它的结果是我们究竟如何走向自由。据此，康德指出，人们面对具有自然必然性的自然世界的研究活动仅仅是追求真理（求真）的活动，它只能获得知识而不能获得美德；人们面对具有自由必然性的道德世界的研究活动仅仅是追求至善（求善）的活动，它只能获得美德而不能获得知识。因此，求真和求善并不属于同一种活动。除了人类学的共同基础之外，上述两个世界以及针对上述两个世界的两种活动相互分离，并不相干。它们只是人类理性在理论方面和实践方面的不同运用。这样一来，康德就把传统形而上学的“真与善”（知识与美德）之间的等号改变成了不等号，这对于西方哲学史而言，是一场伟大的革命。

---

① 康德：《纯粹理性批判》，邓晓芒译，杨祖陶校，人民出版社，2004，第689页。

② 康德：《纯粹理性批判》，邓晓芒译，杨祖陶校，人民出版社，2004，第635页。

三 美德与知识本质上的区别和实践中的联系

之所以说康德在一般哲学层面上对“美德就是知识”的否定构成了西方哲学史上的一场伟大的革命，乃是因为西方传统形而上学在这个问题中包含一种根本性的混淆，并且这种混淆持续了漫长的时期。毫无疑问，“真”与“善”分别作为“事实”对象和“价值”对象、“实然”对象和“应然”对象属于性质根本不同的两类对象，与此相应，“知识”与“美德”分别作为“求真”与“求善”的结果也属于性质根本不同的两类结果。

我们曾说早在康德之前休谟就对传统形而上学的这一混淆提出了挑战。在挑战中，休谟用一段非常经典的语言厘清了这种混淆。他说：“在我所遇到的每一个道德体系中，我一向注意到，作者在一个时期中是照平常的推理方式进行的，确定了上帝的存在，或是对人事作了一番议论；可是突然之间，我们却大吃一惊地发现，我所遇到的不再是命题中通常的‘是’与‘不是’等联系词，而是没有一个命题不是由一个‘应该’或一个‘不应该’联系起来的。这个变化虽是不知不觉的，却是有极其重大关系的。因为这个应该或不应该既然表示一种新的关系或肯定，所以就必须加以论述和说明；同时对于这种似乎完全不可思议的事情，即这个新关系如何能由完全不同的另外一些关系推出来，也应当举出理由加以说明。……我倒想向读者们建议要留神提防；而且我相信，这样一点点的注意就会推翻一切通俗的道德学体系，并使我们看到，恶和德的区别不是单单建立在对象的关系上，也不是被理性所发现的。”① 这就是说，通过“是”与“不是”联系起来的命题和通过“应该”与“不应该”联系起来的命题是性质根本不同的两类命题，它们分别是关于事实与关于（道德）价值的命题。休谟的这种区分彻底揭示了传统形而上学在此问题上的混淆以及它在此问题上的无意识。在此基础上，休谟进一步作出区分说，道德属于哲学中的实践哲学而非思辨哲学，它必须影响人们的情感和行为，其具体表现为：“道德准则刺激情感，产生或制止行为。”② 但是，在此方面，理性却无能为力。理性属于哲学中的思辨哲学而非实践哲学，它的对象是事实对象，

① 休谟：《人性论》（下卷），关文运译，商务印书馆，1983，第 509 ~ 510 页。

② 休谟：《人性论》（下卷），关文运译，商务印书馆，1983，第 497 页。

因此，它的作用在于发现真伪，求得关于真伪的知识或真理。但是，在传统形而上学把道德和理性（美德和知识）混淆起来的情况下，形而上学家们一方面认为“道德也和真理一样，只是借着一些观念并借着一些观念的并列和比较被认识的”①，“德只是对于理性的符合”②；另一方面又认为理性似乎具有某种主动性，因此也能够刺激起我们的情感和行为。我们认为，休谟对于传统形而上学的挑战是一种成功的挑战，它正确地厘清了事实与价值、理性与道德，也就是说，“知识与美德”之间的根本区别，并且正确地指出了它们的不同作用。但是，休谟的挑战主要还是在伦理学的层面上，由于“美德就是知识”的命题在传统形而上学中已经成为一般哲学意义上的命题，所以，若要彻底消除这一命题包含的误解，也必须在一般哲学的层面上做到这一点。康德正是在一般哲学的层面上把美德与知识分开，并用自己的全部哲学诠释了美德不是知识的。就此而言，他在一般哲学层面上关于美德不是知识的思想进一步推进了休谟的相关思想，并且远远超越了传统形而上学。

尽管康德关于美德不是知识的思想远远超越了传统形而上学“美德就是知识”的思想，但是，在道德问题尤其是道德判断问题上，若把美德和知识截然分开，那也会造成伦理学的损失。既然康德在一般哲学的层面上论证了美德不是知识，那么，在伦理学的层面上，他也会否定美德就是知识。正是因为如此，他在阐述伦理学的著作《实践理性批判》中明确指出，人们“很容易而且不加思考地就可以看出”③，道德是无须借助任何知识的自明的行为。他进一步说：“准则中的何种形式适合于普遍立法，何种形式不适合于普遍立法，这一点最普通的知性没有指导也能分辨。”④ 需要指出的是，康德这里说的道德的自明性亦即道德判断无需知识中的“知识”不是道德知识而是理智知识。我们知道，在康德的伦理学中，人的实践理性先天就具有道德法则，这种道德法则其实就是道德知识，然而，由于康德把这种道德知识看成是人的理性先天固有的本性，所以这种知识对于康德来说并不需要特别强调，或者说它直接就是人的一种先天道德能力，我们无须在知识的意义上来看待它。由此可

① 休谟：《人性论》（下卷），关文运译，商务印书馆，1983，第 496 页。
② 休谟：《人性论》（下卷），关文运译，商务印书馆，1983，第 496 页。
③ 康德：《实践理性批判》，邓晓芒译，人民出版社，2003，第 49 页。
④ 康德：《实践理性批判》，邓晓芒译，人民出版社，2003，第 34 页。

以推断，康德在谈到道德的自明性时认为道德判断无需知识的指导指的就是理智的知识。问题在于：仅就理智的知识而言，在把美德与知识分开的基础上，是否真的就不需要知识？事实或许并非如此。

为了在把美德与知识分开的基础上更好地分析实际的道德或说道德判断是否需要知识或说理智知识的问题，我们应该先来分析实际的道德判断的程序。道德判断的过程也是一种道德选择的过程。“在通常情况下，我们进行道德选择包含先后两个步骤：其一，我们必须事先知道某些道德规则（例如‘不能说谎’），它构成了我们进行道德选择的基础，假如我们事先并不知道任何道德规则，我们就不可能做出任何‘合乎道德’的道德选择；其二，在已经事先知道某些道德规则的基础之上，我们分析道德现象，做出合乎道德的道德选择。”“我们把前面一个步骤称为‘Ⅰ’，把后面一个步骤称为‘Ⅱ’。我们不仅可以把人们进行道德选择的实际发生过程分为Ⅰ、Ⅱ两个步骤，还可以进一步把步骤Ⅱ分为两个环节：其一，我们总要先行分清自己所要分析的道德现象的事实真相，辨析真假（例如某人所说的话究竟是‘真话’还是‘谎言’），只有这样我们才能进行正确的道德选择；其二，在已经分清自己所要分析的道德现象的真假之后，我们再去分析这一现象的道德性，进行正确的道德选择。我们把前一环节称为‘Ⅱ（1）’，把后一环节称为‘Ⅱ（2）’。我们发现，Ⅱ（1）所需要的知识是‘理智知识’，Ⅱ（2）所需要的知识是‘道德知识’。当然，Ⅱ（2）拥有的道德知识乃是步骤Ⅰ的道德知识在道德选择亦即环节Ⅱ（2）中的实际运用。”① 根据这样的程序，康德的观点对吗？首先，就步骤“Ⅰ”而言，在康德的道德哲学中已经实际包含了步骤“Ⅰ”，也就是说，无论是否把他所主张的人类实践理性先天固有的道德法则看成是道德知识，他都内在地把道德知识包含在了判断之中。其次，就步骤“Ⅱ”而言，若是康德在道德或道德判断中排除了Ⅱ（1），那么，步骤“Ⅰ”就直接取代了Ⅱ（2），也就是说，它只需要步骤“Ⅰ”就能完成全部道德判断，整个步骤“Ⅱ”，包括步骤“Ⅱ”中的Ⅱ（1）、Ⅱ（2），都不再是道德判断的必要环节了。根据这种情况，若要判断康德关于道德自明性或道德判断无需“知识”（理智知识）的观点是否正确，关键就是能否排除步骤“Ⅱ”中的Ⅱ

① 强以华：《道德：自明性与知识性》，《哲学动态》2014 年第 2 期，第 63 页。

(1)。我们认为，在此问题上，如果仅仅局限于康德自身的伦理学理论，那么，他的观点是自洽的。因为康德的伦理学是基于形式的唯动机论的伦理学。康德伦理学的基本特征就是不顾及道德活动的经验内容，他在伦理学中要追求普遍有效性，但任何归属于自爱、幸福下的关于经验对象之愉快与否的主观感受性（情感）都是主观的、个别的、任意的，因此，这些都在他的伦理学的排除之列，一旦这一切都被排除之后，“那么在一个法则中，除了一个普遍立法的单纯形式之外，就什么也没有剩下来”①。这种单纯形式正是实践理性自身提供的立法形式亦即道德法则。同时，由于道德法则仅仅是排除了一切道德活动经验内容的纯形式，所以，在道德活动中选择遵循这种道德法则时也无须顾及道德活动的内容（例如自爱、幸福），它使康德的伦理学在进行道德判断或做道德选择时仅仅需要考虑如何遵循道德法则即可，而不必考虑它的内容或经验性的效果亦即是否能给人带来自爱、幸福，也就是说，只要考虑了道德的动机即可，而不必考虑它的效果。如果在道德活动中排除了道德活动的经验性内容，并且不去考虑它的效果，那么，也就不需要任何理智的知识，因为它并不包含任何经验性的事实，因而也不需要任何理智的知识去识别、比较、权衡这些经验性的事实。但是，如果我们不把康德的这种形式主义的唯动机论的伦理学看成伦理学的唯一形式，而是把那些注重道德活动经验性内容并且注重道德选择（行为）之效果的伦理学也纳入伦理学中来的话，那么，除了那些内容极其简单因而不需要任何知识就能作出准确的道德判断的道德事件之外，步骤“Ⅱ”中的Ⅱ（1）以及奠基于Ⅱ（1）的Ⅱ（2）就成了道德判断的必要环节了。例如，当我们把功利论纳入伦理学之中，那么，伦理学就必须考虑道德活动的经验内容和效果。其实，康德也承认这一点，他说，如果像幸福论（或功利论）那样把道德的目的看成获得真实而持久的好处，那么，“……如果要把这好处扩延到整个一生的话，都总是包藏在难以穿透的黑暗中，并要求有很多聪明来使与之相称的实践规则通过临时应变的例外哪怕只是勉强地与人生的目的相适应。”② 这里的“很多聪明”指的就是与理智的知识相关的理智的聪明。当然，康德采取的应对措施不是接纳“很多聪明”将其作为复杂的道德判断的一个环节，而是根据自己的形式主义唯动机论伦理学的标准将幸

---

① 康德：《实践理性批判》，邓晓芒译，杨祖陶校，人民出版社，2003，第34页。

② 康德：《实践理性批判》，邓晓芒译，人民出版社，2003，第49页。

福论伦理学排除在他看来合理的伦理学之外。然而，伦理学并不仅仅是形式主义的唯动机论的伦理学，它必然要涉及道德的经验性内容和行为的效果，因此，伦理学在针对那些稍微复杂一些的道德事件作出准确的道德判断或道德选择时，理智的知识便是必不可少的条件。就此而言，像康德那样把理智的知识完全排除在道德或道德判断之外的做法，也会造成伦理学的损失。

反康德主义者眼中的康德

迈克尔·斯洛特 文/李家莲 高静 译*

内容提要 我认为每一种伦理学研究方法或者伦理学理论都应该吸收康德学派的思想，因此，我们所有人都不得不或应该承认，我们受到了康德的创新性的影响，且在许多领域都受到了他清晰的历史观和概念性的道德观的影响。我将要从康德绝对命令和假言命令之间的区别展开讨论，我认为康德是第一位以某种明确的方式来阐述这两者之间区别的哲学家。我将要讨论 das Gute（good，善）和 das Wohl（well，福）之间的区别，我相信二者的区别使康德有效地发现了"事物的善的状态"这种观点，或至少第一次清楚地认识到了那种观点的含义。我还会讨论，康德对道德内在特性的强调，何以能为美德伦理学和关怀伦理学提供重要启示，甚至也能对结果主义产生影响（尽管较少），因为适当地关注康德就内在生活所说的一切能帮助结果主义者形成并区分他们自己那些自相矛盾的观点。

关键词 绝对命令　假言命令　善　幸福　内在性

在这篇文章中，我想谈一谈康德对伦理学所做出的贡献，即便身为反康德主义者，比如我自己，也应该接受和承认这些贡献。即使反康德的伦理学家也从康德那里学到了很多，这是现在我想在这里展示给你们的东西，你们当中有

---

* 迈克尔·斯洛特（Michell Slot，1941—），男，美国迈阿密大学哲学系伦理学教授；李家莲（1976 - ），女，湖北大学哲学学院暨高等人文研究院副教授；高静，湖北大学哲学学院2013级硕士研究生。

些人——关怀伦理学家、美德伦理学家、完美主义者、结果论者和其他一些人——一直都对此持怀疑态度。而对于你们当中坚定地支持康德或康德学派的那些人而言，了解一下康德思想如何遭遇了其反对者——他们既反对康德的结论，也反对康德的方法——的对抗，这也许会被证明是有用的。不过，你们也许会感到奇怪——每个人都会感到奇怪——为什么我在文章标题中用了“反康德主义者”这么强烈的词语。为什么不说“非康德主义者眼中的康德”？

我之所以一定要这么做，其原因在于，我打算对康德加以褒扬与赞美。毕竟，“非康德主义者”这样的用词略显中立，且易在质疑其他观点的同时承认康德某些思想的有效性或价值，顺带发现其他方法也是有吸引力的方法。但是，如果那些在重大和基本问题上都不赞同康德的人却能承认其思想具有某种或某些伟大之处，这就更是一种赞美。我自认为是一个反康德主义者，因为我认为康德学派对自主性的强调忽略了与他人联系的道德价值，它强调一丝不苟地应用原则，而这种强调也没能看见与他人建立直接的情感联系时所展现的道德价值，因为由康德派生的不同版本的绝对律令似乎是谬论，或者说是采用了一些有问题的假设，我在以后会继续讨论这个问题。但我现在并不打算这么做，因为在写这篇文章时，我真的只想聚焦于我的主要目的。

我打算讨论一下康德的几个主要贡献。康德学派的思想，即在历史上起源于康德的那些思想，我认为每一种伦理学研究方法或者伦理学理论都应该吸收。因此，我们所有人都不得不或应该承认，我们受到了康德的创新性的影响，且在许多领域都受到了他清晰的历史观和概念性的道德观的影响。我将要从康德绝对律令和假言律令之间的区别展开讨论，我认为康德是第一位以某种明确的方式来阐述这两者之间的区别的哲学家。我将要讨论 das Gute（good，善）和 das Wohl（well，福）之间的区别，我相信二者的区别使康德有效地发现了“事物的善的状态”这种观点，或至少第一次清楚地认识到了那种观点的含义。我还会讨论，康德对道德内在特性的强调，何以能为美德伦理学和关怀伦理学提供重要启示，甚至也能对结果主义产生影响（尽管较少），因为适当地关注康德就内在生活所说的一切能帮助结果主义者形成并区分他们自己那些自相矛盾的观点[1]。不过，让我先从绝对命令和假言命令的区别开始说起。

---

① 对绝对义务和非绝对义务的区分并不起源于康德，在他所在的时代，这种区分十分常见，尽管我们很多人仅仅只是通过阅读康德的书才了解这种区分。

一　绝对命令和假言命令

我不认为在康德之前有人做过这样的区别，而且我认为它是一种需要找到路径进入一切道德哲学时的区分，不管它与康德学说相距还有多么远。不过，我也必须小心翼翼地对待我所说的这种区分。例如，在《作为假言命令体系的道德》一文中，菲利帕·福特（Philippa Foot）认为，绝对命令与假言命令之间的区别等同于或至少包含了这种区别，即源于理性且受理性控制的命令与不源于理性且不受理性控制的命令之间的区别。[①] 但是这种区别对康德来说并不新鲜，而且也许在休谟那里就已经很明显了，如果不是在休谟那里，那就可能更早了。我相信在某些情况下道德陈述或道德禁令能够且必须被视为绝对命令，而对我们用来达到目的的手段的陈述或建议却不是绝对命令，这种区分，我认为第一次出现在康德的《道德形而上学基础》一书中。康德认为，假言命令（例如，如果你想修车，那么你就应该使用扳手）所指的对象能通过声称自己缺乏相关的欲望或动机（例如，我没有兴趣花时间在这堆旧垃圾上）而理直气壮地免除该命令。但是，康德学派的观点是，缺乏完成绝对命令的欲望、动机或意图，并不会使该人置于该命令所管辖的范围之外，即，不会使这种命令像假言命令那样无法应用到该人身上。

在我看来，这种区别等同于（我们所理解的）道德禁令和道德义务（义务这个词源于拉丁文，意为拴住或被拴住）中的必然性，但不会等同于某些日常意义上的“应当”或“应该”中的那种必然性。然而，在对这种差异的边界产生争论的时候，人们会承认这种差异的强迫性和必要性。例如，康德指出，只有道德的命令才是绝对命令，但西季威克却认为，谨慎的命令也可以是绝对命令（我倾向于赞同他）。在我上面提到的那篇文章中，菲利帕·福特就已经有效地证明了这个结论，即，在上文所说的意义上，礼仪上的“应该”可以被视为绝对命令。因此，康德学派中的“道德命令是绝对命令”这种观点并不会必然把道德上的“应该”与其他意义上的“应该”区分开来。但是，这并不妨碍我们坚持相信道德命令具有绝对性，在这种情况下，非康德学派的

---

① 福特的文章，参见 A. Gibbard and P. Railton（eds），*Moral Discourse and Practice*，NewYork：Oxford University，1997，pp. 313 – 322。

道德哲学家最好能用一种更好的方法允许道德禁令或道德要求具有必然性或者绝对性的特点。

事实上，我认为其他道德哲学家的确会这么允许。例如，休谟从来没有明确提到过绝对命令的概念，这会让人认为，他的情感主义的路径太“软”了，太缺乏人们在康德理性主义中发现的那种严格性，这使他无法承认绝对命令的地位或道德陈述或话语的强迫性。但我们要记住的是，休谟以一种严格的态度阐述了我们对正义（财产正义）和忠诚（对承诺的忠诚）的义务。然而，备受争议的是，休谟对我们日常道德情感和思维意识的精准感知，是否会把他推向理性主义——有人认为，休谟这样的情感主义者不会真正坚持义务的严格性，也不会偿还债务并恪守承诺。我认为这是有一定道理的。

但是这并不意味着休谟不允许绝对命令（哪怕他完全没提到这个观念）。在仁爱的领域，我们的义务似乎缺乏正义和忠诚的道义义务所具有的那种严格性，即使如此，依然存在着一种强有力的必然性和绝对性。在他人困难或危险时仅仅因为他或她对帮助别人没有兴趣而从未想过助人一臂之力的人无法逃避强烈的道德批评，这完全符合休谟意义上的情感主义在助人问题上就美德与恶行的来源与本质发表的观点。无疑，休谟也认为，人们不能仅仅因为没有兴趣助人而逃避帮助家庭成员的特殊义务。以此类推，关怀伦理学家、美德伦理学家和结果主义者基于类似理由不允许道德意义上的“应该”具有绝对强迫性，是一种毫无理由的做法。

但是，不同于康德，大多数的结果主义者、美德伦理学家和关怀伦理学家并不怎么在意这种绝对的强迫性，人们会心生疑惑，认为他们不相信道德命令拥有绝对的强迫性。他们会，至少他们当中有些人会给人产生这种印象，即，为他们所赞同的道德义务所拥有的严格性和绝对性越少（例如，较之康德学说反对说谎时的绝对严格性），道德陈述中的绝对性就会越少。但是，如果他们这样想，他们就大错特错了。他们混淆了绝对意义上的严格性和必然性意义上的严格性。允许例外的道德命令使我们遭受的束缚并不必然弱于不允许例外的那种道德命令。然而，这些混乱或错误都可以在这里得到理解，因为不允许例外，就那种理由而言，在某种程度上是必然的，因此，允许例外，就那种程度和那种意义而言，不是必然的。关怀伦理学家、美德伦理学家或结果主义者的道德哲学家认为，日常道德禁令（几乎）总是允许例外，对于一个诸如此类的道德哲学家而言，很容易得出的结论是，这种禁令在任何意义上都不具备必然性或绝对性。

但这是或将是一个错误，因为实际上我们已经看到，这里有两个不同类型或种类的必然性。虽然结果主义者、美德伦理学家或关怀伦理学家允许在道德上接受某种类型的偷窃或说谎，他们当中的部分或大部分人却仍然坚持认为盗窃和撒谎是错误的。但是，他们所接受的反对撒谎的那种道德禁令却包含或允许某种例外，我们甚至可以说，这些例外已经融入了他们所接受的这种禁令或义务之中。结果是，如果他们说撒谎是错误的，或当他们这样说的时候，这句话的内容中就存有某种可逃避性或非必然性。但是，就他们接受的某种其他义务内容而言，例如，在缺乏道德理由时不杀人的义务，或许有必然性。

总而言之，某些道德陈述或道德禁令中的可逃避性或必然性，不同于上文说过的那些道德陈述或道德禁令中的可逃避性或必然性。对于不允许撒谎的禁令而言，即使存在例外，那种禁令也永远不能被视为一种以例外为内容的禁令。这样，禁令的内容会允许例外或逃避，但是，允许例外的时候起束缚作用的不是它自身具有可逃避性，它不可逃避地束缚着我们，或，我们可以这样说，它绝对地束缚着我们。因此，在这两种必然性中，仅仅只有一种能对应于我们的绝对命令概念。另外一种类型的必然性，即内容的必然性，正如我正在讨论的一样，对第一种命令或绝对命令而言，并不具有必然性。更简单地说，具有必然性力量的绝对命令会允许例外，而且其内容也具有非必然性。

现在，我用来去区别这种区分的术语强烈地暗示出一种发生在道德哲学外部的区分。弗雷格清楚地区分了陈述内容和陈述本身之间的区别，即命题内容和对命题的陈述之间的区别。在一般的意向性领域，我们会区分行为和对象，我们还会发现二者之间处于语言模糊地带的那些例子，即“行为—对象模糊性”。“陈述”一词仅仅只是与此有关的一个例子，我们会在“信仰”、“假设”、“禁令”等术语中有相同的发现。在这种情况下，行为的属性并不适用于对象，反之亦然。这样，就产生了一种可能性，即某个形容词可以在一种含义或意义上，适用于某个行为，而在另一种含义或意义上却适用于它的对象。到此为止，我相信我们已经解释了必然性概念。

在这一点上，通过对类似的意向模糊性（如果我可以这样说的话）进行一种更大、更系统的考察，并把我们的讨论置于其中，我们的讨论也许可以变得更有品质或更牢靠。但是，我不想在一般意义上讨论意向性，这实际上超出了我的能力。我认为，对这些更大的可能性稍加提及，并简单指出它们会如何影响我所讨论的这种绝对性，能做到这点就足够了。这些差异之所以被讨论，其主要原因在于，我们要表明，所有道德哲学家都应该（此处的“应该”自身就有伦理理论的绝对命令之意）承认道德命令和道德义务的绝对特征，并给它留下空间。

休谟和其他哲学家均把道德“应该”视为绝对命令，却不高喊那种特定含义。但是，在那个问题上反对康德的人却不这么认为。毕竟，康德旨在揭示和描述普通人的（至深的）道德感情和思考，他完全知道，普通人对绝对性没有明确概念。但尽管如此，他还是认为，普通人无疑会把道德命令视为绝对命令，在《道德形而上学基础》一书中，康德成功地论证了这个事实。在有意把道德“应该”视为绝对命令前，乃至或许在对这种想法深感困惑以至于错误地认为道德并不具有绝对性时，道德哲学家就应该视道德“应该”为绝对命令，这不是什么大惊小怪的事情。我们已经尽力在此澄清了几个问题，不过，我们所说的一切对康德原创观点是有好处的。绝对命令和假言命令的区别十分重要，尽力澄清或弄明白这个问题更重要。

二　善的事物状态

为了弄清楚“善的事物状态”这个概念，就需要弄清楚“善的事物状态”和“什么对人是善的，什么使人的生活变得更好”这两个概念之间的区别。不过，在我看来，我可以这么说（学术素养比我高的人可以在此纠正我），在康德之前，尚未有人意识到这种区别。实际上，康德至少在《实践理性批判》中就暗示过，他是第一个这么做的人。我认为康德之前的哲学家没有弄清楚这个问题，康德或许也这么认为，不过，在我更详细地对此作出解释之前，我想先介绍一下康德自己是如何介绍这种区别的。

早在《道德形而上学基础》中，康德就告诉我们，没有哪个无偏的理性旁观者会对邪恶之人（或无德之人）的成功表示赞成或感到高兴。结合上下文和康德的其他观点，康德大概也会说，没有哪个无偏的旁观者会为邪恶之人的幸福感到高兴。尽管康德并没有使用“事物状态”这一术语，当他说没有哪个无偏的旁观者会赞同邪恶之人的成功时，他清楚地谈到了某种事物的状态。因为在论证除善良意志之外的每一种善的条件的善性时，康德把这个例子视为其中的一种论证，他清楚地暗示出，邪恶之人的成功或快乐并不是善或一件善事。但康德没有反驳成功对这一邪恶个体而言是善的这一说法，因此，他真正的意图似乎是要对“与个体有关的事物状态的善性”和“对个体而言，什么是善，什么会使生活变得更好”做出区分。

在他的全部著作中，在这点上，康德并未完全阐明这种区别。他做出了这个区分，但是他并未注意到自己正在做这件事。在下文的讨论中，我认为康德明确地意识到了这种区分，不过，在开始下文的讨论前，我想说，据我所知，出现在《道德形而上学基础》中的这种区分，尽管是无意识的，但在康德之前的伦理学史中依然是较为罕见的。我们知道，亚里士多德一度相当接近这种想法，但我本人再也想不起来还有谁明确说过“邪恶之人获得了对该人而言是善的东西，这并不是一件善事”这句话（也许有人可以在此纠正我）。

然而，在《实践理性批判》（第一部第一卷第一章）中，康德对我们正在讨论的这种区别抱有十分明确的自觉态度。他说过，罗马人很难做这个区分，因为他们仅仅只用一个单词即“好”（拉丁文 bonus）来描述这两种观念，但是，德国人却在此使用了两个单词，这有助于使他们明白，二者的确存在着差异。德语中的“善”（das Gute）和“福”（das Wohl）都可以与拉丁文的“善”（bonus）相对应。康德明确认为，道德的考量可以进入到“善”（das Gute）的概念中，但却不能进入“福”（das Wohl）的概念内。这就是说，一个人的不道德不会阻止得福（为斯多葛学派和亚里士多德所抵制的东西），但如果他得了福，它就会阻止此事成为一件善事。

即使在《实践理性批判》中，在讨论“善”（das gute）的时候，康德也没有使用过任何能被翻译成“事物状态”的表述。但事实上，英文中有大量表达（德语中也有相应的表述）能有效地挑选出事物状态并赋之以善性或恶性。我们会说，邪恶之人的成功不是善的，或，不是一件善事。我们会说，邪恶之人会成功，但这不（是）善（事）。我们会说，邪恶之人的成功（是某种）不应该存在（的事物）。所有的这些似乎都等同于明确地说事物状态（或处境）的非善性（non-goodness），在接下来的讨论中，我将不会再区分这些表述。但是，一旦康德使我们注意到了福祉或对某人而言的善与作为事物状态之特性的善性之间的区别，他无疑超越了前人的一切哲学思想。即使亚里士多德或其他人讨论过含有这种区分的某种东西，即使他们明白并时不时地使用过这种区分，但明确地意识到这种区分并呼吁哲学家和其他人注意这种区分却完全是另外一回事。康德，似乎是第一个这么做的人。

但是，正如我所说，在康德之前的哲学家的讨论中，这种区分似乎并不明确。最古老的伦理学家试图阐明美德与福祉之间的关联，事物状态的善性并未真正进入其讨论范畴。不过，当亚里士多德说正义关乎功德或美德与利益或与对某人而言的善的事物之间的比例时，我认为，若不考虑善的事物状态和对个人而言的善之间的区别，人们就不能充分理解他所说的一切。美德和福祉之间的比例的存在就是一种事物状态，它以一种隐性的方式把那种事物状态视为正义的状态，把缺乏这种比例的事物状态视为不正义，亚里士多德应该一定会说，例如，前面那种事物状态是一件善事。如果他真这样说了，他就会开始区分对人而言的善以及对事物状态而言的善了，但事实上，亚里士多德从未说过，美德和福祉之间的比例是善的，或者说是一件善事。他仅仅只是将它称为正义。他避免这样说，部分理由或许是因为，要这样做的话，就要在一定程度上说一些与柏拉图的善的形式有关的东西，而亚里士多德坚决反对此类形式说。尽管我对这种观点并无把握，因为讨论善的事物状态或“如此发生即为善”的现代伦理学家们并不总是会追随各式各样的柏拉图式观点，但是，这种观点的确会推动我们走向柏拉图的方向，事实上，我认为我们应该允许我们自己被推往那个方向。

在康德之前的伦理学史中，针对对人而言的善与善的事物状态或善的“事物”之间的区分，我发现暗示过这种区别的另一个地方实际上就是柏拉图所讨论的善的形式和其他形式之间的区别。形式被认为是善的，但柏拉图似乎并不认为它们对任何人都是或必定是善的。正如尼古拉斯·怀特（Nicholas White）所言，善的形式不是自我利益或个体利益的形式。相反，作为形而上学的实体，无须与任何事物关联起来，善的形式本身就是善的，我认为，柏拉图对善的形式的善性的描述几乎预示了康德的伟大论点，即善良意志是宇宙间唯一无条件的善事。在这两种情形中，人们所说的善被视为绝对善，而非与任何人的利益相关的善，因此，我认为，柏拉图对善的形式的强调在古希腊哲学中代表了一种不寻常的观点。普通的古希腊人专注于个体的善或个体意义上的善，由于赞成一种不同类型的整体性的善，赞成这种善极大地优于个体意义上的善，或者说比个体善更加重要得多，这种观点受到了弱化。（难道这不会使人再次想起康德?）

在康德之前的伦理学史中，在哲学上认为善的概念与个体（他或她的福祉所在）无关，我能想到的另一个例子是斯多葛学派提出的有关宇宙及其结构的完美善性的观点。在康德之前也许还有其他哲学家以这种绝对的口吻讨论过善性，不过，尽管如此，我还是要说，更自觉地介绍福祉和绝对善之间的区分，在前人的伦理学史中，是一种毫无先例的做法。这种区分是很多当代哲学理论的重点。我们很多人都在大量地使用它，尤其是功利主义者和结果主义者（尽管在一定程度上当代康德伦理学也是如此），这让人怀疑边沁或某些其他早期功利主义者是否与康德在同一时间发现了这个区分。

简言之，答案是我相信他们或者说至少相信边沁做出过这个区分。但是，事情并不能完全确定，因为边沁从来没有像康德那样清楚和自觉地讨论过这个区分。实际上，人们必须在边沁的文章中梳理出这种区分，而这些文章却很容易被认为是在讨论别的问题，如个体的福祉或幸福，只有仔细地分析边沁的精准用词才能使我们相信，他是在讨论善的事物状态这个问题，尽管他自己都没有意识到自己在这么做。事实上，要求对“对人而言的善”以及“对事物状态而言的善”进行区分的功利主义者，即使是最近几年，也极少有人明确讨论过这种区分，我也不确定，在阿马蒂亚·森（Amartya Sen）的《功利主义和福利主义》（该文的主要目的是做出这种区分并对它加以应用）于1979年发表之前，结果主义者是否曾经像康德在《实践理性批判》所做的那样强烈而明确地做出过这种区分。不过，我们还是要回到边沁的思想。

我之所以说边沁可能没有充分意识到“对人而言的善”以及“对事物状态而言的善”之间的区别，原因在于，他从来没有明确或自觉地指出过这个问题。但是，他确实说过一些暗示或隐含这种区分的东西，让我现在来说说那些东西是些什么。在《论道德与立法的原则》一书中，边沁介绍了一个版本的“最大幸福”原则，根据该原则，当且仅当行为能给受该行为影响的人带来最大幸福时，该行为才是正确的。这很粗糙，非常粗糙，但与边沁自己在《论道德与立法的原则》一书中所说的一切相比，这又显得不那么粗糙了。在任何情况下，我都不想在此详细讨论功利原则或最大的幸福应该如何陈述的问题。然而，重要的是要注意到，阐述功利主义道德之终极原则这种方式没有提到事物状态或事物状态的善性，也完全没有讨论过这些观点。功利主义的后期版本或发展的确重视并提倡最能改善福祉或幸福的东西，但却从未说过，较之其他替代物，最能改善福祉的一切会产生较好的结果，因此能被视为最优的东西，或者说，较之它的替代物，它能被视为会在总体上产生一种更好的事物状态。

然而，在《论道德与立法的原则》一书中，边沁自己的确在很多地方（例如，第 89 页、第 114 ~ 115 页）都讨论了善的结果，我相信，在他所讨论的语境中，此类讨论隐隐约约会使边沁走向善的事物状态这种观点，并得出这样的结论，即能产生最大整体性人类善（即，比任何替代物都能产生更多善的幸福）的任何行为都比任何替代物更能产生更好的后果或结果，并能以此为基础而得到辩护。今天的我们对后面这种思想更加熟悉，在前文提到的文章中，阿马蒂亚·森已经表现得很清楚了，几乎所有当代功利主义者都认为能带来最大幸福、欲望之满足、福祉或个人善的道德论证均依赖于“较之其替代物，任何此类行为均会产生较好的后果（并能在总体上导致善的事物状态）”这种假说。能产生最大个体善或幸福的行为就是最好的行为，对当代的功利主义者来说，在论证其观点的过程中，这种观点似乎构成了关键要素（或者说，会显得如此，如果他们介意这么说的话）。但是，产生最大个人善的东西就是产生最好结果的东西，这种假说绝不具有自明性，且会受到非功利主义者的反对。阿马蒂亚·森在他的文章中明确反对了这个观点，当康德说有助于邪恶之人获得成功的一切均不能被视为善事时，他也以隐晦的方式反驳了同一种观点。

在强调善的结果并认为能产生好结果的行为会使受该行为影响的那些人的幸福或个体善最大化的观点时，边沁实际上说的是，一个人应该做的行为是能在整体上产生最善的结果或后果的行为，这等于说一个人应该做的行为是能在总体上导致最善的事物状态的行为。由此类推，如果边沁没有讨论过善的后果，只是简单地主张产生最多的幸福等，我们就没有根据说他以一种隐晦的方式依赖于“善的事物状态”这个概念。让我们把这点说得更明白些。说某个特定的处境或事物状态比另一个特定的处境或事物状态包含更多的个体善或幸福，并不等于说它在任何方面都比其对比项更善。说某个特定行为比某些其他行为能产生更多个人的善或幸福，并不等于说它会比它的对比项能产生更善的结果。如果边沁仅仅只做出过前一种陈述，就没有理由认为与事物状态有关的（善恶）观点在他的讨论中显露过头角。在最大幸福原则的原初意义上使用该原则并不会使人开始讨论事物状态，更不会使人讨论事物状态的善恶，因此，仅仅只是因为边沁提出了善的后果这个概念，我们才能说他以隐晦的方式使用了事物状态这个概念，且以这种方式区分了“对人而言的善是什么”和“能够成善的事物状态的东西是什么”这两个问题。

现在，我能看到有些人正在质疑我刚才说过的一切，他们进行质疑的原因是，除非人们认为或打算相信，在对两种处境进行比较时，能给人带来更多个人善的处境是一种更好的处境，否则没有人会真正认为那些行为总是会对人产生最大的善。但是，我不确定这种质疑是否有效。对人或众生产生最大善的观点，在我看来，似乎是一种独立于对善的处境或善的事物状态的思考或讨论的直觉诉求。如果是这样的话，那么，正如上文所述，仅仅只有有关善的后果的讨论才显示或表明边沁隐晦地区分了“对个人而言的善是什么”和“什么构成了善的事物状态”。但是，这依旧只是一种隐隐约约的意识。边沁从来没有像康德在《实践理性批判》中那样自觉地区分过这些概念，在这种情况下，伦理学史在这点上就出现了某种令人感到意外甚至令人感到反常的元素。针对善的事物状态和人类幸福，今天的功利主义者的讨论要比今天的康德主义者的讨论多得多，在当代视角看来，这似乎令人感到惊讶，甚至如我所说，令人感到反常，因为第一次明确区分个人善和事物状态之善的人，应该是康德而不是边沁或某些其他早期功利主义者。但是，如诗人卡斯明所说，毕竟这种说法也是存在的，即，“离我们太近的事物，我们往往无法触及。”我认为原因在于，对于个人善和善的事物状态之间的关联，功利主义者给予的紧密性比康德主义者更大，因此，不管是现在还是过去，他们都不怎么能清楚地区分这两种观念。功利主义者认为，事物状态的善性具有添加剂的功能，包含多少个个人的善——这是阿马蒂亚·森的《结果功利主义》一文的主题。当然，康德会反对这种结果功利主义，因为他认为，比如，较之邪恶的人过得幸福，如果一个邪恶的人不幸福，这就是一种更善的事物状态。但是，如果更有益于增进个体善的东西，在某个观点看来，不会自动产生一种更善的处境或事物状态，那么，个体的善和善的事物状态之间的区分就是牵强的区分，当一个人（隐晦地）假定个体善和事物状态之善之间的亲密或紧密关联时，很显然，这种区分就不会成其为一种区分。这可能就是为什么是康德而不是边沁第一次明确区分了善的事物状态与个体善或幸福的原因所在。

一旦我们意识到了这种区别，我们就会明白为何这种区别如此重要。在伦理理论的当前现状中，比如，功利主义和康德学派对结果功利主义的真谛产生了十分激烈的争议，无法确定事物状态的善性是否仅仅只依赖于它所包含的个体善的多少。（我在此忽视了总体功利主义和平均功利主义的问题，为了简单起见，我假定我们正在针对固定的人口数进行讨论。）确实，这是功利主义和康德学派最严重、最重要的分歧。（不要忘记康德和古典功利主义者在个体善的问题上都假定了某种接近快乐主义的东西。）在这一争端上，显然康德站在常识这一边。这就是为什么当我们听到大量功利主义者为相反的观点——邪恶之人获取成功且不遭受惩罚（除非惩罚会产生更好的结果），此乃善事——进行辩护之后，那些成功的邪恶之人的例子直到今天依然还能对我们产生巨大影响的原因所在。

然而，我不想在这里进一步讨论哲学案例的优缺点，因为我主要想论证的是，对善的事物状态和个体善做出区分会使结果功利主义的真谛问题浮上水面。在我和其他人看来，大体而言，功利主义的有效性似乎依赖于假设结果功利主义的有效性（尽管几乎不会仅仅只基于这种假设），所以这种由康德第一次做出的明确区分对当代和今后的伦理理论而言均显得极为重要。康德主义者和那些在各个方面反对康德的人，都有理由承认这个事实。

不过，在结束本篇文章这个部分的讨论前，我还想谈一谈某种深层区别，它会使我们一直在讨论的问题变得不明朗。大多数或所有哲学家都熟悉内在善和外在善或工具善之间的区别。或许会令人感到困惑的是，善的事物状态和个体善之间的区分是否不能被归置于内在善和工具善的区别［独立于结果且自身内在就有价值或为善的东西，与仅仅因（潜在地）导致或引起有价值的结果而有价值的东西之间的区别］之下，或，是否不会因内在善和工具善的区别而成为多余之物。不过，我现在想向大家表明的观点是，这两种区别实际上彼此完全独立，我们需要利用二者来理解伦理现象，我们也会明白，为何以及为什么未能认识到这些事实会使人淡化或忽视个体善和善的事物状态之区别的重要性。

尽管在某些乃至大多数情况下，内在的和工具性的个体善之间的区别是模糊的，或者说是难以确定的，但某些个体善却常常被当作有助于实现善的生活或个体幸福的纯工具，而其他个体善却被视为个体幸福或善的生活的构成性元素的组成部分。例如，“钱”和“钱会使什么成为可能”之间的区别非常清楚地被人当作与内在善和工具或外在个体善之间的区分相关联的一种区分。在很多人看来，仅仅占有财富或有钱，在一定程度上甚至不是构成好生活或个体幸福的元素，仅仅只是使人生活得好的一种工具，仅仅是一种工具性的个体善，尽管对后面这种观点而言，较之被人接受，对其进行辩护的难度要高得多，但它的要旨却十分清晰，应该可以帮助我们清楚或更清楚地认识内在善和工具善之间的区别。

但是，所有这一切都无法使我们把善的事物状态和个体善之间的区别还原为内在善和工具善或外在善之间的区别。理由在于，内在善和工具善之间的区别本身也能被用于评价事物状态。康德并不是以工具为基础，而是非常清楚地基于其自身的原因，重视道德功绩和（个体意义上的）幸福之间的均衡状态。我认为，那是我们在常识意义上对此事的理解。然而，一旦一个人承认，某些事物状态自身就是善的，或在内在的意义上是善的，显而易见，就有可能把其他事物（或事件）状态视为有价值的工具。例如，如果道德败坏的人没有成功，且实际上因自己的过错而接受了惩罚，这就会被认为是一种内在意义上的善，那么人们就容易把某个邪恶的人因罪行而受到审判的这个事实，也即把那种事物状态，当作内在善的工具，认为它有助于实现该邪恶之人的不成功这种内在有价值的或善的事物状态。因此，对事物状态的评价，允许在内在善与工具善之间做出区分，这种区分似乎并不比内在善与工具性个体善之间的区分更缺乏有效性，由此产生的结果似乎显而易见的是，善的事物状态和个体善之间的区分不能等同于或还原为人们所熟知的内在善和工具善之间的区分。事实上，我们大多数人作为伦理学家在面对利益时，都会认为善的事物状态和个体善之间的区分是有效的，而两种内在善之间的区分却是最重要的区分。的确，内在善和工具善的区别与个体善和善的事物状态之间的区别截然不同，这个事实有助于解释，后一种区别如何且为何在现在（和过去）如此频繁（或长久地）地受到了哲学家们的忽视或令他们感到困惑。当一个人已经区分了内在善和工具善之后，就不会自然或轻易产生“有两种甚至两种概念的内在善的事物”这种观点了。它显现出来的进一步的事实是，哲学家们在创作过程中花了相当长的时间才在哲学上澄清并区分内在善的事物状态这一概念，这表明，超越工具善和内在善的区分并进一步独立地区分善的事物状态和个体善，是一件多么困难的事情！这一切使我们有更多的理由对康德报以崇敬之心，因为他第一次做出了这种区分。然而，对最近的伦理理论文献尤其是对过去 30 年以来的导论性教科书的翻阅使我确信（我不打算在这里罗列出来），这种区分依然没有被人注意到，或者说，哲学家们在以一种令人不解的方式处理这个问题。这意味着，即使对专业的、学术性的哲学家而言，我们也必须继续保持或坚持康德的这种区分。不过，我相信，我在此还没有做出任何那样惹人讨厌的事情。

三　道德的内在特征

是时候讨论一下第三个领域或问题了，即，道德的正当性和（或）善性在多大程度上依赖于内在/心理因素。即使对反康德主义者而言，康德在这个问题上表现出的创新思想也是极为重要的。我相信，康德认为，道德和有效的道德判断完全依赖于内在心理因素，尽管大多数当代伦理学家并不赞同这种极端的观点，但我认为它的优点被极大地低估了，或者说，至少我希望能在下文说服你相信这种观点。

现在，即便是功利主义（行为功利主义或直接功利主义）在对行为进行判断的时候，也纳入了主体的因素。根据既定行为中可预期的效用来理解正确性，此乃功利主义预期论者的观点，这种观点经常会在其行为正在被评价的主体的心灵状态中来讨论那种预期性。一个行为，如果主体有确切证据显示或主体知道它的可预期的效用比其他行为要低，那么，这个行为就是错误的行为。然而，即便是现实主义版本的功利主义，在做出评价的时候，也会涉及内在因素。毕竟，功利主义者仅仅只把“正当性”一词应用到蓄意或自愿的行动中。踩上香蕉皮并意外滑倒，即使在某种程度上产生了不可思议的结果，但依然不能被视为道德意义上的正确行为，因为它们并不是适当意义上的行为。因此，在此意义上，即使现实主义的功利主义在做出道德评价的时候也会考虑主体的因素。

但是，显而易见的是，在对他或她的行为进行判断的过程中，典型的功利主义（或者说结果论者）会允许主体之外的因素进入其中，而这却是康德不愿意做的。他认为，行为的实际有用性或成效与该行为受到的评价无关。只要我们尽我们的努力去完成了义务，我们的意愿就会“像宝石”一样闪光，并具有最大的价值。在很多伦理学家看来，这个观点过去和今天都显得过于极端，它自身表现出来的极端性和含糊性与它所反对的现实功利主义所表现出来的极端性和含糊性一模一样。然而，我认为康德的观点——他对内在因素，而非对他声称能充当有效道德之基础的内在生活的某个特殊内容的严格强调——实际上能与我们对各种假定的和现实的实例的直觉感受非常好地契合起来。这也许让很多人感到惊讶，这就是我想在这里谈论这个问题的原因所在。如果我能说服你，那么，康德的“内在论”就比我们大多数人所想的要更加重要得多，它在哲学意义上的用处也要大得多。

然而，我并不认为康德是第一个或者说是唯一一个专门只讨论内在因素的哲学家。我认为，斯多葛学派也严格运用内在术语或内向术语讨论过美德或道德，康德极有可能受到了斯多葛学派的影响。但即便这样，我们依旧可以说，在复兴斯多葛学派对内在因素的强调的过程中，康德为现代哲学提供了一种观点，若康德不这么做，这种观点可能早已被人们遗忘或忽视了，如果那种观点能中肯地得到辩护，那么，康德对斯多葛式内在性的复兴就能被视为一个非常重要的贡献。此外，还有一个事实是，在对内在性进行辩护的过程中，较之我们所看到的斯多葛学派，康德使用了更加多得多的现代术语：他所说的出于义务的行动以及尽最大努力履行责任或义务，较之斯多葛学派对美德的讨论，听起来更像我们今天对道德的看法。因此，康德不仅复兴了斯多葛学派的观点，而且以一种更具现代性的术语表达并发展了它们，在那种意义上，显得比我们在斯多葛学派中发现的一切更具魅力。

但是，它们的魅力足够大吗？如果我们将它们运用到实例中，这些观点会站得住脚吗？我们当中很多人会表示反对，也许，首要的和最明显的攻击源于这种有道理的思想，即，“空有好意不去做，地狱路上寻常客”。一切仅仅强调意图的道德，一旦面临最好的意图导致或产生了灾难性的后果这种情形，就会无法对人或行为展开批判，此种事实也会使许多伦理学家得出这样的结论，即，当我们对行为或行动展开道德评价时，该行为或行动的后果需要被纳入考虑的范围之内。

然而，在《道德形而上学基础》中，康德知道自己意识到了这类问题。他说，仅仅只希望（做正确事情），并不构成作为善良意志的意志，他强调说，善良意志是“在（某人）能力范围内调动一切手段”的意志，并以“最大努力”来完成一个人的（道德）目的。适用于愿望的一切，也适用于善的意图。有好的意图并不意味着一个人会尽其最大努力去做正确的事，因此，在康德看来，拥有善的意愿但却不让它生效的人，并不能被视为拥有善良意志，后来，康德坚定地说，这种人最终是未能履行其义务的人。承诺要还书并且拥有真诚的意愿，但却允许自己偏离目标且永远不按那个意图而行动，这种人会被康德认为是行为不当的人，因此，在我看来，康德自己似乎也同意“空有好意不去做，地狱路上寻常客”这句格言。

针对特定行为的道德性，我们刚才在讨论康德会或不会发表的观点时，我在考虑他的真实道德观。不过，我不打算在下文强调这些观点。康德尝试理解并解释我们的日常道德思维，但是他却说了一些我们绝大多数人永远不会同意的观点，例如，关于自慰的观点。[①] 因此，我们不会对康德的具体道德观亦步亦趋，我会尝试用当今的常识性术语进行言说，使用实际和想象的实例来说明为什么我要坚持这种观点，即，在进行道德评价的过程中，我们应该超越绝大多数人的看法，对内在因素予以更加多得多的重视。刚刚提到的那个例子——某人没有尽一切（合理的）努力去还书——表明，在那种情况下，至少内在标准或评价的焦点与我们在常识或直觉意义上做出的思考十分完美地对应起来。

但是，我们现在需要思考一些难度更高的例子。例如，按照康德的标准努力或尽最大努力做正确的事或善事，但却带来了伤害，难道不存在这种情形吗？至少在某些此类实例中，此人的行为最终会以我们大多数人都在道德意义上认定为错误的方式收场，难道这不是显而易见或一清二楚的吗？我不这样认为，如果我们关注某些特殊实例和某些特定类型的案例，我认为我们最终能理解其中的原因。

让我们的讨论始于这种实例，即，由于忽视了关键性的因素，某人的行为

---

① 此处似乎是指，康德在《教育学》中把青少年手淫看作比婚前性交更严重的恶习，因为它更“违反自然”。参看《康德著作全集》第 9 卷，李秋零译，中国人民大学出版社，2010，第 498 页。——中译者注

产生了坏的或令人不满意的结果。在某些情况下，该人不得不产生——这并没有什么错——这种无知，我们因此并倾向于用道德术语指责或批评该人的行为。例如，想象一个女人承诺要把一种重要的药物从纽约带往华盛顿，并且知道如果她没能在6小时内将药物送到华盛顿，患者的病情就会遭受严重恶化。进一步假设，她意识到了这个需求并在最后一刻做出了她的承诺，此时此刻，虽然已不可能通过悠闲的旅行前往华盛顿并在适当的时间将患者所需的一切交给患者。换句话说，在这个要求立即行动的例子中，想一想这个女人会表现得如何急迫。

那么，她会做什么呢？她会冲到宾州火车站搭乘第一趟开往华盛顿的火车，但火车发生了意外，并且永远无法到达华盛顿了，因此这位患者也就永远得不到自己所需要的药物了。这个女人的行为是错误的吗？我们大多数人都会说她没有错——至少，认为她没错的这种观点并不违背常识，至少有一部分原因源于这个事实，即严重的火车事故并不是一种可以被人预期或预料的事情。

另外，如果我们把这个女人送到另一个国家，该国火车事故频发，而且经常晚点，那么，对这个女人而言，选择搭乘火车也许就是错误的。因为人们认为，在这种紧急情况下，她应对此充分知情并搭乘汽车（如果有必要的话，可以借一辆汽车），而不是尝试搭乘火车。倘若人们知道她知道这一切，如果她还是决定去坐火车，她对这个需要她的帮助的患者就表现出了一种极为漫不经心或粗枝大叶的态度。在这种情形中，正是这种态度本能地使人们不仅认为她做出了错误的行动，而且认为她没有尽最大努力或竭尽全力地帮助需要药物的患者。因此，我们依然没有找到一个这样的例子，即，一个人真的尽了最大的努力去行动，但却以不道德的行为而告终。刚才讨论过的这个例子也表明，内在或内部的因素何以能决定我们想要通过直觉做出的那种道德评价。

但是，如果某种无知值得遭受谴责且我们明明白白地想要在道德上谴责该人的所作所为，我们该如何处理这种情况呢？这种例子难道至少不能拿来挑战康德学派在进行道德判断的过程中对内在因素的依赖吗？我要再次说，我不这样认为，我的理由是，（我相信）该受谴责的无知本身仅仅只会源于道德上该受批判的内在因素。举个例子，一个人在倒车的时候撞死了一个小孩，他没有意识到那里有一个小孩并且也从来没有设想过这种可能性，因此，他肯定不会产生恶意或漫不经心的态度。但是，我们会指责这个人面对人的生命时的这种漫不经心的疏忽和粗枝大叶，这显然是一种道德批评。在伤害小孩这件事上，我们认为这个人的行为是错误的，即使他并没有伤害小孩的意图，也没有提前想过他倒车时会杀死一个孩子。现在，没有恶意或邪恶意图（没有犯罪意图）这个事实可能会使人们对疏忽的指控似乎会部分或完全源于外部因素。毕竟，在许多情况下，对某种既定情景中潜在的伤害性或灾难性因素的疏忽，并不会带来人们对行为错误的指控，——在那个要从纽约赶往华盛顿却遇到了火车事故的美国女人那里，我们看到了这种解释。疏忽本身并不能使人们指控行为的错误，粗心大意的司机尽管有可受谴责的疏忽，但并不会在司机身上引起任何不道德的或充满恶意的意图或欲望。因此，似乎只有（至少部分如此）外部因素才能解释司机或司机的行为所遭受的道德批评。

但是，我不相信一切必然会如此。这个司机因疏忽而引起的罪过和因行动而带来的道德批判，可以用过去存在且一直持续到今天的内在因素和心理因素术语予以分析。这个碾压了孩子的司机，想来大概知道汽车是危险的，也知道因为小孩比大人更无防备之心，因此，开车的人必须特别关注小孩的安全。他已经被告知过此类信息，而且大概有一些直接相关的经验，例如，举两个有可能发生的例子，看见孩子毫无防备地冲进车流之中，或，忽视他们即将遭遇的危险。因此，如果知道这一切，倒车的时候没有检查并看看身后有没有孩子，也没有看看有没有孩子正在那个方向迅速移动，这意味着什么呢？我认为，这意味着，当他被告知或观察到小孩在毫无防范的状态中活动时，他并没有将这个知识记在心里。真正关心（周围）小孩的幸福的人会把在孩子生活的区域开车的危险性牢记在心，并且不会像碾死孩子的那个司机开车时那样心不在焉、粗枝大叶或毫不在意。如果一个人有足够多的关爱心，当他倒车并驶出车道时，孩子出现的可能性就会被他记在心里（或埋在心底）。或，换句话说，在开车的时候，他会列出包括倒车时自动检查汽车后面的习惯检查清单。这类行为或习惯会使他倒车时不必时刻想到孩子。不过，他使自己习惯于使用这种清单的行为本身就是他关心孩子的标记，并且可以使他免于因疏忽而导致的指责。

这个观点也许可以通过另一个例子来得到强化。一个人在夏天驾驶着一辆车，车后部拖着杂货，突然，该人意识到他们要去迅速处理一件事，然后把车开到要办事情的地方那里。在处理完那件事后，他们也许会停下车，随后又陷入他们没有预料到的一些活动中以至于他们忘记了杂货的存在。结果是，几个小时之后，当他们返回他们的车时，他们很容易就发现，很多食物都坏了。我们大多数人或所有人都遇过这样的事。但是，如果把这个例子和夏天把孩子放在后座然后去迅速办事的例子进行对比，想象一下，如果他把孩子留在后座然后去处理事情，转而又被其他的事件或兴趣干扰，从而忘记孩子还在后座，几个小时之后才返回到车里并发现孩子因为热或缺乏氧气已经窒息死亡。这样的例子非常、非常罕见（谢天谢地!），较之让杂货烂掉的例子而言，这种例子要罕见得多。频率上的这种差异是有原因的。

较之成捆成捆的杂货，我们对我们自己孩子的生命的关心要更加多得多，虽然我们知道杂货会坏掉，也知道孩子会窒息而死或被热死，然而，对于一切称职的父母而言，较之前一种知识，后一种知识要更加生动得多。让孩子在车里被热死而自己却因附近的活动而分心的父母，把孩子当作杂货来对待，简单说来，就是没有像父母应有的样子爱自己的孩子。如果我们是好的父母，或者半路出家的称职父母，我们就不会让我们自己完全忘记（好几个小时）我们把孩子留在了后座。除非我们要办的事情非常非常紧急，且我们停车的地方完全安全，我们根本不会把孩子留在车上。任何父母，若不这样做，就会缺乏我们所认为的、道德上的体面人必须具有的那种动机，因为每个父母都知道，在炎热的夏天把孩子单独留在车里是一件危险的事情。

在上述情形中，（非同寻常的）父母允许孩子死在车里的可怕罪过或错误可以用内在心理术语予以解释。事实上，这个例子的道德特性与倒车时碾死孩子的那个例子有某种类似之处。让自己的孩子死在自己的车里的人和不小心碾死孩子的人都忽略了他们给他人带来的危险，但是，认识的缺失与我们在这两个例子中倾向于做出道德谴责的疏忽截然不同。他们之所以会疏忽，是因为缺乏对特定的他人的关心，而这却是道德上的可谴责之处。然而，那个乘火车从纽约到华盛顿送一种急需药物的女人，在她决定乘火车的时候，却没有显示出缺乏道德关怀。不过，当然，基于同样的理由，如果这个女人知道她所在的国家乘火车不可靠，为了送那种急需的药物，还是搭乘了火车而放弃了汽车，这时候这个女人也就显得对生命危在旦夕的人缺乏足够的关心。尽管这个例子并不包含某种特定的疏忽，不管这种疏忽是否该受责备，这个女人的行为都是错误的，因为她对她答应要帮助的人的幸福表现出了一种草率或粗心的态度。因此，我们讨论的结果是，我们依然没有找到任何这样的例子，即，内在或心理不足以产生我们大多数人想要做出的那种类型的道德判断和道德区分。

然而，还有另一种我们也需要考虑的情形，这种情形也涉及道德教训的学习问题。想象一下，一个粮食援助机构给一个国家成功地提供了一年左右的饥荒救济，突然，政变发生，新的政权机构掌权了。这个新政权恐吓和压榨这个国家的人民，没收了国外机构提供的食物，卖给这个国家之外的人，从而巩固它的政权，导致这个国家人民的境遇进一步恶化。这种例子的确真实发生过（例如，在非洲），但我不想讨论这种事情是否发生过这类问题。毋宁说，我的观点是，诸如此类的事情第一次发生时，人们或许不会指责这些粮食救援或组织的行为，即，他们给某个国家送来食物，但该行为却以弊大于利的结果而告终。如果政府以往未曾没收过粮食援助提供的食物，当它给另一个国家运送食物的时候，如果没有想到有那种可能性，或许不会受到责备，而且这种行为中大概也不会有什么不人道、疏忽、轻率的地方。因此，当这种事情第一次发生时，人们不会对它做出道德批评，但是，如果它发生第二次，那么就会非常适于遭受批评。

此处存在的不同再次可以用内在因素予以解释。当无法预料某个问题时，那么，某个特定的机构或组织没有预料到它，这个事实表明，其动机（雇员或官员的动机）不存在什么问题或道德上的可谴责之处。但是，一旦某个问题发生过并导致过可怕后果，该机构的主管却忽视或让自己忘记它，这一问题就表明，他在道德上对他致力于帮助的人缺乏关心，而这就会招致批评。我再次说，道德不同能用内在因素予以解释。

现在，还有一些与此相关的例子我没有提及。例如，非常年幼的孩子经常做一些在成人看来错误的事情，比如用棍子戳另一个孩子的眼睛，但如果我们认为孩子不知道该行为所产生的伤害，我们就不会责备这个孩子，也不会认为那是错误的行为。这是所有精神健全的成人都知道的事情，但由于某些无知会受到责备，人们就会问：使孩子的无知不会遭受责备的东西是什么。最重要或最自然的回答是：这个孩子太年幼了，所以不用为伤害了另一个孩子的眼睛这件事负责。然而，这是一个相当肤浅的回答，因为它给我们提出了一个非常重要的问题，即，为什么极为年幼以及与此相伴的无知会自动免于道德苛责。（毕竟，某些形式的无知就是罪过。）

对于这个问题，一个可能的答案是，过于年幼的孩子会缺乏道德概念，就像我们基于这种原因也不会对野生动物展开道德批评一样。但是，我认为，我们能说的有用的东西更多，这种东西会再次涉及动机上的无知。我们在上文看到，当无知源于坏的动机时，它就会受到责备，并成为道德批评的基础。但是，在有些情形中，我们对动机之道德善恶的评价取决于我们对某人无知程度的认定，涉及年幼的孩子和动物（我不想过多谈论动物，但是我所说的一切也可以应用到它们身上）时，就是如此。年幼的孩子通常不会对他人的现实和内在状态有非常清楚的看法，因此，即使小孩在一定意义上有意伤害了另一个孩子，较之类似处境中的成人，孩子对自己的所作所为的理解要更加模糊得多。孩子并不能完全理解什么是伤害或幸福，无疑也就会缺乏长期伤害或幸福的观点，也不明白长期忍受并改变某种经历对包括他自己在内的人来说意味着什么。

因此，让我们讨论一下一个年幼的孩子看见另一个孩子哭着寻求帮助的例子，例如，他们会因饥饿而要食物。这个孩子无法提供食物，但是，这个孩子没有采取行动（假设这个孩子的确有食物可以提供）的行为，和大人在相同的情况下没有提供食物的行为是不同的。我们假定，这个成年人对他人的现实并对他们的饥饿和需要食物的感觉有非常清楚的认知。因此，拒绝提供帮助，这个成年人就对另一个人的幸福表现出了一种真正的冷漠。但是，如果一个孩子未能帮助另一个孩子，他或她则很少被指责为冷漠，因为这个孩子不能完全理解他或她做出的一切行为的性质和后果。

事实上，如果一个人对另一个人的处境或感受缺乏清晰理解，将不可能在最充分意义上关心或不关心他人。因此，我们之所以不对年幼孩子做出全面道德批评，原因可以归于这样一个事实，即，他们对相关事情太过无知，以至于不能对他人在道德意义上建立那种可受批判的、明确或清晰的动机。我们不会指责他们的冷漠，或者说，基于这种理由，不会像指责成人那样充分指责他们心怀恶意，这其中的原因，正如我刚才所说，可以归于这样一个事实，即，他们在某些事上（必然）处于无知状态，这使他们不可能“完全形成”道德上的善恶动机。类似的观点同样适用于那些智商非常低的人，他们可能不能充分理解他人或他人的感受，因此我们也不能认为他们会形成充分完善的善恶动机。最后，让我讨论一下一个与我过去常写的例子不同的另一个例子。有时会受到情感主义伦理观反对的观点是，他们允许怀有善良动机的人侥幸逃脱我们大多数人认为应该给予道德批评的事情和行为。比如说，如果一个地方十分重视仁慈或作为道德动机的关怀，如果一个仁慈的人或有关怀之心的人因无知而给自己想要帮助的人带来了伤害，难道这种观点不会让该人免于被批评？例如，人们并不指望前文提到过的仁慈粮食援助机构知道（因为第一次发生的不知道并不会减损他们动机中的善性）腐败和残暴的政府会利用救济粮搞一些破坏性的政治活动，难道我不允许该机构不遭受道德批评吗？但是，由于常识认为这种情况不包含道德过错，因此，为了证明情感主义道德会因对严重后果的无知产生令人难以接受的结论，人们需要找一些不同的例子。

或许，反驳这种观点的人心中想到的例子是这样的例子，即，一个打算为他人行善的人却给他人提供了他们不需要的东西，更确切地说，他们所提供的东西实际上在很大程度上会伤害他们，如果他们费心找到了相关事实，那么，这种事情就不会发生。但是“费心”这个词起的是什么作用呢？如果一个人被描述为想要提供帮助但却不肯费心找到相关事实，那么，这就极大地削弱了“他们真正想提供帮助”这种观点。一个真正关心他人幸福且努力帮助他人的人因此不会认为费心了解某些相关事实是一件令人费心的事情，这是因为，如果一个人真的想以某种方式帮助别人，就会刻意了解该人认为与其实际帮助有关的事实。我们不可能试图在这点上找到能展现情感主义所产生的难以解释的道德后果的例子，即，有关怀之心的个体不会费心找到相关事实并使其行为终结于伤害或不好的后果之中。动机或内在因素再次使我们正确理解了这些例子。但是，关于道德判断能用内在或心理因素予以解释的观点，我认为我已经说得足够多了。我们所说的一切，就目前来说，无疑是对康德有关道德之内在性或内向性问题的观点的辩护。

有趣的是，至少有一位康德学派伦理学家已经先行讨论过我在上文讨论过的无知和本文所讨论的某些其他问题。在《后果怎么了》一文中，巴尔巴拉·赫尔曼（Barbara Herman）讨论了康德主义者不会指责现有准则或因无知或不小心而做出的行为的几种路径，不过她却批判了主体有意且重复做出的一切。赫尔曼进一步讨论了我在上文根本没有讨论过的观点，这些观点能够或可能应该被添加进那种讨论中。一个人未能做自己想做的事情，但却不会因此而遭受任何道德批评，在这个例子中，如果该人没有适当地从失败中吸取教训，该人就会遭受批评。例如，一个人承诺归还一本书，但在归还之前书被损坏了，只要该人自己没有错，该人就不会因为没有按时还书而被指责，但如果一个人没有“做出补救”——要么购买一本同样的书，要么做点什么表明该人对已经发生的一切以及某人所遭受的损失给予了认真对待，那么，该人就会被指责。当然，至少还必须道歉。

对于自身不会遭受道德指责的某个既定的失败行为发生前（导致）和发生后（引起）的意愿，赫尔曼极为重视划分道德责任并予以道德谴责的方式，在我看来，这是讨论这个问题时的一种非常富有洞见的讨论方式。不过，毫不奇怪的是，赫尔曼的全部讨论都是用康德术语来进行的，即准则的普遍性以及在康德道德理论中占据核心地位的其他内容。她的观点和我的观点一样看重内在因素（尽管我认为上文的论述所涵盖的内容要比她所讨论的内容多得多）。但有趣的是，就本篇文章的观点而言，康德学派对待内在性和道德的方式能在其中得到复制，并且可以给非康德学派提供帮助。在某种程度上，这不仅是我本文的要旨，而且代表、表达并论证了本文所讨论的一个更大的主题。康德学派的观点对反康德主义者而言极有价值。

参考文献

A. Gibbard and P. Railton (eds), *Moral Discourse and Practice*, New York: Oxford University Press, 1997.

David Wiggins, “Categorical Requirements: Kant and Hume on the Idea of Duty,” *The Monist*, 1991, 74: 83 – 106.

Nicholas White, “The Rulers' Choice,” *Archivfuer Geschichete der Philosophie*, 1986, 68: 24 – 46.

Nicholas White, *Individual and Conflict in Greek Ethics*, Oxford: Clarendon Press, 2002.

Amartya Sen, “Utilitarianism and Welfarism,” *Journal of Philosophy*, 1979, 76: 463 – 489.

Michael Slote, *Common Sense Morallity and Consequentialism*, London: Routledge, 1985.

Michael Slote, *Goods and Virtues*, Oxford: Oxford University Press, 1983.

Jeremy Bentham, *An Introduction to the Principles of Morals and Legislation*, edited by J. H. Burns and H. L. A. Hart, London: Methuen, 1982.

Christine Korsgaard, "Two Distinctions in Goodness," *Philosophical Review*, 1983, 92: 169 – 195.

Klaus Reich, "Kant and Greek Ethics II," *Mind*, 1939, 48: 446 – 463.

Barbara Herman, *The Practice of Moral Judgment*, Cambridge, MA: Harvard University Press, 1993.

理解与翻译：康德《纯粹理性批判》先验感性论§1辩证

溥　林*

内容提要　所谓学术翻译，就是“理解和理解的塑形”，而塑形的一个标志就是将那些体现原作者思想的各种基本概念在母语中概念化、达乎语词；而这一塑形过程必然既受制于自己已然的文化、思维方式和语言，但同时又承袭、改变和塑造着它们。因此，从根本的意义上看，翻译奠基在理解和解释之上。本文尝试以《纯粹理性批判》的先验感性论§1为例来说明这点。

关键词　理解　翻译　《纯粹理性批判》　先验感性论

我翻译完新康德主义哲学家保罗·纳托尔普（Paul Natorp）的《柏拉图的理念学说：理念论导论》（*Platons Ideenlehre*：*Eine Einführung in Den Idealismus*）之后，闲暇之余重新阅读了康德的《纯粹理性批判》，并在此基础上对该书又有了一些新的理解和认识。我在20世纪90年代中期首次阅读该书，当时所阅读的是蓝公武先生的译本；尽管该译本并非《纯粹理性批判》在汉语学界的最早译本，但可以说该译本是把我这个年纪的学者和比我更年长的一些学者引入康德哲学的门径。目前《纯粹理性批判》在汉语学界已经有了多个译本

* 溥林（熊林）（1970—），重庆市万州人，四川大学哲学系教授，研究方向为古希腊哲学、中世纪哲学和德国哲学。

（就我所知，至少有 6 个译本）；但在我个人看来，邓晓芒教授的翻译和我的老师李秋零教授的翻译（两个完整的译本于 2004 年 2 月和 4 月先后出版[①]）是该书目前在汉语学界的两个最好的译本。[②] 在英语世界，除了 1855 年米克尔约翰（Meiklejohn）和 1881 年米勒（Max Müller）等几个早期的翻译之外，影响最大的是史密斯（Norman Kemp Smith）在 1929 年出版的译本；1996 年和 1998 年又分别出版了普卢哈尔（Werner S. Pluhar）的译本，以及盖耶（Paul Guyer）和伍德（Allen W. Wood）合作翻译的译本。

我认为所谓学术翻译，就是“理解和理解的塑形”，而塑形的一个标志就是将那些体现原作者思想的各种基本概念在母语中概念化、达乎语词；而这一塑形过程必然既受制于自己已然的文化、思维方式和语言，但同时又承袭、改变和塑造着它们。因此，从根本的意义上看，翻译奠基在理解和解释之上。所以，就此我们完全可以同意伽达默尔的意见：“因此，任何翻译就已经是解释，我们甚至能够说，翻译始终是翻译者已经对那先行给予他的语词做出了的解释的完成。”[③] “对翻译所提出的‘信’的要求不可能消除两种语言之间的根本区别。……如所有的解释一样，翻译也是一种阐明。翻译者必须承担起这种阐明。他显然不可以让他本人并不清楚的东西悬而未决。他必须亮出他自己的观点。诚然，有着各种模棱两可的情况，在它们那儿，原文中（以及对于‘原来的读者’来说）的某种东西实际上是不清楚的。但恰恰在这些诠释学上模棱两可的情况那儿，翻译者总是身处其中的那种困境才变得清楚起来。在这里他必须屈服。他必须清楚地表明他如何理解。”[④]

基于阅读和理解，我想以《纯粹理性批判》先验感性论 §1 为例（基于第二版），就其中的一些问题同邓晓芒、李秋零两位老师商榷，也以此向两位老师的工作致敬；该节一共六段，我所提出的问题主要集中在第一段，少量问题则位于第三段、第五段和第六段中。

---

① 在这之前还有杨祖陶、邓晓芒编译的《康德三大批判精粹》，人民出版社，2001；其中包含 20 余万字的《纯粹理性批判》的选译。

② 本文讨论所采用的这两个译本分别是：康德《纯粹理性批判》，邓晓芒译，杨祖陶校，人民出版社，2004。《康德著作全集》第 3 卷，李秋零译，中国人民大学出版社，2004；《纯粹理性批判》（注释本），李秋零译，中国人民大学出版社，2011。

③ Hans-Georg Gadamer, *Wahrheit und Methode*, 6. Auflage（Tübingen：j. c. s，Mohr），1990，S. 388.

④ Ibid.，S. 389.

表1 《纯粹理性批判》先验感性论 §1 第一段的原文和中译文

原文	中译文
Auf welche Art und durch welche Mittel sich auch immer eine **Erkenntnis** auf Gegenstände beziehen mag, es ist doch diejenige, wodurch sie sich auf dieselbe unmittelbar bezieht, und worauf **alles Denken als Mittel abzweckt**, die *Anschauung*. Diese findet aber nur statt, sofern uns der Gegenstand gegeben wird; dieses aber ist wiederum, uns Menschen wenigstens, nur dadurch möglich, daß er **das Gemüt** auf gewisse Weise affiziere. Die Fähigkeit (Rezeptivität), Vorstellungen durch die Art, wie wir von Gegenständen affiziert werden, zu bekommen, heißt *Sinnlichkeit*. Vermittelst der Sinnlichkeit also werden uns Gegenstände *gegeben*, und sie allein liefert uns *Anschauungen*; durch den Verstand aber werden sie gedacht, und von ihm entspringen *Begriffe*. Alles Denken aber muß sich, es sei geradezu (direkte) oder im Umschweife (indirekte), vermittelst gewisser Merkmale, zuletzt auf Anschauungen, mithin, bei uns, auf Sinnlichkeit beziehen, weil uns auf andere Weise kein Gegenstand gegeben werden kann.	一种认识无论以何种方式和通过何种手段与诸对象相关，它由之直接和它们相关，并且作为手段的所有思想所瞄准的，的确还是直观。然而，只有当对象被给予我们时，直观才会发生；而这种事，至少对于我们人来说，复又仅仅通过下面这点才是可能的，即对象以某种方式刺激了 das Gemüt。通过我们被诸对象所刺激这一方式来获得诸表象的那种能力（接受能力），叫作感性。因而借助感性诸对象被给予我们，并且唯有感性才给我们提供出诸直观；而通过知性诸对象被思考，并从它那儿生起诸概念。但是，所有的思想，无论它是直截了当的（直接的）还是转弯抹角的（间接的），都必须借助某些标志而最终同诸直观发生关系，因而在我们这里与感性发生关系，因为没有任何对象能以别的方式被给予我们。

注：右栏是我自己的翻译，以下均同；德文以黑体标明的字句和与之对应的中文以楷体标明的字句，是提出来进行讨论的内容。

1. 认识（die Erkenntnis）和知识（das Wissen）的区别。邓译本和李译本均把 die Erkenntnis 译为“知识”，不仅在这儿，而且似乎在整个翻译中也都没有严格地把它同 das Wissen 进行区分；而在康德那儿，这两个概念是有区别的，应加以区分。早前的英文翻译也没有区分这两者，都将之译为 knowledge；而新近普卢哈尔的译本，以及盖耶和伍德的合作译本，则区分了这两者，都将前者译为 cognition，将后者译为 knowledge。而把 die Erkenntnis 译为 cognition，也能够在康德本人那儿找到依据，因为康德本人在《纯粹理性批判》（A320/B376-377）中就把 die Erkenntnis 等同于拉丁文的 cognitio：“一种仅仅同主体相关、作为其状态之变式的知觉，是感觉（sensatio），一种客观的知觉是认识（cognitio）。认识要么是直观，要么是概念（intuitus vel conceptus）。”①

① Immanuel Kant, *Kritik der reinen Vernunft*, Felix Meiner Verlage, 1956, S. 354. “Eine *Perception*, die sich lediglich auf das Subjekt, als die Modifikation seines Zustandes bezieht, ist *Empfindung* (sensatio), eine objektive Perzeption ist *Erkenntnis* (cognitio). Diese ist entweder *Anschauung* oder *Begriff* (intuitus vel conceptus).”

此外，康德把认识区分为理论性的认识（die theoretische Erkenntnis）和实践性的认识（die praktische Erkenntnis），而他对之做出的解释是（A633/B661）："我在这里满足于把理论性的认识解释为由之我认识什么是在此的的认识；而把实践性的认识解释为由之我设想什么应当是在此的的认识。"① 与之相应，康德在《纯粹理性批判》第二版序言的一个注释（B XXVI）中指出："认识（erkennen）一个对象，就会要求我能够证明它的可能性［无论是根据出自其现实性的经验证词（来进行证明），还是先天地通过理性（来证明）］。但是，我能够思想（denken）我想（思想）的，只要我不自相矛盾，即只要我的概念是一个可能的思想，即使我不能担保在所有可能性的总和中是否也有一个客体与它相对应。但是，为了赋予这样一个概念以客观的有效性（实在的可能性，因为前面那种可能性仅仅是逻辑上的可能性），就得要求某种更多的东西。但这种更多的东西恰恰不需要在理论的认识来源中（in theoretischen Erkenntnisquellen）寻找，它也可能位于实践的（知识来源）中（in praktischen）。"由此可以看出，一些实践性的认识，如关于上帝、意志自由和灵魂不朽的认识，并非知识，而是道德上的信念（Glauben）；所以，康德才会说（B XXX）："因此我必须扬弃知识（Wissen），以便给信念（Glauben）腾出位置。"

再次，知识意味着一个判断既在主观上充分，又在客观上充分。康德在"先验方法论"中的"纯粹理性的法规"中讨论了意见（Meinen）、信念（Glauben）和知识（Wissen）之间的区别（A822/B850）："视之为真（das Fürwahrhalten），或者判断的主观有效性，在同确信（它同时客观地有效）的关系上有以下三个阶段：意见、信念和知识。意见是一种意识到既在主观上又在客观上都不充分的视之为真。如果视之为真仅仅在主观上是充分的，并且同时又被视为在客观上不充分，那么它就叫信念。最后，那既在主观上又在客观上充分的视之为真叫作知识。"② 正因为如此，一些实践性的认识，如道德领

---

① Immanuel Kant, *Kritik der reinen Vernunft*, Felix Meiner Verlage, 1956, S. 598. "Ich begnüge mich hier, die theoretische Erkenntnis durch eine solche zu erklären, wodurch ich erkenne, was *da ist*, die praktische aber, dadurch ich mir vorstelle, was *da sein soll*."

② Ibid., S. 741. "Das Fürwahrhalten, oder die subjektive Gültigkeit des Urteils, in Beziehung auf die überzeugung (welche zugleich objektiv gilt), hat folgende drei Stufen: Meinen, Glauben und Wissen. Meinen ist ein mit Bewußtsein sowohl subjektiv, als objektiv unzureichendes Fürwahrhalten. Ist das letztere nur subjektiv zureichend und wird zugleich für objektiv unzureichend gehalten, so heißt es Glauben. Endlich heißt das sowohl subjektiv als objektiv zureichende Fürwahrhalten das Wissen."

域中的信念，不能算作知识，所以康德进而会指出（A829 / B857）：“当然无人能够自诩：他知道（识）（wisse）有一个上帝和一个来生；因为如果他知道（识）这点，那么他正是我长期所寻找的那个人。所有的知识（Alles Wissen）（如果它涉及单纯理性的一个对象的话）人们都能够加以转达，因而我也将会能够希望通过他的教诲而看到我的知识（mein Wissen）在如此值得惊赞的程度上得到扩展。”

2. 第一段的第一句话既是先验感性论的开始，其实也是整个《纯粹理性批判》正文的第一句话。这句话非常关键，海德格尔在其《康德〈纯粹理性批判〉的现象学阐释》（*Phänomenologische Interpretation von Kants Kritik der reinen Vernunft*）一书中认为这句话回答了普泛认识（Erkenntnis überhaupt）[①] 是什么，及其首要的本质特性在于什么；这句话本应视为理解整个《纯粹理性批判》的指导线索，但人们并未充分地看清这点，也没能把握到其整个重要性。[②]

这句话中值得拿出来加以讨论的是“worauf alles Denken als Mittel abzweckt, die *Anschauung*”；邓译本为“一切思维作为手段以之为目的的，还是直观”，李译本为“一切思维当做手段所追求的，就是直观”。我认为李译容易引起歧义。问题就是：究竟思想是手段，还是直观是手段？——思想是手段！而非直观；思想服务于直观；直观是直接性的，而思想是间接性的。故新康德主义哲学家赫尔曼·柯亨（Hermann Cohen）在其《〈纯粹理性批判〉评注》（Kommentar zur Kritik der reinen Vernunft）中明确指出：“因而思想是一种手段，而直观是直接的。”[③] 海德格尔在其评注中对之则说道：“普泛认识是同对象的关联。……‘所有的思想’都仅仅是‘手段’，并且所有的思想都服务于直观；它们以对对象的直观为基础，并且仅仅服务于解释和规定那在直观中变得可通达的东西。”[④] 海德格尔基于现象学的观念和立场进而指出：

---

① 普泛认识（Erkenntnis überhaupt）也可以译为“一般认识”。

② 参见 Martin Heidegger, Gesamtausgabe, Band 25, Phänomenologische Interpretation von Kants Kritik der reinen Vernunft, Vittorio Klostermann, 1977, S. 82。

③ Hermann Cohen, *Kommentar zur Immanel Kants Kritik der reinen Vernunft*, Leipzig, 1907, S. 20. “Das Denken ist also ein Mittel; die Aanschaunng dagegen ‘unmittelbar’.”

④ Martin Heidegger, Gesamtausgabe, Phänomenologische Interpretation von Kants Kritik der reinen Vernunft, S. 83. “*Erkenntnis überhuapt ist Beziehung auf Gegenstände.* … ‘Alles Denken’ ist nur ‘Mittel’, und alles Denken steht im *Dienste* der Anschauung, er ruht auf dem Grunde des Anschauens der Gegenstände und dient nur der Auslegung und Bestimmung des im Anschauen zugänglich Gewordenen.”

在当代，现象学研究的奠基人胡塞尔不依赖康德而重新发现了普泛认识，尤其是哲学认识的这一本质特征。现象学对于认识的直观性格的这一基本见解恰恰是今天的哲学所抵制的。然而，为了反对现象学而对康德的所有援引都已然在《纯粹理性批判》的第一句话这儿根本地失败了。认识活动也是思想活动，这从古代开始都从未引起过争议；但所有的思想都以直观为基础，并且无论以何种方式都服务于直观，这是一个在对哲学认识的阐释中一再滑落开去的核心问题。而现象学的一种基本倾向就是坚持这一理念。①

此外，邓译本把 abzweckt 译为“以之为目的”，李译本则将之译为“追求”。然而该词词干虽为 Zweck（目的、目标），但我认为似乎译为“瞄准”、“对准”、“针对”、“致力于”更好。

3. daß er das Gemüt auf gewisse Weise affiziere（对象以某种方式刺激了 das Gemüt）。邓译本将 das Gemüt 译为“内心”，李译本作“心灵”；英译本几乎都译作 mind。法伊英格尔在其评注中指出，该术语是康德比较偏爱的一种表达（Lieblingsausdruck），但在《纯粹理性批判》中没有对之作出过进一步的解释和说明。② 要准确地翻译该词，首先得完整地理解它的含义。

根据 Kluge 德语词源学词典，das Gemüt 意指“各种灵魂能力和感官活动之总和”（Gesamtheit der seelischen Kräfte und Sinnesregungen）。这一看法同康德本人在《实用人类学》（§.24）中的表达几乎是一致的：“das Gemüth，被表象为纯然的感觉能力和思想能力。”③ 也即是说，das Gemüt 既包括感觉能力，也包括思想能力。而康德自己在对该书进行反思和注释的手稿中对之作出了进一步的说明：

人的 das Gemüth（animus），作为在其中具有位置的所有表象之总和，

① Martin Heidegger, Gesamtausgabe, Phänomenologische Interpretation von Kants Kritik der reinen Vernunft, SS. 83 – 84.

② H. Vaihinger, Commentar zu Kants Kritik der Reinen Vernunft, Zweiter Band, Union Deutsche Verlagsgesellschaft, 1892, S. 9.

③ Kant's Gesammelte Schriften, Band VII, Berlin, 1917, S. 161. “das Gemüth, welches als bloßes Vermögen zu empfinden und zu denken vorgestellt ist.”

有着一个范围（sphaera），该范围包括三个基本部分：认识能力、快乐和不快乐的情感，以及欲求能力；其中每个又分为两个部分，即感性（Sinnlichkeit）领域和智性（Intellecutalität）领域。①

此外，当解剖学家泽默林（Samuel Thomas Soemmerring，1755—1830）写出《论灵魂的器官》（*Über das Organ der Seele*）一书后，出版前先将稿子寄给了康德。康德在1795 年8 月10 日写给他的信中附上了一篇文章；1796 年《论灵魂的器官》一书正式出版时，该文章作为其附录面世。在该文章的一个注释中，康德这样界定了"das Gemüth"：

> 我们仅仅把 Gemüth 理解为把被给予的诸表象结合在一起，并且引起经验的统觉之统一性的那种能力（animus）；根据其完全不同于物质的那种本性——这种本性后来被人们所放弃——，它还不是实体［anima（灵魂）］。②

因而比较清楚的是，康德在这儿把 Gemüth 和 Seele（灵魂）进行了区分；而在《纯粹理性批判》中他就已经坚持了这一区分。在"先验感性论"的 §2"空间概念的形而上学阐明"中（A22 - 23 / B37）他这样说道：

> 内感官——das Gemüt 借以直观自己本身或者其内部状态——，诚然并未提供出对作为一个客体的灵魂本身的任何直观；然而毕竟有着一种确定的、唯有于其下对灵魂的内部状态的直观才得以可能的形式，以至于所

① Immanuel kant, Anthropologie in pragmatischer Hinsicht, herausgegeben von Reinhard Brandt, Felix Meiner Verlag, 2000, S. 279. "Das Gemüth (animus) des menschen (als der) als Inbegriff aller Vorstellungen, die in demselben Platz haben, hat einen Umfang (sphaera), der die drei (Abtheilungen) Grundstücke: Erkentnisvermögen, Gefühle der Lust und Lust und Beghrungsvermögens befaßt, deren jedes in zwei Abtheilungen dem Felder der Sinnlichkeit und der Intellecutalität zerfällt."

② S. Th. Soemmerring, Über das Organ der Seele, Königsberg, 1796, S. 83. "Unter Gemüth versteht man nur das die gegebenen Vorstellungen zusammensetzende und die Einheit der empirischen Apperception bewirkende Vermögen (animus), noch nicht die Substanz (anima), nach ihrer von der Materie ganz unterschiedenen Natur, von der man alsdann abstrahirt."

有属于诸内部规定的东西都在时间的诸关系中得到表象。[①]

法伊英格尔在其评注中则认为，尽管该词含义非常丰富，但在《纯粹理性批判》先验感性论 § 1 第一段这儿，它实际上和第二段中的 die Vorstellungsfähigkeit（表象能力）是同义词，[②] 在那儿康德说道（A19 / B34）："只要我们被一个对象所刺激，那么该对象对表象能力的影响就是感觉。"[③] 史密斯在其《康德〈纯粹理性批判〉评注》中接受了这一看法："Gemüt 是一个不具有形而上学含义的中性词，它实际上等同于在下一段中用来代替它的那个术语，即表象能力（Vorstellungsfähigkeit）。"[④]

因此，在这儿无论是将 das Gemüt 译为"内心"还是"心灵"，似乎都没能充分地表达出该词所拥有的含义。我自己并无更好的建议（如果仅就"内心"和"心灵"这两个选项而言，我认为前者更好），只能将这一问题提出来，供两位译者和学界同人权衡。

4. durch den Verstand aber werden sie gedacht，邓译本作"但这些直观通过知性而被思维"，李译本作"但直观通过知性被思维"；也即是说两个译本都把代词 sie 理解为前面出现过的阴性复数名词 Anschauungen。英译大多译为代词 they，只有普卢哈尔明确译为"objects"。简而言之，sie（它们）究竟指代谁，是"诸对象"还是"诸直观"？

从语法上看，sie 作为复数代词，既可指代阴性复数名词 Anschauungen（直观），也可指代阳性复数名词 Gegenstände（对象）。但从这儿的义理上看，我认为当指代 Gegenstände（对象），而不是 Anschauungen（直观）；因此就英

---

① Immanuel Kant, *Kritik der reinen Vernunft*, Felix Meiner Verlage, 1956, S. 66. "Der innere Sinn, vermittelst dessen das Gemüt sich selbst, oder seinen inneren Zustand anschaut, gibt zwar keine Anschauung von der Seele selbst, als einem Objekt; allein es ist doch eine bestimmte Form, unter der die Anschauung ihres inneren Zustandes allein möglich ist, so daß alles, was zu den inneren Bestimmungen gehört, in Verhältnissen der Zeit vorgestellt wird."

② H. Vaihinger, Commentar zu Kants Kritik der Reinen Vernunft, Zweiter Band, Union Deutsche Verlagsgesellschaft, 1892, S. 9.

③ Immanuel Kant, *Kritik der reinen Vernunft*, Felix Meiner Verlage, 1956, S. 63. "Die Wirkung eines Gegenstandes auf die Vorstellungsfähigkeit, sofern wir von demselben affiziert werden, ist *Empfindung*."

④ Norman Kemp Smith, *A Commentary to Kant's Critique of Pure Reason*, Palgrave Macmillan Ltd., 2003, p. 81.

文翻译而言，我也认为普卢哈尔将之明确翻译为复数名词“objects”而不至于引起歧义是更好的选择。将之理解为指代“对象”而不是“直观”，这也能从《纯粹理性批判》一书的其他两个地方得到佐证：

A15：人类的认识有两个主干——它们也许出自一个共同的，但不为我们所知的根源——即感性和知性；诸对象（Gegenstände）通过前者被给予我们，而通过后者被思想。①

A51 / B75：无感性则不会有对象（Gegenstand）被给予我们，无知性则不会有对象被思想。②

5. “所有的思想，无论它是直截了当的（直接的）还是转弯抹角的（间接的），都必须借助某些标志才最终同诸直观发生关系，因而在我们这里与感性发生关系，因为没有任何对象能以别的方式被给予我们。”这句话是第一段的最后一句话，其中“借助某些标志”（vermittelst gewisser Merkmale）是第二版补充上去的。问题就在于康德为何要在第二版中加上这一补充呢？

根据前面所说，只有直观“直接地”关乎对象，而思想只能“间接地”关乎对象，因为它必须首先同直观发生关联。思想同直观发生关联复又是双重的，即要么是直接地，要么是间接地；而这一补充则解释了为何思想既“直接地”同诸直观发生关系，又“间接地”最终同诸直观发生关系。法伊英格尔在其评注中转述了梅林（Mellin）的看法：

> 如果知性进行思想，那么它要么直截了当地通过它的标志设想了某一对象，即它产生出了关于该对象的某一概念；要么它所思想的诸概念通过那些复又是概念的标志而最终转弯抹角地关乎诸直观。③

---

① Immanuel Kant, *Kritik der reinen Vernunft*, Felix Meiner Verlage, 1956, S. 58. “daß es zwei Stämme der menschlichen Erkenntnis gebe, die vielleicht aus einer gemeinschaftlichen, aber uns unbekannten Wurzel entspringen, nämlich, *Sinnlichkeit* und *Verstand*, durch deren ersteren uns Gegenstände gegeben, duch den zweiten aber gedacht werden.”

② Ibid., S. 95. “Ohne Sinnlichkeit würde uns kein Gegenstand gegeben, und ohne Verstand keiner gedacht werden.”

③ H. Vaihinger, Commentar zu Kants Kritik der Reinen Vernunft, Zweiter Band, Union Deutsche Verlagsgesellschaft, 1892, S. 24. “Wenn der Verstand denkt, so stellt er sich entweder *geradezu* einen gewissen Gegenstand durch seine Merkmale vor, d. i. er macht sich einen Begriff von ihm; oder die Begriffe, die er denkt, beziehen sich *im Umschweife* durch Merkmale, die wieder Begriffe sind, doch zuletzt auf Anschauungen.”

而康德本人早在 1762 的论文《四个三段论格的错误烦琐》（Die falsche Spitzfindigkeit der vier syllogistischen Figuren）中就已经对“直接的标志”（das unmittelbare Merkmal）和“间接的标志”（das mittelbare Merkmal）做出了下面这样的区分：

> 某一事物的标志的标志，我们将之称作该事物的一个间接标志。因此，“必然的”是上帝的一个直接标志，而“不可改变的”则是必然的东西的标志，并且是上帝的一个间接标志。容易看出：直接标志在远距离标志和事物本身之间持有一个中间标志（nota intermedia）的位置，因为只有通过它才能够把远距离标志同事物本身进行比较。①
>
> 任何一种通过某一间接标志做出的判断都是一种理性推论，换句话说，它是借助于某一中间标志把某一特征同某一事物进行比较。②

康德在《逻辑学》（*Logik*）一书的导论 VIII 中更是对“标志”（Merkmale）做出了详细的区分，尤其指出了“标志”在认识中所起的作用：

> 从知性方面来看，人的认识活动是推论性的，即它通过那些使得那对于许多事物来说是共同的东西成为认识之基础的表象而发生，因而通过标志本身（durch Merkmale als solche）③ 而发生。所以，我们仅仅通过标志

---

① Kant's gesammelte Schriften, Band II, herausgegeben von der Königlich Preußischen Akademie der Wissenschaften, Berlin, 1905, S. 47. “Was ein Merkmal von dem Merkmale eines Dinges ist, das nennt man ein mittelbares Merkmal desselben. So ist nothwendig ein unmittelbares Merkmal Gottes, unveränderlich aber ein Merkmal des Nothwendigen und ein mittelbares Merkmal Gottes. Man sieht leicht: daß das unmittelbare Merkmal zwischen dem entfernten und der Sache selbst die Stelle eines Zwischenmerkmals (*nota intermedia*) vertrete, weil nur durch dasselbe das entfernte Merkmal mit der Sache selbst verglichen wird.” 参见《康德著作全集》第 2 卷，李秋零译，中国人民大学出版社，2004，第 52 页。

② Ibid., S. 48. “Ein jedes Urtheil durch ein mittelbares Merkmal ist ein Vernunftschluß, oder mit andern Worten: er ist die Vergleichung eines Merkmals mit einer Sache vermittelst eines Zwischenmerkmals.”

③ 通过诸标志本身（durch Merkmale als solche），也可以译为“通过作为标志的标志”或“通过标志作为标志”。

而认识事物，并且这就叫作由辨识而来的认识活动。①

表 2 《纯粹理性批判》先验感性论 § 1 第三段的原文和中译文

原文	中译文
In der Erscheinung nenne ich das, was der Empfindung korrespondiert, die *Materie* derselben, dasjenige aber, welches macht, daß das Mannigfaltige der Erscheinung in gewissen Verhältnissen geordnet werden kann, nenne ich die *Form* der Erscheinung. Da das, worinnen sich die Empfindungen allein ordnen, und in gewisse Form gestellt werden können, nicht selbst wiederum Empfindung sein kann, so ist uns zwar die Materie aller Erscheinung nur a posteriori gegeben, die Form derselben aber muß zu **ihnen** insgesamt im Gemüte a priori bereitliegen und daher abgesondert von aller Empfindung können betrachtet werden.	在显象中我把那同感觉相应的东西叫作显象的质料，而把那达成了下面这点的东西叫作显象的形式，那就是显象的杂多能够在某些关系中被整理。由于诸感觉仅仅于其中才能够被整理并且被置于某种形式中的东西，自身不能复又是感觉，所以，即使所有显象的质料仅仅是后天地被给予我们的，但其形式却必须全部为了诸感觉而先天地摆在了 das Gemüt 中，并由此能够同所有的感觉分离开来加以考察。

整个第三段一共只有两个句子。第二个句子中的 die Form derselben aber muß zu ihnen insgesamt im Gemüte a priori bereitliegen 这一表达，其中的代词 ihnen 指代谁？也即是说，是指代 Empfindung（感觉）还是指代 Erscheinung（邓译：现象／李译：显象）。邓译本和李译本都认为是指代后者，而早前的蓝公武先生和韦卓明先生的译本则认为指代“感觉”。在提到的几个英文翻译中，米勒和米克尔约翰均译为复数代词 them，盖耶和伍德的合译本则译为单数代词 it，而史密斯和普卢哈尔都直接译为复数名词 senstaions（诸感觉）。

从语法上看，ihnen 乃复数与格，而在整个第二个句子中只出现过一次复数名词，即 die Empfindungen（诸感觉），因此只能指代它，就此来说普卢哈尔和史密斯的翻译是正确的。从义理上看，我认为也当指代 Empfindung（感觉）而不指代 Erscheinung（邓译：现象／李译：显象）。因为，显象由质料和形式构成，质料即同感觉相应的东西后天被给予，而形式则先天地位于 das Gemüt

① Kant's gesammelte Schriften, Band IX, herausgegeben von der Königlich Preußischen Akademie der Wissenschaften, Berlin und Leipzig, 1923, S. 58. “Das menschliche Erkennen ist von Seiten des Verstandes discursiv, d. h. es geschieht durch Vorstellungen, die das, was mehreren Dingen gemein ist, zum Erkenntnißgrunde machen, mithin durch Merkmale als solche. Wir erkennen also Dinge nur durch Merkmale und das heißt eben Erkennen, welches von Kennen herkommt.” 参见《康德著作全集》第9卷，李秋零译，中国人民大学出版社，2010，第56页；康德：《逻辑学讲义》，许景行译，杨一之校，商务印书馆，1991，第49页。

中以便整理质料，所以在这句话的最后康德才会说“由此能够同所有的感觉分离开来加以考察”。

表 3 《纯粹理性批判》先验感性论 § 1 第五段的原文和中译文

原文	中译文
Eine Wissenschaft von allen Prinzipien der Sinnlichkeit a priori nenne ich die *transzendentale Ästhetik*. Es muß also eine solche Wissenschaft geben, die den ersten Teil der transzendentalen Elementarlehre ausmacht, im Gegensatz **derjenigen**, welche die Prinzipien des reinen Denkens enthält, und transzendentale Logik genannt wird.	一门关于感性的所有先天原则的科学，我将之称作先验感性论。因此，必须有这样一种科学，它构成了先验的基本学说的第一个部分，同那包含着纯粹思想之诸原则的、被称之为先验逻辑的那门科学相对立。

整个第五段一共也只有两个句子，问题也位于第二个句子中，即 derjenigen 指代谁？从语法上看，derjenigen 为阴性单数属格。邓译本对第二个句子的翻译是：“所以必须有这样一门科学，它构成先验要素论的第一部分，而与包含纯粹思维的诸原则、称之为先验逻辑的那一部分相对。”因此，邓译本认为它指代的是“部分”（Teil），这显然不对，因为 Teil 为阳性名词。李译本则译为：“因此，必须有这样一门科学，它构成先验要素论的第一部分，与包含着纯粹思维的原则、被称为先验逻辑的学说相对照。”我猜测李译本之所以译为“学说”，是因为前面出现了 Elementarlehre 这一复合词，其中的 Lehre（学说）这一名词是阴性名词。

但就整个上下文看，我认为 derjenigen 当指代前面出现过的 Wissenschaft。

表 4 《纯粹理性批判》先验感性论 § 1 第六段的原文和中译文

原文	中译文
In der transzendentalen Ästhetik also werden wir zuerst die Sinnlichkeit *isolieren*, dadurch, daß wir alles absondern, was der Verstand durch seine Begriffe dabei denkt, damit nichts als empirische Anschauung übrigbleibe. Zweitens werden wir von dieser noch alles, was zur Empfindung gehört, abtrennen, damit nichts als reine Anschauung **und** die bloße Form der Erscheinungen übrigbleibe, welches das einzige ist, das die Sinnlichkeit a priori liefern kann. Bei dieser Untersuchung wird sich finden, daß es zwei reine Formen sinnlicher Anschauung, **als Prinzipien der Erkenntnis a priori** gebe, nämlich Raum und Zeit, mit deren Erwägung wir uns jetzt beschäftigen werden.	因此，在先验感性论中，我们首先通过把知性在此通过其诸概念所思想到的所有东西分开而把感性孤立起来，以便只留下经验性的直观。其次从经验性的直观中我们再把所有属于感觉的东西分开，以便只留下纯粹直观，即诸显象的单纯形式，这是感性所能够先天地提供出来的唯一的东西。在该研究那儿将会发现，作为认识的先天原则，有两种感性直观的纯粹形式，即空间和时间；我们现在就要开始考虑它们。

1. “damit nichts als reine Anschauung und die bloße Form der Erscheinungen übrigbleibe”这一句子中 und，邓译本和李译本均将之译为“和”。所提到的几个英译本，除米勒将之译为 or（或）之外，其余的都译为 and（和）。我认为当译为“即”或者“或”。因为“纯粹直观”（reine Anschauung）和“诸显象的纯然形式”（die bloße Form der Erscheinungen）并非并列的两种东西，“纯粹直观”就是显象的“纯然形式”。

海德格尔在其评注中的表达是这样的：“其次在这种直观本身中还必须把所有属于感觉（质料）的东西分开，以便只剩下直观的纯粹形式，即纯粹直观。属于这种纯粹直观的有二：空间和时间。”①

2. “Prinzipien der Erkenntnis a priori”，邓译本和李译本分别将之译为“先天知识的原则”和“先天知识原则”，但问题是其中的“a priori”究竟修饰和限定谁？是“Prinzipien”（原则），还是“Erkenntnis”（认识）？

第五段第一句话中出现了 Eine Wissenschaft von allen Prinzipien der Sinnlichkeit a priori 这一表达，邓译本为“一门有关感性的一切先天原则的科学”，李译本为“一门关于感性的一切先天原则的科学”，可见两者都认为在这句话那儿“a priori”修饰和限定“原则”（Prinzipien）。

法伊英格尔在其评注中已经注意到了这一问题，指出如果仅从语法上看有着两种解释的可能性。第一种解释是认为“a priori”修饰和限定“认识”（Erkenntnis），由此“Prinzipien der Erkenntnis a priori”就当译为“先天认识之原则”；但这样一来就意味着空间和时间是先天认识的来源，例如是几何学的来源。第二种解释则认为“a priori”修饰和限定“原则”（Prinzipien），由此“Prinzipien der Erkenntnis a priori”就当译为“认识的先天原则”，从而空间和时间是认识的先天原则。他进而指出，这两种解释尽管最终在事实上是一回事，但后一种解释更符合康德的语词用法（Wortgebrauch）和意图（Absicht）；因而“Prinzipien der Erkenntnis a priori”当被理解和翻译为“认识的先天原

① Martin Heidegger, Gesamtausgabe, Phänomenologische Interpretation von Kants Kritik der reinen Vernunft, S. 107. “In dieser selbst aber muß zweitens ‘noch alles, was zur Empfindung (Materie) gehört’, abgesondert werden, so daß die reine Form des Anschauens, die reine Anschaunng, übrigbleibt. Solcher reiner Anschauungen gibt es zwei: Raum und Zeit.”

则”，而不被理解和翻译为“先天认识之原则”。①

本文草成后，我同时发给了邓晓芒老师和李秋零老师，并得到了两位老师的肯定和积极回应，在此对他们表示真诚的感谢。诚如海德格尔所说，严肃的事情注定要进行一番 Auseinandersetzung（争辩），而 Auseinandersetzung 意味着 aus-einander-setzen（彼此—从对方—建立；“分而置之，和而不同”），真正的师生之情、学者之谊莫过于进行这样一番活动。

① H. Vaihinger, Commentar zu Kants Kritik der Reinen Vernunft, Zweiter Band, Union Deutsche Verlagsgesellschaft, 1892, S. 123.

黑格尔哲学研究

黑格尔的“理性”和“信仰”概念[*]

路·德·福斯，彼得·琼格斯　文

程寿庆　译[**]

内容提要　路·德·福斯和彼得·琼格斯在本文中分别讨论了黑格尔的“理性”概念和“信仰”概念。福斯认为，黑格尔的“理性”概念是耶拿时期在谢林的影响之下开始提出并成为哲学的主题的，他后来的逻辑学和哲学都是关于理性的科学，只不过前者陈述的是理性本身，而后者陈述的是理性的现实性。琼格斯认为，黑格尔的“信仰”概念在大多数情况下都具有一种否定性含义，指的是一种直接的、主观的认其为真，它与间接的、客观的知性认知相对立；在《宗教哲学讲演录》中，它开始获得一种中性含义，即指精神的见证，它是信徒与信仰根据之间的中介。

关键词　黑格尔　理性　信仰

“理念可以被理解为理性（这是理性的真正的哲学含义）。”① 以这样一种

---

* 本译文是对保罗·科本（Paul Cobben）主编的《黑格尔辞典》（*Hegel-Lexikon*, Darmstadt: Wissenschaftliche Buchgesellschaft, 2006）中的“理性”（Vernunft）和“信仰”（Glaube）两个词条的翻译，它们的作者分别为路·德·福斯博士（Lu De Vos，卢汶天主教大学）和彼得·琼格斯教授（Peter Jonkers，乌得勒支天主教神学大学）。本文脚注除注明外都是原作者注。译文中的一些地方参考、借鉴甚至直接利用了邓晓芒、杨祖陶、梁志学和燕宏远等诸位先生的有关译文，特此致谢。

** 程寿庆（1984—），北京邮电大学马克思主义学院讲师，哲学博士，研究方向为德国古典哲学和马克思主义哲学。

① E^2 § 214.

带有挑衅意味的陈述，黑格尔明确认为，理性本质上属于逻辑学和哲学，虽然“理性”概念的诸多含义并未因此立刻得到澄清。同样显然的是，那被经常使用的副词含义“合理地”被黑格尔毫不犹豫地并非作为语义学的并且一般并不作为主要含义来使用。

1. 逻辑学陈述理性本身。知性与理性的区分是康德的哲学遗产，康德把理性规定为无条件者即理念的能力。但黑格尔并未接受康德在知性（它导致有条件的知识），即理论理性（它在其探究过程中使形而上学的实体发生了谬误推理和二律背反，自由的二律背反就在其中），与无条件的命令的实践理性之间的特有区分。

对知性与理性的差异的不充分的考察已经导致了在特殊的形而上学中对理性的诸对象的错误阐明。这些对象被那种形而上学理解为诸被给予的总体性；它们虽然自在自为地属于致力于无条件者的理性，或者自身具体的共相的思维，但是并不能被理解为现成的、独立于思维地持存着的主体。因此，形而上学就变成了对有限的东西的可批判的和已被批判的认知，因为理性以一个被给予的对象为前提并因而尚未在那对象中认识自己本身。就理性曾经以认识超验对象为目的而言，它已经放弃了去找出那种在那些形而上学对象中仍可思维并因此它们就是如此合理的（vernünftig）东西。但作为已被确立的对理性对象的知性观点，形而上学仍然是有效的，因为在形而上学中且通过形而上学，理性就把自己提升于有限的和感性的东西之上。

逻辑规定性的诸形式的区别作为知性、消极理性和积极理性的区别，它是最先被提到的区别的进一步发展。确定的和抽象的知性不仅是前提，而且是理性的一个本质环节，它是理性的开端和出场。如果知性被建立为与理性相对立，那么知性就被看作一种纯然主观的理性，并且概念被视为无理性的；在知性中认识自身，这显示了理性的无能。以这样的方式，理性的无限的东西与知性的无限的东西就被区分开来了，仿佛它们是相互异己的，且理性规定性的过渡性实现是主观理性的功绩似的。[①] 理性的首先消极的无限制性被建立为与让这些规定性抽象地有效的理性的这种主观的软弱无能相对立；这无限制性消解了这些规定性，因为这些规定性在自身中无法达到一种特有的自相联系。因

① vgl. *GW 11*, 78 f.

此，思辨的东西或者积极理性的东西显示了肯定的东西，这肯定的东西被包含在对立的消除以及诸规定性的过渡之中。① 这种理性的东西（Vernünftige）虽然本质上是一种被思维的东西，但同时也是一种具体的东西，因为它是有区别的诸规定的统一。

在康德那里，推理的能力是形式性的（formal）或形式上的（formell）理性。推理是理性的东西，或者本质上中介性的理性的形式。根据黑格尔，推理恢复了概念功能，这功能不是判断性的相互分化，而是聚合性的概念把握（Begreifen）。因为推理的中项不是那在其同一性陈述中明显地放弃概念的活动的系词，而是进行着概念把握的真正活动。因此，“一切理性的东西都是一个推理”这一颠倒就是黑格尔的特有观点。现在，理性的东西或者事物的本性不能如此理解，仿佛它在一个完全形式性的定在推理的形式中活动似的。跟这样一种对理性东西与存在的统一性的直接把握相反，理性东西是在其诸环节中使自己与自己相聚在一起的概念的中介的客观东西。于是，上述的颠倒就是合乎逻辑的，因为这种进行推理的理性，与那种传统上被视为法则的无条件源泉以及所谓的永恒真理和绝对思想的理性，是关联在一起的。如果说前者只是形式性的理性，而后者则提供了内容，那么逻辑的、形式上的理性也必须在内容中进行认识，反之亦然。何种内容可以通过合理的形式而是合理的呢？

理念是就内容而言的理性东西，因为它阐明了理性的主观显示的客观东西，或者无条件的客观性的主观实现。在其诸多形式的每一个之中，理性都在其无条件性中——即在其各自实现的概念把握的已被确立的自我联系中——概念地把握了自己本身。理性实现和认识了自己本身。只要这种认识活动不是一种直接的发现，那么理性的绝对的或无条件的力就显示在它也贯穿诸区别的否定性。由此，理性的这种辩证法不仅消解了诸形而上学概念，而且消解了在二律背反中的每一个概念，它最终获得了承认。那些纯粹的思维规定就这样构成了真实的对象和理性的内容②，理性在其否定性的活动中不仅显示了它对自己的信任，而且实现了它对自己的信任。总而言之，理性是作为绝对理念的理念的领域，是那自己本身已被揭示的真理，因此逻辑科学就能够阐明一个纯粹

---

① *E^3* § 82.

② *GW 12*, 244.

理性的体系[①]。

2. 哲学是对理性的现实性的陈述。哲学在总体上被规定为理性的科学，因为哲学的任务是在每一种事情中把握理性，或者让“理性意识到自己本身即一切存在”[②]。因此，哲学实现了有自我意识的理性与存在着的理性的和解：凡是合理的东西都是现实的[③]。对现实性而言，威胁仅仅在于理性的主观无能，因为知性——它在那抽象的共相之下仅仅达到对个别的东西与特殊的东西的归类——的外在关系会瓦解现实性本身[④]。因此，理性的东西的现实性就在对外在的偶然事件和游戏的陈述中获得了拯救：只有思辨的东西的合理的关系才是真实的。这种成就（Leistung）是可能的，因为理念是自我等同的理性或思辨的思维，为了成为自为的，它把自己置于自己的对立面。由此，作为全部实在哲学的问题而出现的是：在对所有事情的哲学陈述上，理性都能证明自己是本性或精神吗？抑或理性能够说明和表明自己是无法被合理地陈述的无理性的东西吗？

在对自然的考察上，知性科学拥有根深蒂固的信念，即理性存在于关于自然的每一学说体系——如果这学说体系是力学、物理学或有机学的话——之中[⑤]。哲学任务或理性任务仅仅在于出示以思辨的概念规定为根据的理性证明（Vernunftbeweis）。关于自然的哲学因此就实现了自然对于它自身的本质，即精神的理性拯救。

只要有自我意识的理性与存在着的理性被区分开来，那么理性最初就作为意识阶段而仍然是主观的[⑥]。在意识学说的范围内，理性在其规定中最初是概念的主观性与其客观性和普遍性的单纯同一性，因此客观的普遍性就是与自我意识相对立的外在的客体的有自我意识的形式。自我意识在理性认知中把被给予的事物作为它自身的思想来理解。然而，只要认知本身虽然出现于理性之中，但却仍未把理性本身作为它自身的自在自为存在来理解，那么这种成就就仍然具有一种有限性。这个任务在对精神本身的理性考察方式中完成了，

---

① *GW 11*, 21.

② *E1* § 5.

③ E^2 § § 6 und 6 A.

④ E^3 § 541 A.

⑤ vgl. E^3 § § 269 A und 330 A; vgl. *GW 18*, 144.

⑥ E^3 § § 438 f.

在其中理性作为精神是无限的理性。在那里，理性将自己的精神本质作为绝对自由展示出来，它概念式地把握自己本身并且就是对理性本身的认知。①这种考察包括理论精神、实践精神和自由精神三个环节，这些环节虽然相互区别，但却并不对立，因为在思维和意愿中只有一种理性。理性的东西作为被思维的东西以合理性的形态存在，它是内容，实践的东西也拥有这一内容，不过是在其必然的普遍性中拥有这一内容的。理论精神作为认识显示了对寻找理性东西的表面现象的反驳；它毕竟从对理智的能力能够自己将那种理性据为己有的确信出发，而理智及其内容自在地已经就是那种理性。理性的规定性是主观理智固有的规定性，而内容所表明的无非就是这种规定性，理性的概念思维由自身发展成这种规定性。相反，实践的东西的片面的有限性在于它的形式主义，因为它尚未把自己的理性目的与发展了的理性视为同一。理性意志或自由精神显示了理性的定在的方面，只要个别的意志自为地坚持作为对自己的概念的认知。

只要法权科学是哲学的一个部分，那么它就拥有理念，即在法权（Recht）这种情况下拥有由概念发展成的对象的理性。因此，法权科学阐明了在一个现实精神的理性体系中的自由的客观规定。这就产生了国家观念，在其中国家被理解“为实体性的意志的现实性（实体性意志在已被提升至其普遍性的特殊的自我意识中拥有这种现实性），以及自在自为的理性东西”②。一般来说，历史中有理性，那以“天意”概念为根据的历史统治了世界，这必须从哲学上予以澄清，即予以具体说明和证明。③ 理性的思想的确是哲学的唯一前提，虽然理性对于自然而言是显而易见的，但是它对于历史而言则被看作完全是有待商榷的，尽管这种理性对于哲学思维而言正是思维本身。④ 理性是自由在实践上的终极目的，它的实现并不在历史中被发现，而是必须在哲学上被揭示，理性一般借此证实自身。⑤

在对绝对精神的认知中，认知着的理性显示出自己是自由自为的，因此自

---

① vgl. E^3 § 442 A.

② *Grl* § 258.

③ E^3 § 549 A.

④ *GW 18*, 140 – 146.

⑤ *GW 18*, 151 – 154.

然和历史只是它的显示的两种形式。这种成就是可能的，因为精神——其绝对规定是起作用的理性或自由——把自然和历史规定实现出来并因而概念地把握为自己的概念。绝对精神的每一形式都完成了自我把握的理性的一种特有形态。艺术品向直观显示出来，正如人类对象性地使用自己的本质理性一样。[①] 但对理性的陈述在宗教上出现了一些困难。既然上帝本身和绝对精神仅仅是绝对的和永恒的理性，[②] 那么难道人们——亦即宗教本身——不会说上帝的本质对于有限的理性[③]、人类的理性[④]以及进行概念把握的理性[⑤]而言是深渊吗？但如果把人类的精神和上帝都规定为理性，那么一方面，现代神学的上述"有限的"理性概念就无非是抽象的、特殊的知性。[⑥] 另一方面，那种能够逻辑地或思辨地陈述自为存在着的和自由的理性的哲学，也显示了在表象宗教中的真理。它表明了理性存在于宗教中以及理性如何存在于宗教中。[⑦] 最终，哲学本身掌握了它自己的概念，但这概念本身若没有历史就无法得到实现。只有作为诸现象的由理性建立起来的序列——这些现象把这样的概念作为自己的内容来拥有并且在这些现象中那个序列揭示了真理——历史才在哲学本身的发展过程中把自身显示为某种合理的东西。处于时间中的现象就通过理念而被构形和规定了：凡是理性本身所规定的东西，都是合理的。[⑧]

3. 黑格尔最初的耶拿时期的理性概念是在谢林的影响之下而成为真正哲学的主题的，这个主题并非从知性或反思出发而建构一个特定的否定，而是关于一个可通达的先验直观。就已经成为普遍的偏见的理性直观作为思辨考察的最单纯的条件而言，这种在黑格尔的耶拿时期就在哲学上被要求的、单独分离出来的直观也构成了他的柏林时期的思想背景。[⑨]《精神现象学》的理性章显示了这种确定性，即我是一切实在性。[⑩] 该章在"观察的理性"（A）中包含

① vgl. *VPhK 2*, 13.
② *VPhRel 3*, 79 und 92.
③ *GW 11*, 326.
④ *VPhRel 3*, 49.
⑤ *VPhRel 3*, 50.
⑥ *VPhRel 3*, 42.
⑦ *VPhRel 5*, 267 und 269.
⑧ *GW 18*, 51 und 108; vgl. auch E^3 § §13 f.
⑨ *GW 15*, 10 und 15.
⑩ *GW 9*, 132 – 237.

着对提出无条件性的、关于自然和理智作为范畴的展示的认识论的批判性陈述[①]。该章在“理性的自我意识通过自己本身而实现”（B）中确立了后来的道德行动理论的雏形[②]，而在“本身自在自为地实在的个体性”（C）中则显示了理论形式与实践形式的一种不充分的统一[③]，而且也陈述了一种立法的理性和一种审核法则的理性[④]。虽然作为意识与自我意识的统一的理性的这种划分仍然被保持着，但是《精神现象学》的该章在纽伦堡手稿中则下降——也许是由于偶然的原因——为在开拓性的（1812 年或 1813 年）和贯穿性的《哲学全书》（1817）的意识学说（从 1808 年或 1809 年起）范围内的较小的理性。

信仰首先拥有一种对上帝的直接认知的含义，这种认知被建立为与所有间接认知相对立，因为信仰把这种间接认知（错误地）仅仅理解为一种被限制于有限的内容的认知。但同时必须被承认的是，一方面信仰与认知之间的关系、另一方面思维与直观之间的关系都是相对的、不确定的。因为，虽然信仰通常把自身理解为与认知相对立，但是它仍然把自己看作一种直接的认知，因为信仰把凡是人们所信仰的东西都作为某种在意识中确定的东西来拥有。其次，“信仰”这个词（在雅可比和赖特的影响下）对黑格尔而言具有一种比对上帝的信仰更加宽泛的含义；因为雅可比把信仰扩展到对感性事物的实存的直接认知，例如我们意识到我们拥有一个身体。最后，关于黑格尔的雅可比批评，必须注意的是，黑格尔对“信仰”一词的用法并不是无条件地与基督宗教的信仰的用法相一致的，与后者相比，前者拥有一种更加特殊的含义。“基督教的信仰在自身中包含着教会的权威，而这种基于从事哲学研究的立场的信仰则毋宁仅仅是特有的主观启示的权威。此外，那种基督教的信仰是一种客观的、自身丰富的内容，是一个教义和知识的体系；而这种信仰的内容则在自身中如此不确定，以至于它虽然也可以接受前一种内容，但在同样程度上……把自身限制于上帝一般即最高本质。”[⑤] 因此，在黑格尔的大多数著作（《耶拿批判著作》《精神现象学》《哲学全书》）中，信仰被否定地评价为意识的一种片面的表态，即评价为一种直接的、主观的认其为真，这认其为真与（间接

---

① *GW 9*, 137 – 192.

② *GW 9*, 193 – 214.

③ *GW 9*, 214 – 237.

④ *GW 9*, 228 – 232 und 232 – 237.

⑤ *E3* §63 A.

的）认识及其客观的内容是对立的。

虽然“信仰”一词在《早期著作》中大多都在一般的意义上被使用，即是说，不仅在一种实证上客观的宗教的含义上，而且在一种实践上主观的宗教的含义上被使用，但是它在残篇《信仰与存在》中获得了它的根本的含义，因为信仰被规定为“被统一的东西如何在我们的表象中现成在手的方式”[①]。以雅可比为依据，黑格尔将这种对在我们中的这种统一的原初的现成在手存在（Vorhandensein）的信仰，即这种统一存在着，与这种统一应当存在的证明区别开来。由此，黑格尔就引出了一种在信仰与证明之间的对立：一方面，信仰是对独立的、“存在着的”统一的直接的感觉或听悉；另一方面，证明是关于原初的统一的诸对立规定的独立性的显示，它产生于对这种统一的“应当存在的”客观性的反思。这种从根本上标明着信仰的对立后来——从耶拿时期起——将参与决定对信仰的否定性评价。

正如黑格尔在《费希特与谢林哲学体系的差异》和《信仰与认知或主观性反思哲学》中所详细陈述的，信仰与认知的古老对立依据启蒙批判已经获得了一种完全不同的意义；尤其是，“信仰不再表达情感或直观这种综合的东西，它是反思对于绝对的东西的一种关系。”[②] 在这种关系中，信仰已经丧失了自己早先的统一的重要意义，因为它仅仅拥有有限的东西与无限的东西在意识中的对立，却完全没有意识到二者的同一性。虽然信仰仍旧将自身与绝对的东西联系起来，但现在是以典型近代的反思的方式联系起来的，这种反思是这样一种意识，在其中信仰的认其为真的主观的、充满预感的基本特性与对有限的东西的客观的知性认知相对立。尽管如此，黑格尔承认这种信仰的内容的崇高性，虽然他批评了那种直接的、主观的和渴望的方式（信神的个体仅仅以此方式在自己的内心中寻找上帝，并且由于害怕把被直观的永恒的东西作为有限的事物来认识的知性的力量而放弃对永恒的东西的一切客观的直观）。这种崇高性在新教的信仰立场中暴露在所有人面前：“作为感觉即永恒渴望的爱，这种宗教在这里拥有自己的崇高的方面，即它坚持既不依赖短暂的直观，也不依赖短暂的享受，而是渴望永恒的美；它作为渴望是某种主观的东西，但它所

---

① *Nohl*, 382.

② *GW 4*, 21.

寻求的东西……是绝对的和永恒的东西。”[①] 知性认知与信仰在启蒙中的斗争的一个进一步的结果是，这种对立被转移到哲学本身中去了，尤其是在康德、雅可比和费希特的哲学之中：他们意识到了自己的知性认知的有限性，但又对此不能满意，于是就在自己的哲学中逃到信仰那里去了，因为他们把理性的和绝对的东西“建立为在信仰中于自身之外和之上的一个彼岸”[②]。与新教的信仰立场相比，这种被引入哲学中的信仰已经完全丧失了自己的无偏见性，因为它被反思和主观性所侵袭，因为“对消除反思的反思和对消除主观性的意识的主观性”[③] 保持在它之中。

《精神现象学》在关于自我异化了的精神或教化的章节里探讨了对一个实体性的、彼岸的世界的信仰——在其规定性中是一个与对此岸的现实性的（近代的）认知的对立，尽管信仰曾经以不同的规定性——例如（中世纪的）不幸的意识的无实体的运动和（古代的）对阴间的逝者的永生的信仰——出现过了。因为信仰在纯粹的自我意识里拥有自己的内容并因而它就是一种对单纯内在的东西的意识，所以它就是一种思维（在信仰的本性里的主要环节），黑格尔由此批评了同时代的情感神学。但恰恰由于这种单纯的、内在的本质的直接性，“信仰的本质就从思维下降到了表象，并成为一个超感官世界，这世界本质上将是自我意识的一个他者。”[④] 然而，作为信仰的内容的绝对实体以这样一种方式区分自身，即在其中基督教的三位一体教义不难重新认出：绝对本质是第一位（Erste），是自在自为地存在着的精神。在其概念的实现过程中，绝对实体过渡成为为他存在，因为为他存在成为暂时性的自我。但这种异化了的自我和被贬低了的实体再次返回到其最初的（erste）单纯性。信仰本身属于实体的这种外化形态。在此岸的认知的地位得到提升的启蒙时代，与信仰的斗争加剧了。作为并不涉及任何内容的纯粹明见，这种认知贬低了对彼岸内容的信仰于精神的自我异化或迷信中的献身。

与对信仰的这种否定性评价相反，信仰在《宗教哲学讲演录》中获得了一种在陈述宗教文化事宜的范围内的中性含义。信仰是在自由的信徒与信仰的

---

① *GW 4*, 317.
② *GW 4*, 315.
③ *GW 4*, 379.
④ *GW 9*, 289.

根据之间的一个中介："我在信仰中占有了那信仰的根据所是的东西，即是说，它不再是对我而言的一个他者了。"因此，黑格尔把信仰规定为"我的精神的见证……，精神源于精神的见证"[①]。

① *VPhRel 3*, 238.

黑格尔论面相和头盖骨*

A. 麦金太尔　文/ 邓晓芒**　译

内容提要　麦金太尔认为，黑格尔对面相学和头盖骨相学所做的论证要求揭露和说明人的性格和状态，切中了当代的某些问题。他重现了黑格尔对这两门“伪科学”的批判，并引用了一些现代实验心理学、解剖学、神经生理学和行为主义的论述来为黑格尔的批判提供新的支持，同时也肯定在过时的面相学和骨相学中也留存着一些至今还有价值的思想，如大脑功能区域定位理论。但他的主要话题是试图描述黑格尔探索人类行为的这种可供选择的模式的三个特点，它们都涉及人的历史性：一是人的行动的历史连续性或积累性；二是人的行动对未来的前瞻性；三是人的历史性不能看作自然科学的材料，相反，“通过哲学理解而获得的教养的历史提供了有关人的存在的一种比询问任何关于人的以自然科学为模式的理论结构要更为基本的知识类型”，即自然科学倒是应该成为人性科学或历史科学这种“更为

---

* 译自 A. 麦金太尔《哲学的功课（论文集）》第四章，剑桥大学出版社，2006，pp. 74－85。（Alasdair MacIntyre, *The Tasks of Philosophy*, *Selected Essays*, Volume I., Cambridge University Press, New York, 2006.）该篇译文为译者在撰写《“面相学”和“头盖骨相学”在黑格尔〈精神现象学〉中的意义》（载《现代哲学》2014 年第 1 期）一文时的准备材料，据网上搜索，欧美哲学界有关此话题的专题文章几乎没有，一般提到都只是作为黑格尔哲学中“不科学”的垃圾一笔带过。麦金太尔此文虽然进行了一番认真的哲学解释，但在我的文章中是作为批评的靶子引证的，读者可对照着读。

** 邓晓芒（1948—），湖南长沙人，华中科技大学哲学系教授，德国哲学研究中心主任，中华外国哲学史学会常务理事，湖北省哲学史学会副会长，研究方向为德国哲学、美学、文化心理学、中西文化比较等。

基本的知识类型”的辅助材料。

关键词 黑格尔 面相学 头盖骨相学 自然科学 历史性

黑格尔的《精神现象学》是在仓促中写成的。众所周知，这样做的结果是各种论证过程的压缩，一个论证与另一个论证之间的关系常常是不清楚的，而各个段落所重复的都是几乎不可理解的晦涩。因此这里的解释有责任去尝试在重构黑格尔的意图时的某种自由；而对这种自由的运用总是有可能成为误解的一个源头，或许尤其是在黑格尔的论证切中了今天的争论的时候。尽管如此，这种危险还是值得去冒的，因为虽然对哲学史的无知必然注定会重蹈覆辙，这是真的，但可笑的是我们无论如何都要被注定以某种方式重蹈覆辙，如果仅仅是因为如此多的哲学问题的来源都如此接近于人的本性和人类语言的持久特性的话。从这种观点看，我愿意考察一下黑格尔对两门糟糕的科学——面相学和头盖骨相学——所做的论证，以及它们如何要求揭露和说明人的性格和状态，以及这些论证如何切中了当代的某些问题。

面相学是一门古老的科学，它在 18 世纪获得了一个小小的复兴，尤其是在 Johann Kaspar Lavater（1741—1801）的作品中。面相学的核心主张是，性格是有条不紊地显露在面部的特征上的，性格是由一整套固定的特性所构成的，而面部也是由一整套固定的特征所构成的。在某些情况下面部存在的原因本身就是性格的存在本身，但在另外的情况下那些确定的经验，诸如由某些职业所带来的经验，或许会把自己的标志留在性格上，也留在面相上。在后面这种类型的情况下面部的特征并不是性格特性的效应，而是性格所留下的痕迹。

在对面相学的这样一种讨论中，黑格尔是从这一解释开始的，就是它的拥护者断言，他们的科学造成了要求的类型与制造的类型的区分，如在坚持占星术时的类型的区分。占星术断言行星运动的类型和人的行为的类型是以某种有规则的方式相关联的；这种联系纯粹是偶然的和外在的。但面相是人的性格的一种表现，一个人是什么人，显现在他的面部。黑格尔接下来解释这种由面相学家所制造的要求以及由日常生活所制造出来的要求之间的区别。我们普通人的反应性部分必须脱离开每个别人的面部去解读其思想、心境和反应。但是我们不能够把面部表情简单地视为某种别的东西的符号，把外部的东西视为某种内部的东西的符号，更不用说我们把一个人的行动中手的动作视为某种别的东西、视为做出来的事的内在意义、视为意向了。我们把面部表情和手的动作都视为就是这个行动，或是行动的一部分、一方面。在这种关系中黑格尔提出了四个要点。

问题不在于什么是面相，它的骨骼结构或双眼排列的方式，那是性格和行动的表情；问题在于面相所做的就是这样一种表情。因此我们不是和单纯物理学的形状发生关系，而只和已经经过解释的运动发生关系。这一要点导致了黑格尔的第二个要点。一个人的性格并不是某种独立于自己的行动并容易受到独立于自己的行动的影响的东西。在这里，没有什么东西比他所做的事情的总和更是他的性格的了。黑格尔在这里维护的是赖尔（Ryle）的观点，后者在《心的概念》一书中对那种把气质看作行为向他显示出来的原因的观点表示了自己的敌意。这两个要点的联合的力量有如下述。

如果我们注视着一个人的面部的一种忧伤的表情，我们并没有推断出他所感到的忧伤是建立在面部特征的这样一种物理配置方式和忧伤的内心状况之间的一个被观察到的关联的基础上的。我们把这种表情解读或解释为在我们的文化中为解释面部表情而形成的习俗的眼光下的一种忧伤。要注意的是，我们必须学习如何在异文化中做这件事，并且一个观察到的性格特点与另一个的关系在寻求规则时没有总体范围的话，就会在学习这种功课时帮助我们。因此，在对一整套物理特征的观察，和把这套特征看作面相并看作面相连同一种特殊的表情之间，存在着一种区别，这正如在观察一串物理形态和把它看作一串英语句子及一个句子连同一种特殊的意义之间存在着一种区别，是一样的。为了学会如何阅读一个面相或一个句子，不必遵循凭借观察来证明的规则，也就是使两套论题之间的关系具体化，其中之一是物理的特征或形态。

不论黑格尔的论证推进得多么远，它所要展示的是，面相学家把面相当作性格的表现这种处理方式，以及面相学家把面相（在极少的时候）当作性格的效果这种处理方式，而这两者是不可能不两败俱伤而结合在一起的。黑格尔的后面两个要点，对于面相学想超越对面部表情的前科学理解而提升到因果关系的那种据说是为表情提供基础的科学知识的要求，给予了更大的伤害。他尖锐地指出，我们在日常生活中所使用的规则在解释面部表情时是如何高度可错的。我们可以用这种方式来表达黑格尔的这个要点：如果有一个人公然怒视着我，而我也把这种对我的愤怒归咎于他，那么他就只能这样来反驳说，他所想的事情是完全不同的，而我将没有办法通过诉诸一串解释面部表情的规则来与他辩驳。黑格尔援引李希屯伯格说："如果有人说，你的行动虽然像一个诚实的人，但我从你的面相上看出来，你是言不由衷的，你在本心中是一个无赖；毫无疑问，这样一番话每一个正派人都会报以一记耳光。"

最后一个要点，——虽然黑格尔在讨论中提出这一点更早，——我们的性格气质，当它在我们的行动、语言和面部表情中表现出来时，并不像物理特征被给出的那样被简单地给出来。我们的骨骼结构可以通过外科手术和受伤而被改变，但在任何给定的时间内它简单地就是它所是的东西。不过，我的性格却并不是以我的骨骼结构那样的同一种方式被规定的东西，这有两个方面。举手投足的一种特殊方式的气质总是必须在某种特殊的上下文关联中被实现出来，而显示出这种气质的那个行动，其本质和意义在很多情况下是不确定地从那个上下文中脱离开的。如果当一个人对我进行致命的攻击时我把他打死了，我的行动并不具有当坏脾气的天然侵犯性发作时打死一个人那同样的本质和意义。独立于上下文而实现出来的气质是一种喜欢打喷嚏或产生某种强迫性动作的倾向。它们的显现不会是在它们独立于上下文就不能够被看作理智的行为，也许只是神经的习惯的德性中发生的事情。但是关于我的行动产生于某种上下文中，我们可以问问它是否在标准定义的理智之光中适应这种上下文中的活动状态；的确，这是个问题，即任何起作用者难道都可以追问它自己的行动？在问到这一点时，他可以用这种方式性格化自己的行动，即他对自己做了什么要有自知之明。

一个行动者，例如（我的例子，而非黑格尔的），发现自己能表演各种各样的个体行为，在适应这些行动的特点时，他于是意识到他的整个举动都是谨慎的，甚至可以说是胆怯的。但现在，他能够、实际上也不能不把自己**作为**谨慎或胆怯的举动置于与黑格尔所谓"给定的情况、处境、习惯、惯例、宗教等等"的关系中，亦即置于与他的文化的相应规范和责任的关系中。然而这样做就是用理性或许还是用判决性的理性来规定自己，以便使他的举动在这些规范和责任以及他自己的目标的光照之下得到改变。一个理性行动者的性格特征的本性就在于，这些特征永远也不是简单固定和确定的，相反，对行动者来说可以发现的只是这些特征在对作为自我意识的行动者的他的统一体的关系中——即它们在他的个人和社会的上下文中是什么。这对于行动者而言展开了将他所是的东西改变成为他所不是的东西的可能性。

此外，这行动者有可能不改变他的特征，而是改变他的显现。的确，由于他意识到自己显现了确定的特征并表现在确定的眼光中，这就恰好会导致他这样做。外部表现、包括面部表现与性格的这种关系就是这样，即发现，任何一种外部表现都必须是性格的某种类型的符号，这也就是发现，一个行动者这样一来就可能会努力隐藏起自己的性格。所以，李希屯伯格在《论面相学》中的另一种说法也是黑格尔所引用的："要假定面相家一次就看透了人，那么这只取决于一个大胆的决定：使自己又为世世代代的人所不能看透。"①

但是，谁又愿意受到面相学的要求的强迫呢？拉瓦特的读本《促进人的认识和爱的一些面相学片断》带有他的各种浪漫主义的奇想——例如拉瓦特论及他认识的一位年轻人在这一基础上就联想到令人记忆深刻的犀利眼神。——有人也许会问，任何一个人难道都可以被这样一种要求来强迫吗？部分的回答是，如果仅仅是为了阐明与好的科学的对照的话，那么我们也许会对坏的科学感兴趣，对占星学、面相学和骨相学的研究，就其对我们理解化学和生理学的特性有帮助而言，是正当的。但另一部分人的回答关系到坏的科学如骨相学和面相学如同好的科学如遗传学和神经生理学的同样的方式也许会产生出确定结果来的那种方式。

在骨相学的场合，某些核心论题实际上是穿越生理学的历史而保持到了现代。例如骨相学的一个核心论题：能动性的不同种类是定位于大脑中的不同区域的。这个论题以稍微不同的形式保留下来了，虽然我们现代对定位的理解是完全不同于骨相学家们的理解的。还有第二个严格骨相学的论题：大脑中的不同区域对应于颅骨上的不同区域，而且这些区域的形状，骨相学家的著名的突起部分，就显示出了大脑的每个区域的不同发展程度。几乎不言而喻，这种经验性的论点是错误的。最后，还有这个论题：大脑中区域的能动性是行为举止的充分理由和充分解释，因此颅骨的形状允许我们预测行为举止。

如果遗忘了这些可疑的争论，一个人很少会明确地怀疑这些争论是被日常广泛地接受的。我认为这些命题是当然的，即事情、过程或事件都有其生物化学上的或者神经上的状况，发生的事及其本性是人的行为的充足理由。这些命

① 黑格尔：《精神现象学》上卷，贺麟、王玖兴译，商务印书馆，1982，参看第210页，译文有改动。——译者注

题曾经在 1807 年穿上了骨相学的衣装；这种衣装在今天也像它在当时那样流行，只是这种流行已经不是它们当年的那种东西了。此外，当黑格尔试图反驳面相学和骨相学的那种要求时，他采取了这样的方式，即如果他的反驳是成就卓著的，它就会驳倒我刚才提出的任何他们的科学的衣装了。

在这一点上，有人可能会反对我的这个比喻，说这些命题正如它们可能会遭遇到反对的那样，也不只是穿上一件科学的衣装，它们本身就是科学的一部分，并且由于它们是科学的命题，它们就是一些经验性的问题，而且不论它们是正确还是错误，它们都纯粹是经验性的问题。我对这一点的回答，以及我借黑格尔之口对这一点的回答，占据了这篇论文剩下的大部分。但一开始就值得记录下来的是，这些命题已经在我们关于人体的解剖学、生理学和化学的那些有经验为基础的信念中留下了值得注意的改变，并且，如果说它是一个自然科学中的命题，它肯定就不会像争论脑的形状部分如同头盖骨的同一形状那样，或者核酸在再生中扮演了一个特殊角色那样，处在同一个水平上。

19 世纪早期，在有关骨相学的讨论中，对这个命题的挑战的企图曾经是由一些与黑格尔非常不同的作家承担起来的，黑格尔的构想理所当然地是与他们的构想严格区别开来的。骨相学观点的标准陈述是从这些作者那里，以及从 Franz Joseph Gall（1758—1828）的讲演和他的学生 J. C. Surzheim 那里拿来的，后者发展了 Gall 的原理，后来还声称他自己不但实际上原创了这些基本思想中的某些思想，而且他的原理与 Gall 的是很不相同的。Gall 和 Surzheim 画出了头盖骨的地图，这些地图不仅给性格特点定了位，而且给大脑中不同部位的功能定了位。他们还发布了他们的宣言，在其中这些功能占据着大脑中相应的部位。这些特点的例子有保守性、好斗性和贪欲；这些功能的例子有语言能力和想象力。Gall 由于他的批判而遭到了决定论、唯物论、无神论的指责，他和 Surzheim 都否认这种指责。Surzheim 想要表明他们所抓住的是 Gall 的骨相学观点，但不是他自己的观点。在这个问题上的批评者著名的有编辑 Francis Jeffry 和律师 Brougham，他们把自己的全部注意力都集中在这些宣称的原因上，力图表明精神不可能拥有物质的或更具体说生理学上的原因。为了表明这一点，他们诉之于简单的心物二元论，而 Gall 和 Surzheim 的科学的平淡无味的天真只有 Jeffry 和 Broughem 的哲学的平淡无味的天真才可以相比。

但他们攻击面相学的精神与黑格尔的攻击的精神在任何意义上都是不同

的。黑格尔对笛卡儿二元论的反对具有这样一种彻头彻尾的方式，以至于他可能会不得不拒绝 Jeffry 和 Broughem 的攻击的一切前提。黑格尔也没有兴趣去揭示在骨相学家们所引证的类型中可能有什么生理学的原因，他的全部注意力都聚焦在他们所宣称的结果的特性上，而不是他们所声称的原因到底存不存在上。

黑格尔展开了一些论证，这些论证与他反对面相学的论证在这一点上是有很近的类似关联的，即都有利于他的这个结论："这必须被看作彻底地否定了把头部的骨头视为有意识生命的现实性的那种理由……"黑格尔这样说的意思是通过进一步的争辩表明，"说我们只是从外部引出一个推论，推出那本身有所不同的内部的东西，这是无济于事的……"黑格尔要说的是，如果我们要将一件合理的行动的特征视为属于这种类型的，即它可能处于与解剖学、生理学和化学状态的真正的因果关系中，那么我们就是误解了一件合理行动的特征。为什么黑格尔想到了这一点？我们可以富有成效地从黑格尔在这场面相学的讨论中没有想到的那一点开始。

这些特征既不是确定的也不是固定的。是什么导致了说它们是不被规定的？"这就好比说，许多人在努力思考或哪怕是做一般思考的时候都抱怨说感到头脑里紧张得发痛，同样，也许像偷窃、杀人、赋诗等也可能各有一种独特的感觉伴随着，此外这种感觉还必定会有自己特殊的位置。"① 黑格尔关于情感定位的话题的讨论当然含有对同时代的骨相学的一种特殊的注脚；但凡是他关于情感定位所说到的都很容易转移到有关个人气质的主题上来。

情感一般说来是某种不确定的东西，而那种居于头脑中作为核心的情感很可能是那种伴随着一切痛苦的普遍同情；这样它就和小偷、杀人者、诗人在头脑中的头痒或头痛相混，而在头脑中本来是也可以有另一种情感的，它们本来可以允许存在不同于另一种情感的情感，或者说不同于我们可能会称作身体上的情感的这些情感，小到一场疾病都可以由头痛的症状来规定，如果我们把它的意义仅仅限于身体要素之上的话。②

是什么东西使这些情感与那些气质相当的呢？让我们注意一下黑格尔的两

① 黑格尔：《精神现象学》上卷，贺麟、王玖兴译，商务印书馆，1982，第 222 页，译文有改动。——译者注

② 此段参看上书第 222 页。——译者注

个例子中的要点——这就是杀人者和诗人的例子。一个给定的杀人者，例如说，犯下了他的罪行，因为他害怕自己因为失去自己的所爱而感到羞辱。如果我们能够看看他的行为中表现出来的特征和另外的性质，它们所包含的就不是一种犯谋杀罪的气质，而或许是这样一些东西，如一种一般的受虐狂，一种逃避特种羞辱的气质，他对于一位年轻姑娘的爱，等等。同一种气质也许能够在同等程度上精确地解释同一个人超出其他人之上提供一个应得的理由来强迫同一个年轻姑娘。但正是这件事实使得“解释”这个词的用法成了问题。黑格尔将这一点联系到了骨相学：“而且他的谋杀意向又是可以归之于任何一个骨节或凹陷的，而这些骨节和凹陷也是再次可以与任何属性相联系的；因为谋杀者不是谋杀者的抽象……”①

即算假设对这一点的反驳是成功的，即同一套给予的气质的确可以产生出实际上不同的行为，但这是因为这一行动是对实际上不同的环境的反应（虽然在某种意义上，在我的例子中这些环境确实是相同的）。所以我们解释个别行为时参照的是一套气质的结合方式和环境的某种特征，因而我们是以完全熟悉的、不成问题的方式，通过诉之于将“每当如此如此一套气质和如此如此一类环境相联结，就有如此如此一个行为发生”这种形式普遍化，而解释这种行为的。在这样一种解释中援引人类的特征时，将会精确地与援引那些在解释物理事物时的物理对象的气质上的属性相平行。

然而必须假定的一点是，凡是这行为所回应的，都是属性之间的某种连接，而不是一种高度特殊和个别的历史处境。没有任何一个经验主义者会引入这样一种对照；在他们看来，对任何特殊的历史处境来说除了一套属性之外没有任何东西，这些属性的连接作为偶然事实的材料也许是不会重复的，但它们在事实中是可以重复的。那么，黑格尔为什么要坚持这种区别对照并否认这种带有经验主义者特色的论争呢？

一种特殊的历史处境在黑格尔看来不可能消融于一套属性中。在这点上的一个理由是，这样一种处境必须是以相关于早先那些个别事件和处境的方式来描述其特征的。对于构成其历史的那些事件和处境，有一种内在的参照。如英国人对查理一世的反叛所拥有的不仅是作为关键性的属性的对查理一世行为

---

① 黑格尔：《精神现象学》上卷，贺麟、王玖兴译，商务印书馆，1982，参看第 223 页。——译者注

的反动，而且是对最近过去的伊丽莎白的行为和远到大宪章和诺曼征服的事件和处境作出的回应。对个别事件、处境或事务状态的回应不是对任何事件、处境或事务状态以同一的或类似的属性作出的回应；后一种回应是对那种处境的回应，这种处境既是由回应它的行动者，也是由构成它的行为者想象为它所是的个别处境的。

假定对于这种观点一些经验论者会提出这样的反驳：那些行动者对这种情况是当作个别情况来处理的，并且这种情况是片面地构成的，要参照个别事件和情况来阐明，并没有表明关系到解释的每件事情都不能用那些可重复的属性的术语来表达。但这种反驳在一个关键点的概念上是失败的。黑格尔可能是最后一个主张未被分析和不可分析的个别东西的终极性的人（类似于罗素的逻辑原子）。但是他又主张，具体东西的极限所成为的东西就在于此，即正是在这里有坚持存在不是属性的很好的概念上的理由，也是在这里有坚持某个特定的时间和空间中的事件不是属性的很好的概念的理由。

我所谓的属性是指那种所属类型（即专属于那个品质的类型）的主体可能拥有或可能不拥有的品质，是给予主体在一段时间内可能拥有而在另一段时间内可能不拥有的品质，并且是可能（虽然这不必要）被一个以上的主体所拥有的品质。因为这样一种属性之故，存在不再能被视为一种属性，因为主体的所属类型既不拥有它或不能拥有它，也因为主体所属类型可以在一段时间中拥有它，但却不能在另外的时间拥有它。由于同一个属性之故，在同一个特定时间和空间（例如，1776 年，下午 3 点，在格林尼治子午线穿过泰晤士河南岸的点上）的事件不能算作属性，因为任何相称类型的主体（事件、环境、事情的等级）都不能只在一个时间而不在另一个时间中占有这种性质的个别例子，也因为任何这种性质类型的个别例子都不能由多于一个以上的主体来占有。

这就是我们以 $C\phi x\psi x$ 和 $C\phi x\psi y$ 这样一种形式来为之建构起真正的经验归纳的属性，在这种形式中，ϕ 和 ψ 这种类型的变量的值在属性上是归于宾词的。但这在黑格尔看来就是普遍的东西在我们以自己的行动对其具体场合作出回应时被普遍化了，——个别的东西是我们在现实世界中作为我们的信念、态度和情感的意向对象而遭遇到的。一位诗人并不以他曾写过一些具有这样那样属性类型的诗而自豪，而只以他写过这一首诗而自豪。一个谋杀犯也不是杀死了任何一个碰到的具有这样那样属性的人，而是杀死了这一个人。正是因为这种具体性并不是由诸属性的一个单纯集合而建构起来的，它就逃避了因果性的普遍化，这就使得因果性解释，不论是骨相学的解释还是神经生理学的解释，都成为不适合的。

要注意黑格尔没有说出来的东西。黑格尔并没有断言，谋杀犯的或者诗人的手的运动不具有某种因果性的解释。他也没有断言，在这时行动者只对抽象普遍性而不对具体的东西作出回应是不可能的。恰好是在一个人对于属性的呈现以程度一律这种将使因果普遍化的建构具有正当理由的方式来作出反应这个范围内，他才根本不像我们实际所知道和人们实际上所是那样以个性化的人性发生作用。在人性存在方面一个偶然性的经验事实在于，他们像他们所是的那样存在而不是以另一种方式存在，但在黑格尔的哲学中并不反对关注这样一种偶然经验的事实。然而，黑格尔并不否认对某些人性的行为来说有原因是逻辑上可能的，他也不否认某些人性的行为造成了或可能会拥有生理学上的原因。且让我们与另外一个例子做一番比较。

有些相信巫术的非洲人指出，要通过归之于细菌或病毒的传染来解释某种疾病的发作，这就是未做解释地脱离了像琼斯受到这样一种传染的折磨是直接在和史密斯吵嘴之后这样一个事实。“什么是这种关联性的原因？”他们问道，并指出西方的科学没有给出答案。现在，如果的确是每件事真的都有一个原因，“琼斯在与史密斯吵嘴后的第二天就得麻疹病倒了”这件事大概就会是有原因的。但通过肯定这不是一个拥有原因或拥有一种解释的事件，哪怕琼斯得麻疹病倒肯定是有一个原因的，这也并不会使自然科学的解释力受到侮辱。同样，当黑格尔承认因果性解释的一种可靠的类型不会给我们提供对自我意识的合理的能动性的理解时，他的论证就不需要他否认行动者在从事于这种能动活动时的众多属性会拥有这样一些解释了。

我现在回到黑格尔关于诸特征是不被规定和固定的这种观点。我已证明诸特征的不被规定性是对于任何一个行为或一系列给定行为的不被规定性。从一个行动者拥有一种给定的特征这一事实，我们不能推断出他在任何一种给定的环境中将会做什么，而这个特征本身也不能在一些规定项中具体指定它将要产生的那些行动的系列。是什么导致了这意思是说那些特征不是固定的？让我们重复一下那个在黑格尔的面相学的讨论中已经显示出来的有关自我意识的关键性的事实；这就是自我意识对质的自我否定：意识到“我是什么”，这在概念上是与面对我不是什么，但我能成为什么分不开的。所以，为一个自我意识的行动者而拥有一种特征，这就是为了这个行动者面对那种特征的一个无限长的发展、变形和消除的链条。行为不是从固定的和规定了的那些气质中产生出来的，而是从面对有关我是什么和我不是什么的意识中产生出来的。

人们没有注意到的是，构成黑格尔的这种观点的最重要基础的这些能够成为科学的东西，就是在对人的存在做那种探索到本性中的研究时，渴望对同一个角色给出观测。因为凡是我们在自然中所能观测到的东西，可以说全都是不能在这里发现的；但是，凡是我们在人的存在中观测到的东西，都是合理的能动性的表现，这些表现不能够单纯作为我们所观测到的那些运动的总和来理解（因为一个黑格尔主义者和休谟都不能发现人格同一性的性质，这是他们在观测的方法和标准上的精密性的结果）。从黑格尔的立场出发，一种有关实验心理学的极端的论点将会跟随而来。

因为一大批的心理学实验，实验心理学成功的必要条件，就是那种被控制的刺激作用，或者是行动者所面对的那种环境，这种环境可能会对行动者反思这环境独立地发生自己的作用。这种环境或刺激对于所有的实验主体来说必须是同样的，所以一个主体以自己特别的方式对环境的设想必须不会因为一个主体以完全不同的方式来设想那个环境而构成那样一种与之不同的环境。现在就有一个很现实的问题，即这种需要是否除了在刺激是纯粹物理性的（例如在光的强度中造成的改变）以及反应纯粹是生理上的（例如瞳孔的收缩）那种实验之外，事实上永远都能够得到满足。不过这个问题我暂时撇开不谈。黑格尔也许会断定的是，哪怕这样一些实验是可能的，它们也很不同于合理行动所运作于其中的那种关键性的环境，以至于任何一种从这样一些实验主体的状态推论到外部实验环境的状态的做法都要为把我们引入歧途负责。

在这篇文章中，无论别的论证是有可能建立起来还是不可能建立起来，它们都似乎会表明，在黑格尔对人的行为的理解模式和现代有关神经生理学和遗传学这样一些科学的关联的被规定了的富有特色的思维模式之间，存在着一个不相容的基础。因此，以恰当的敬重对黑格尔主义的反驳，将会是那种思维模式的先决条件，而不只是黑格尔所经常遭受到的那种实证主义反驳类型的先决条件。无论更加充分的反驳是否可能，我在此将不拟讨论。我在结论中想做的是，试图对黑格尔探索理解人类行为这种可供选择的模式的特点做一描述。

黑格尔的描述表现出三个特色。第一个特色是，每个在合理行动进程中的阶段都以这种方式显得像是一个前进运动的目标，即它们只是一环套一环地被安排在运动本身的过程中。人类行动的特点在于它既不是盲目的和无目标的，也不只是提供工具去达到已经决定了的目的。凭借一个计划好的手段来达到这样一个目的的行为肯定拥有一个空间，但在人的能动性中却是一个从属的空间。这种行为只是处在运动的诸目标都环环相扣的那个运动过程中，这就是我们为什么只有在事情发生之后才能理解人类事务的理由。正如黑格尔后来所写下的，密纳发的猫头鹰只有在黄昏才起飞。对人的存在的理解是不可能以自然科学中的那种方式来预言的。

黑格尔的描述的第二个特色是，对现在的理性批判在开启未来中的作用。黑格尔不相信将来会作为现在的合理的延续而简单地跟随着现在而来；他对这一点的否定之强烈不亚于伏尔泰。但正是在从现在的失败中摆脱出来的工作能够满足理性的创造未来的法规。这就是将黑格尔纳入这种历史眼光中去的东西，即把历史看作序列的建构，在其中构成序列最后阶段的那些行为与此相关地包含在内，因而假定了诸行为的这种事件，它构成了同一个序列的早先那些阶段。构成历史的这个序列本身是分离的，并且可以互相置于同一个逻辑关系中，就像它可以是单个序列的各阶段一样。这个有关所有的历史序列构成一个单一的、向着作为绝对精神的全体的意识这个目标前进的运动的学说，是一个由黑格尔自己坚定地坚持作为他的全部学说的关键的论题。黑格尔还有另外一些关于人类历史的论题，包括我已经讨论过的这个论题，却并不显得在任何方式下都需要这个关于绝对的学说，并且并不显得不愿意承认这个真理，即那个学说不应当是对黑格尔另外一些主张抱有偏见的源泉。

黑格尔的描述的第三个特色密切关系到他对面相学和骨相学的批判。历史的叙述并不是黑格尔投身于这样一些想要成为的科学的理论形式的资料来源。相反，黑格尔把我们对偶然规则性的理解看作总是有助于对历史叙述的一种确定种类的建构。通过哲学理解而获得教养的历史提供了有关人的存在的一种比询问任何人的以自然科学为模式的理论结构要更为基本的知识类型。这就超出了这篇论文发展或者吸收黑格尔在这个问题上的观点的范围了，但也许这是结束这篇论文的时候了。

这涉及这个问题：如果历史不是普遍法则或者理论的材料，那么它在何种意义上给我们提供了各个方面的理解？黑格尔式的回答就是：对自我意识的合理行动的自我认知总是要被投入到一种历史的形式中。过去在本身中就是以如此多和如此重要的方式的现在，以至于缺乏历史知识，我们对自身的知识就会有致命的限制。此外，对自我的这种知识类型永远也不能通过理论科学产生出来，这种科学追求的是用生理学的结构和过程来解释行为举止。这实际上正是因为，我们的历史把我们建构为我们在如此巨大范围内所是的东西，以至于任何省略了对那种历史的关联的解释，如曾经的骨相学和今天的神经生理学的解释，也许可以解释人的身体的能力和条件，但不能解释人的精神的能力和条件。

黑格尔《逻辑学》“量的关系”概念刍议

卿文光*

内容提要 黑格尔《逻辑学》“量的关系”概念的一个基本含义是，它（们）是对当时的数学化的自然科学规律的内容的一种纯粹、理想而绝对的理解把握。从概念上讲，“量的关系”诸概念是有质的意义的内涵量领域的本质东西，这与数学化的自然科学规律是那些可量化的自然现象的本质这一点是一致的。“量的关系”诸概念的具体规定性来自黑格尔借其量的概念对当时以牛顿力学为代表的数学化的自然科学成就的理解消化，同时也与整部《逻辑学》的结构相呼应；具体说来就是：“量的关系”诸概念在量的水平上映现了整部《逻辑学》从存在论经本质论到概念论的发展运动。这一发现对我们深入理解“量的关系”概念及整部《逻辑学》都颇有意义。此外，本文还澄清了《逻辑学》在“量的关系”概念的论述中的某些不足和失误。

关键词 黑格尔《逻辑学》 量的关系 内涵量 牛顿力学 “量的关系”与《逻辑学》全体的映现关系

“量的关系”（quantitative Verhältnis）是《逻辑学》（俗称《大逻辑》）存在论第二部分“量”这一领域的最高概念。这一概念《大逻辑》中译本译为

* 卿文光（1963—），男，安徽蚌埠人，黑龙江大学哲学学院副教授，主要研究领域为古希腊哲学、德国古典哲学、中西哲学比较。

“比率”，《小逻辑》贺译本和梁译本译为“比例”，薛译本译为“量的关系”。笔者认为这一概念应译为“量的关系”，译为“比例”或“比率”都不妥，其缘由随着本文行文的展开会逐渐显明。《小逻辑》对这一概念未加详述，大逻辑对此则有详细论述，但极度晦涩。所幸的是大逻辑关于量的无限的几个注释及《自然哲学》第一篇对牛顿力学的考察对我们理解把握“量的关系”概念大有帮助。依据《大逻辑》及《自然哲学》的有关论述来阐明“量的关系”诸概念的具体规定性及其意义，这是本文的一个旨趣。本文也发现并阐明了“量的关系”概念与《逻辑学》存在论、本质论、概念论这个三一体结构的内在呼应关系，这一发现对我们深入理解把握“量的关系”概念及整部《逻辑学》均颇有价值。由于本文篇幅较长，这里先预报一下本文各节的主题：一、“量的关系”概念的基本含义；二、“量的无限”与“量的关系”概念；三、“量的关系”诸概念的规定性及其发展运动；四、“量的关系”概念与《逻辑学》全体的相互映现关系。下面我们就先看看“量的关系”概念的基本含义是什么。

一 “量的关系”概念的基本含义

“量的关系”概念分为三个环节或阶段：正比关系（Das direkte Verhältnis）、反比关系（Das umgekehrte Verhältnis）和方幂关系（Potenzenverhältnis），这是“量的关系”概念的发展所经历的从抽象到具体的三个阶段。直接看去这三个概念说的是数学上的正比例、反比例和乘方，这些从数学上看很简单的东西有何深奥含义以至于能在那作为超越而绝对的上帝思维的《逻辑学》中占有一席之地？有学者就主张“量的关系”概念——尤其是其中的方幂关系——不可理喻毫无意义。[①] 黑格尔有句名言：熟知非真知。《逻辑学》中的诸概念单就名词来说全都是人们熟知的，甚至是简单的，但《逻辑学》对这些简单概念的论述却无几人能读懂，原因即在于人们对它们只是自以为有所知，亦即只有熟知而无真知，而《逻辑学》所说的这种真知作为绝对知识、作为超越的绝对的思维却是高得无可比拟。那么，《逻辑学》对数学或物理学上的正比、反比、乘方这些人们熟知的简单东西之内或之后隐藏的那超越感性和知性的真

① 美国学者平卡德（Terry Pinkard）就是如此，转引自 David Gray Carlson, *A Commentary to Hegel's Science of Logic*（New York：Palgrave Macmillan，2007），p. 185。

理的真知到底为何呢？

1. 从定量到量的关系的过渡

“量的关系”这一概念在定量（Quantum）之后。定量，无论是无质的意义的单纯的数还是有质的意义的内涵量（比如时间、温度、重量之类），都是一种抽象的观念性的自为存在。自为存在这一概念的内涵相当丰富，其最抽象的意义就是抽象的自身同一；在这一意义上讲，一切能保持住自身的抽象同一的东西都是自为存在。但定量（包括内涵量）不仅是一种自为存在，也是一种为他存在，所以说定量是外在于自身的东西，这种为他存在或外在性可说是定量的质的方面，是定量概念的一个主要环节。但量的东西并非仅是纯然的外在性。“定量在它的外在存在里，正是它自己本身，并自己与自己相联系。”① 这句话直接看去说的是定量概念的规定性的全体。定量必然会超出自己，定量的本性就是作为观念性东西的外在性，比如 1 之外还有 1，并且有任意多个 1，因为有限的定量的这种被超出是无休止地发生，永远完成不了的。但所有这些彼此外在的 1 又是同一个 1，定量就是对自己漠不相干，超出自身在自身之外却仍是自身的东西，比如 5 米之外还有 5 米，有任意多个彼此外在的 5 米，但作为 5 米它们彼此间是没有差异的。黑格尔这句话还有这样的意思，5 米超出自身是 6 米，或者说 5 米之外有 6 米，但 5 米与 6 米没有质的差异，就此来说 5 米在 6 米那里仍是在自身中，这也是一种定量在自身外的自己与自己相联系或相同一。

但这句话还有更深的含义。这句话所处的《小逻辑》§105 在“内涵量”和“量的无限”这两个概念之后，这表明我们主要应把这句话所说的“定量”理解为有实存——当然是纯粹实存而非经验实存——的质的意义的内涵量。定量不仅是抽象的自身同一，还是自身排斥，是彼此外在的多；内涵量作为有质的意义的定量，其外在性还应包括质的方面的相互外在或排斥，这就意味着诸多不同质亦即内涵不同的内涵量的建立，故虽然黑格尔在大逻辑和《小逻辑》中都没有明言，但“定量在它的外在存在里，正是它自己本身，并自己与自己相联系”这句话中的“外在”应当包括定量的质的方面的彼此外在，这样的话这句话所说的定量在其外在性中的自己与自己相联系，这种自相联系应当包

① 《小逻辑》§105. 译文参看贺麟译本，商务印书馆，1980。

括不同质的内涵量的联系，甚至首先是指不同质的内涵量的联系，因为只有这种理解才能与下面“量的关系”概念衔接上，须知——对此本文下面会阐明——“量的关系”概念所是的两个定量或内涵量的联系，这两个内涵量应理解为彼此有质的差异的内涵量。

对《小逻辑》§105这句话所说的“定量”及其“外在存在”做如此理解，定量向“量的关系”概念的过渡就好理解了。单纯的直接的定量（包括内涵量）自在地已经是这种在自身外的自身联系，因为定量的外在性亦即定量的“多”——这包括质的方面的彼此外在或多，因为这里的定量包括内涵量——从概念上讲来自定量本身，亦即来自定量的概念，因为定量就是自为存在与为他存在的统一或不可分离。但事情本身不会停留在仅仅自在存在上，直接的定量自在地所是的这种在自身外的自身关系也必然会明白地建立起来，“定量这样地在自身内建立起来，便是‘量的关系’”①。“量的关系”直接看去也是一定量，黑格尔称之为“指数”（Exponent）。黑格尔指出，“量的关系”是有中介的，它是两个定量的关系，这两个定量构成了“量的关系”这一显得是一直接东西的定量或指数的两个方面。“关系的这两个方面，并不是按照其直接〔数〕值计算的，而其〔数〕值只存在于这种关系中”②，就是说构成“量的关系”的这两个定量的直接数值在这里并非事情的首要或本质方面，它们的真正意义或者说它们真正的所是是由它们构成的这一关系所限制或决定的。显然，在这里有中介的东西反倒是逻辑在先的，在这里在先的或本质的东西是关系亦即关系本身所是的那个指数，构成这一关系的这两个定量的具体数值倒是由这一关系限定的，甚至可以说是由这一关系决定的，就是说它们倒是以这个关系为中介的。

2. 正比关系

“量的关系”分为三个环节或阶段：正比关系、反比关系、方幂（亦即一个量的自乘）关系。这三者一个比一个深刻。首先是正比关系。正比关系的形式是$k = A/B$，其中k是正比关系本身，其数值是一常量，A、B是构成正比关系的两个定量，它们的数值变化有相当的自由度，但二者的比值只能是k。反比关系的形式是$k = A \times B$，其中k是不变的常量，A、B这两个量的变化受二者的乘积$=k$这一不变的反比关系的限制。方幂关系的形式是$k = A^2$，k是

① 《小逻辑》§105. 译文参看贺麟译本，商务印书馆，1980。
② 《小逻辑》§105. 译文参看贺麟译本，商务印书馆，1980。

常量，A^2就是 A 的自乘。大逻辑和《小逻辑》都没有明说而这里必须说的是，构成“量的关系”两环节的那两个量是有质的意义（比如物理意义）的内涵量，就是说“量的关系”这一概念说的不是无质的意义的单纯数的正比反比乘方等关系，正比关系不是一般所说的分数，须知“量的关系”是从直接的定量的最高阶段——内涵量发展来的。由于构成“量的关系”的那两个定量都是内涵量，故这两个量的关系（此即 k）亦是有质的量，其质的规定性比作为它的环节的那两个定量更高。《小逻辑》§105 附释中用 3∶6 = 2∶4 作为正比关系的例子，这极不妥，甚至错误。同样，在大逻辑中黑格尔把分数 2/7 看作是属于正比关系，[①] 这也是一失误。2/7 属于作为一门有限的知性科学的数学所说的正比关系，但不属于“量的关系”概念所说的正比关系，而“量的关系”概念在有实在的质的意义的内涵量（比如种种物理量）这一概念之后，是内涵量的真理，所以说构成正比关系的两个环节的那两个量只能是有质的意义的内涵量，正比关系本身也是有质的意义的内涵量，这要求构成正比关系的两个环节的那两个内涵量不能是同质的量，故可知初等几何学的相似概念（比如两个三角形的相似）及某些属于尺度范畴的正比关系（如人体各部分的大小比例）都不属于《逻辑学》所说的正比关系。又，构成正比关系的两个环节的那两个量是在变化或运动中，但在变化中仍保持自身的抽象同一，仍是同一个量，故可知这两个量类似于近代数学所说的变量，这也证明正比关系是不包括单纯的分数或有理数的，须知一个确定的单纯分数的分子分母都是既定不变的。以上讨论表明，我们只有在数学化的自然科学的规律中才能找到与正比关系概念相应的实存，数学化的自然科学规律中的那些有意义的正比关系（如比重、密度、摩擦系数、匀速直线运动的速度等）几乎都是两个作为变量的不同质的内涵量的比。还有，能够阐明，单纯的分数或有理数的概念规定性就是自然数的概念规定性，考察分数或有理数无须放到“量的关系”这里。[②] 以上所言启示我们，“量的关系”概念考察的是数学化的自然科学中的那些客观的物理常数物理定律的纯粹内容，须知数学化的自然科学中的那些最基本的量都是有质的意义，且其具体规定或量值可变——亦即属于变量——的

① 黑格尔：《逻辑学》上卷，杨一之译，商务印书馆，1976，第 266～267 页。

② 拙著《黑格尔〈小逻辑〉解说》第一卷（人民日报出版社，2017）第 321 页对此有详细阐明，可以参阅。

内涵量，物理常数和数学化的物理定律都是这些作为变量的内涵量的关系。这些内涵量直接看去当然是可变的，这种变化直接看去似乎是不受限制，但它们其实是处于种种关系中，这种关系是恒定的，属于自然界的诸本质东西如种种物理常数物理规律等。这些关系中最简单的一类就是正比关系，如物质的密度、比重、摩擦系数、理想状况下的弹性系数、匀速直线运动的速度等都是正比关系的例子。

3. 反比关系

正比关系是最抽象最简单的物理常数，这种物理常数的普遍性最低。比如，对一种特定的物质，其比重是一常量。但物质的种类太多了，每种物质的比重都不同。符合反比关系的那些物理常数或规律其普遍性就上了一个档次。反比关系的一个著名例子是量子力学中的海森堡测不准原理：对任何一个微观粒子，对它的位置的测量精度与对它的速度或动量的测量精度是不能两全的，二者的具体关系是：$\Delta A\Delta B \geqslant k$，其中 k 是一常数，$\Delta A$ 和 ΔB 分别是对这个粒子的位置与动量的测量误差。反比关系的一个意义是，它是某些守恒定律的一超越的根据，比如动量守恒定律。动量守恒定律是牛顿力学的一基本定律，它在现代物理学中也同样成立。现代物理学发现，即便在质量守恒定律和能量守恒定律不成立的地方，动量守恒定律也是成立的。动量 = 质量 × 速度，这意味着在很多情况下物质的质量与其速度成反比，比如核裂变和聚变反应，靠牺牲质量获得巨大能量，质量和能量都不守恒了，但反应前后诸粒子质量与速度的乘积（之和）是不变的。简单的杠杆原理也是反比关系的一个例子。达到平衡的杠杆其支点两侧的力与力矩的乘积是相等的，在这一乘积不能改变的情况下，若想省力，可以通过加长其长度的方法达到目的。

开普勒第二定律也是反比关系的一个著名例子。开普勒第二定律是说，一个行星在公转中，由太阳到行星的矢径在相同的时间内扫过相同的面积。

如图 1 所示，L 是该行星公转轨道上 CD 这段弧的弧长，l 是公转轨道上在相同的持续时间内走过的另一段弧 AB 的弧长，设 R 和 r 分别是这两段扇形的矢径的平均值［显然 R 近似 = (R1 + R2)/2，r 近似 = (r1 + r2)/2］，不难证明面积 S1 约等于 L · R/2，面积 S2 约等于 l · r/2，由 S1 = S2 可知 L · R = l · r，就是说对确定的行星在其公转中的任何一确定不变的持续时间段（比如公转运动中的地球在 24 小时这一时间段）内，该行星所经过的路径长度与该段时

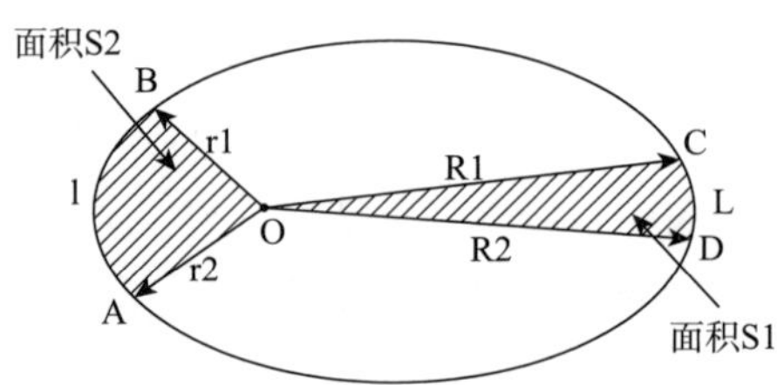

图 1　开普勒第二定律示意

注：感谢邢延文先生绘制了本文的 3 个图。

间中由太阳到行星的平均矢径长度的乘积是一常量，故可知开普勒第二定律事实上就是一种反比关系。

4. 方幂关系

反比关系的普遍性已经很高了，但方幂关系的普遍性更高；正比关系和反比关系仍然是两个量的关系，方幂关系则是一个内涵量与其自身的关系，是一个量自由地规定自己。方幂关系最著名的例子就是天体运动。太阳系的行星运动就是一种自己规定自己的运动，一种自由的自身规定的量。这种量在不停地运动或变化，但其运动变化的原因完全在自身，来自自身，所以说这种运动是一种返回自身的运动。在内涵量中（比如抽象的物质领域），自己规定自己的返回自身的自由运动其运动轨道只能是圆或椭圆，这种运动总是周而复始地回到原来的起点。我们知道月球的公转轨道就很近似一个圆。月球轨道的近地点距地球约 36 万公里，远地点约 40 万公里，离心率仅仅 5% 多一点。解析几何中圆的代数方程是 $X^2 + Y^2 = R^2$，其中 R 是这个圆的半径，对于确定的圆它是一常量（见图 2）。在这里似乎有两个在变化的量：X 和 Y，但为何说圆周运动是一个量的自由的自身规定？其实 $X^2 + Y^2 = R^2$ 仅是对圆及圆周运动的一种表述形式，采取这种形式是为了方便某些数学处理，圆周运动的概念与 $X^2 + Y^2 = R^2$ 这种知性的数学表述形式完全是两回事。圆周运动依概念是一种自己规定自己的自由的量的东西，一种返回自身的自由运动①，这种运动作为量的

① 注意，本文所说的圆周运动同椭圆运动一样都是且仅是指自己规定自己的自由的量的东西或运动，不包括任何由外在或人为原因维持的圆周形式的运动。显然这种自己规定自己的自由的量的东西只能是从运动学和动力学来看的宇宙天体如行星、卫星等的运动之类。人造卫星在进入太空后也同天然卫星（如月球）一样仅依靠它与地球的相互作用来维持自己的运动，而这种相互作用作为一总体从力学和思辨哲学上看就是一种自己规定自己的自由的量的东西，故可知人造卫星的运动也属于本文所说的圆周或椭圆运动之列。

东西总是在超出自己，因为量就是外在性，就是不断地超出自身。但自由的量作为自身规定或返回自身的运动，它必然会充分扬弃这种外在性，这使得这种不停地超出自身的量或运动同一地也是永恒地在返回自身，永恒地建立与自身的同一。这种既是永恒地超出自己又是永恒地回到自身的量，其运动轨迹只能是圆或椭圆。

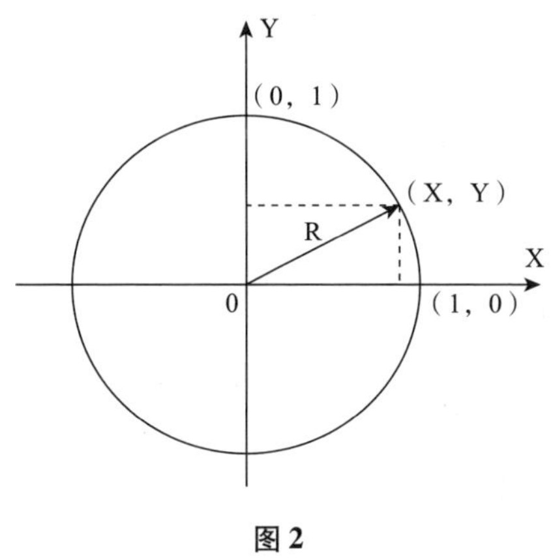

图 2

我们先看圆周运动。一个明确规定了的圆周运动，它的一个本质规定性是半径。运动速度、向心力等当然也是圆周运动的本质规定性。若不考虑圆周运动的运动学或动力学方面，仅从几何学上看，一个明确规定了的圆周运动其全部的本质规定就是半径。我们这里不是对圆周运动做物理学考察，而仅是对圆周运动属于黑格尔所说的方幂关系这一点做初步的定性说明，为达到这一目的只考虑圆周运动的几何学性质即可。对一个确定的自由的圆周运动，其半径 R 是一常量，但我们下面会阐明，R 是常量这一点来自它的乘方 R^2 是一常量。依《逻辑学》的方幂关系概念，这个 R^2 不是一个无质的单纯的数的乘方，而是一种方幂关系。方幂关系的概念是：单位 × 数目 = 一常量，并且这个数目完全来自单位，完全由单位规定。一个量的外在方面——数目完全由其质的方面——单位来规定，这种规定的最简单的情形就是：从数值上看数目与单位成正比，最简单的情况就是相等，这样的话“单位 × 数目 = 一常量”就等价于“（作为单位的）R ×（作为数目的）R $= R^2$ = 一常量”，这就是圆周运动所是的那种最简单的方幂关系的形式或概念，它是自由的量的自身规定的最简单形式，《逻辑学》的方幂关系概念就是方幂关系的这种最简单形式。“R × R = 一常量”这一公式中的第一个 R 是圆的单位亦即圆的质，其几何学意义是圆的半径。圆的质就是其半径，数学上用这一点来定义曲线的质。曲线的质叫曲率，它是与该曲线吻合的圆的半径的倒数，故可知说曲率是曲线的质与说半径是曲线的质是一回事。曲线的长度是曲线的量，但对简单的圆来讲，由于圆的周长与其半径成正比，故完全可以说圆这种曲线的长度（数目）就是其半径（单位），故可知从概念上讲，圆的单纯量的方面——数目与其质的方面——单位在数值上是相等的，而这完全源于从概念上讲圆是自己规定自己的自由的量的最简单形式，其数目（比如圆的半径或周长）的值与其单位（对圆来说就是半径）的值相等，这就是最简单的方幂关系：（作为单位的）R×（作为数目的）R＝一常量。

圆周运动的概念是一种自己规定自己的自由的量，椭圆运动也是如此。椭圆运动也是一种其终点是回到起点的运动，所以说也是抽象物质这种内涵量的一种自由运动，比如太阳系各大行星的公转轨道都是椭圆。椭圆的概念也是一种自己规定自己的自由的量，对此可以有如下的简单证明：椭圆的代数方程是 $(x/a)^2 + (y/b)^2 = 1$（见图3）。对 $(x/a)^2 + (y/b)^2 = 1$ 作如下变换：令 $X = x/a$，$Y = y/b$，这一方程就成为 $X^2 + Y^2 = 1$（见图2），而后者的概念就是 $R^2 = 1$ 这种最简单的方幂关系，其中 R 的几何学意义就是对椭圆经由上述变换而来的圆的半径。椭圆运动的概念是一种自己规定自己的自由的量，是一种方幂关系，由此得到证明。

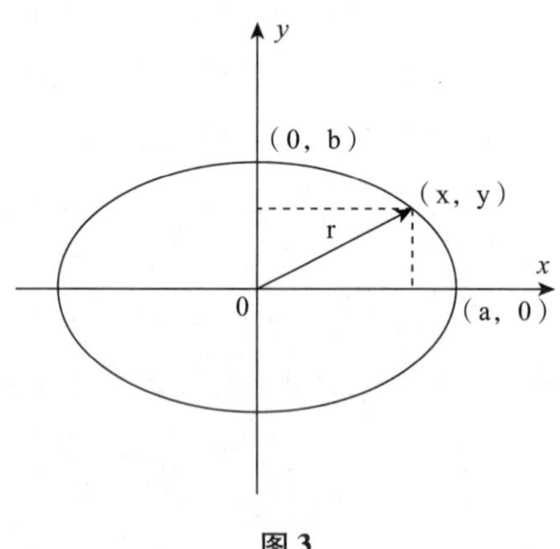

图 3

其实，椭圆与圆的这种概念上的同一性或相似性甚至可以直观地把握。把一个平面上的圆垂直投影到与这个平面有一定倾角（这个倾角大于 0 度小于 90 度）的另一平面上，得到的图形就是椭圆。这种变换完全可逆，故它同一地也是从椭圆到圆的变换。又，行星的椭圆轨道公转运动是一种方幂关系，对此还可以依据开普勒定律予以简单证明。依开普勒第三定律，太阳系所有行星的轨道长半轴的立方与公转周期的平方之比是一常量（这一常量就是万有引力常数）。由此可以推知，对任何一个有稳定的轨道（这意味着轨道长半轴是一不变的常量）的行星，该行星的公转周期的平方 T 是一个不变的常量，亦即 $T \times T = k$（一常量）。注意，这个 $T \times T$ 不是 T 这个数的简单自乘（如 5×5 之类），而是：作为单位的 T×作为数目的 T。至于不是作为单纯的量或数目而是作为单位或质的意义的东西的行星公转周期是什么意思，本文下一节会有讨论。

在黑格尔看来，方幂关系是量的领域亦即抽象物质领域中普遍性最高的概念，正比关系和反比关系都从属于其下，亦即是被它自在地扬弃了的。比如，如果地球的公转轨道有变的话，地球上的几乎所有物理常数都会改变，比如每种物质的比重（一种正比关系）都会变，重力加速度（一种不完全的方幂关系，[①] 这从重力加速度 $g = 2S/T^2$ 即可看出，因为下落距离 S 不是由这一公式所是的自由落体运动决定的）也会变。既然方幂关系概念的一典型实存是椭圆形式的天体运动，有人可能会说，方幂关系说的不就是万有引力定律吗？严格说来不是。黑格尔对万有引力定律是不以为然的[②]，他深刻意识到万有引力定律并不包含或蕴含抽象物质领域的自由运动（如天体运动），因为单有所谓的万有引力并不足以产生行星的公转运动。如果只有万有引力的话，一切物质只会被吸引到太阳中，不可能有行星及其公转运动，不可能有太阳系。牛顿知道这一点，所以他需要上帝的帮助，假设上帝对所有行星在其椭圆轨道的切线方向做第一次也是唯一的一次推动。牛顿的（万有）引力概念的缺点是，他没有相应的斥力概念，不知道引力与斥力是不可分离的，更不知道无论是引力还是斥力都只是对抽象物质的概念（这一概念的纯粹内容首先就是《逻辑学》存在论第一阶段质中的最高概念：自为存在）的一种抽象，二者只是自为存在概念中的抽象环节。方幂关系的概念乃是自为存在概念的这两个环节在量的领域的充分具体的统一，是抽象的物质领域或量的领域的最高概念，是抽象物质亦即自为存在和量达到了自己规定自己这种真正的自由，故亦是自为存在概

① 《自然哲学》§267，参看梁志学、薛华等译本，商务印书馆，1980。

② 黑格尔对万有引力定律的批评具体见《自然哲学》第一篇第三章，这一章集中考察开普勒和牛顿的天文学。

念和量的概念的完成。显然，万有引力及万有引力定律都被扬弃在黑格尔的方幂关系这一概念中了。方幂关系就是自己规定自己的自由的量，这种量是有质的，其首要的定在或实存就是与自由的量相同一的做圆周或椭圆形式运动的抽象物质（如天体），抽象的空间时间及引力和斥力都只是这种自由的量的抽象环节，故完全可以说黑格尔的方幂关系概念至少在原则上预言了广义相对论。

正比关系、反比关系、方幂关系是三种在内涵量概念的基础上发展起来的量的关系，在黑格尔看来一切物理常数或数学化的物理定律其纯粹内容不是这三种之一就是它们的某种结合。比如重力加速度 $g = 2S/T^2$，其中 S 是物体下落的距离，T 是下落所费的时间，故可知重力加速度这一物理常数乃是正比关系与某种不完全的方幂关系的一种结合或统一。有必要说的是，这一说法与前面认为重力加速度是一种不完全的方幂关系的说法并不矛盾。由 $g = 2S/T^2$ 可知，若下落距离 S 确定的话，则下落运动的时间 T 满足 T^2 = 一常量（其量值是 2S/g）这一形式，这是一方幂关系。但 S 的值并不由自由落体运动本身来确定，它的具体规定在自由落体运动中是外在的偶然的，所以说重力加速度及自由落体运动是一种未达到充分自由的方幂关系。一种量的关系未充分达到方幂关系，它必然部分地受较低级的量的关系的规定，这种较低级的量的关系只能是正比或反比关系，对重力加速度或自由落体运动来说就是正比关系，须知下落距离 S 作为一直接的内涵量不可能摆脱量或抽象物质领域中的所有本质东西的影响，而这些本质东西的纯粹内容都统括在“量的关系”概念中了，所以说关于重力加速度或自由落体运动的这两个说法是不冲突的。又，虽说在自由落体运动中我们见不到真正的方幂关系，但这一运动及其中的各环节完全是统一在一种充分的方幂关系——地球的公转运动之中，并且是被后者充分扬弃和规定了的，须知自由落体运动及其常数（重力加速度）从属于地球的公转运动及其常数（万有引力常数），这是物理学得不错的高中生都知道的。

二　“量的无限”与“量的关系”概念

在《逻辑学》中，“量的关系”概念由定量发展而来，而从定量向“量的关系”的过渡有一个中介，这就是“量的无限”，“量的关系”概念是经由定量的恶的无限、扬弃了这种恶的无限才达到或建立的。“量的关系”概念确乎可以说是从某种“量的无限”过渡或发展而来，但它由之过渡而来的那种“量的无限”是有实存——这个实存当然是纯粹实存而非经验实存——的质的意义的内涵量领域中的恶的无限，而不是无质的意义的单纯的数和抽象的量（如抽象空间）领域中的恶的无限。遗憾的是，无论是大逻辑还是《小逻辑》，其在叙述由量的无限向“量的关系”概念的过渡时都混淆了这两种意义不同的（恶的）无限。显然，为准确理解把握“量的关系”概念，澄清《逻辑学》在“量的无限”与“量的关系”的关系方面某些说法的失误，有必要对这两种“量的无限”的区别做些考察，而这要求我们首先应明白人们都很熟悉的那单纯的数和抽象的量（如抽象空间）领域中的无限是怎么回事。

1. 抽象的数、量领域中的无限

在黑格尔那里，无限有两种含义：恶的无限和积极的肯定的无限。恶的无限在感性和知性领域可以说是无所不在。比如，感觉东西的生生灭灭就是感性的质领域中的恶的无限；又，为一件事情找原因，这个原因可以看作结果再找它的原因，这是可以无止境地进行下去的，这是知性领域中一种常见的恶的无限。还有，现代解释学主张在交往对话中寻求真理，认为真理是开放的，在交往对话中对真理的寻求和认识是无限的，这乃是无思想地把真理及对真理的认识都置入恶的无限中，亦属知性领域的恶的无限。在抽象的数或量领域，恶的无限首先就是定量的无止境的增长，无休止地超出自身，没有最大的数，只有更大的数；抽象空间的长宽高三个方向，每个方向都可以无止境地延长。恶的无限不是真理，因为真理应当具有积极肯定的内容，应当具有确定的规定性，而恶的无限不是肯定的东西，缺乏确定的规定性。无限大是多大？无限小是多小？回答是：无限大比任何一个数都大，无限小比任何一个不是 0 的正数都小。这种看似聪明的回答是纯然消极的，否定性的。无限大无限小之类是负概念，不具有确定或肯定的规定性。上述回答其实是否定了无限大无限小是有意义的数，因为比任何一个数都大或都小的“数”就不是任何一个数。从字面上讲，无限就是没有限定或规定，就是缺乏规定性，所以说无限是个负概念。黑格尔指出，量的东西的恶的无限不仅是单纯的直接定量之缺乏真理性的暴露，亦是对真理的不自觉的渴求，[①] 并且在量的领域中确乎有借扬弃了恶的无

① 《小逻辑》§104. 参看贺麟译本，商务印书馆，1980。

限而具有某种真理性的确定的量，这种具有真理性的确定的量的东西就是量的真无限。举个例子，$1 + 1/2 + 1/2^2 + \cdots + 1/2^n + \cdots$，这个无穷级数的和是多少？如果企图通过把这个序列的各项逐个累加来寻求最后结果，这注定会失败，因为它是一种恶的无限。这个无穷级数的和其实是一个确定的肯定的东西，就是 2，2 相对于那个恶的无限就是它的真无限或真理。《逻辑学》也有类似的例子：分数 2/7 是 0.285714…这一恶的无限的真无限。①

2.《逻辑学》在量的无限与“量的关系”方面的某些认识失误

分数 2/7 是 0.285714…这一恶的无限的真无限，这个认识当然正确、深刻，但《逻辑学》在这个例子的说法上是有失误的。失误之一就是前面说过的，《逻辑学》认为分数 2/7 是作为正比关系而成为 0.285714…的真无限的。本文前面已经阐明，《逻辑学》“量的关系”概念所说的正比关系不是分数，而是有质的意义的两个内涵量的正比关系，这种正比关系的定在或实存是那些作为两个内涵量的正比例的物理常数。第二个失误是，2/7 与 0.285714…的区别确乎是一种量的真无限与恶的无限的区别，但这一区别不仅与正比关系的概念不相干，也与 2/7 是分数这一点不相干，而黑格尔却认为 2/7 是 0.285714…的真无限这一点与它是分数这一点有实质性关系。② 我们应知，不仅任何一个分数，就是任何一个整数或自然数都可表述为一恶的无限的小数序列，比如 $2 = 1.9999\cdots$，等式右边是一恶的无限，左边作为这一恶的无限的真无限就不是分数而是一整数。又，上面所说的对 $1 + 1/2 + 1/2^2 + \cdots + 1/2^n + \cdots$ 这个无穷级数求和的例子，与 $2 = 1.9999\cdots$ 这一等式的情形在性质上完全一样，因为可以把 $2 = 1.9999\cdots$ 改写为 $2 = 1 + 9/10 + 9/10^2 + \cdots + 9/10^n + \cdots$；同样，对 $1 + 1/2 + 1/2^2 + \cdots + 1/2^n + \cdots$ 进行诸项计算，就可知这一无穷级数和是 1.9999…这一恶的无限。

2/7 是 0.285714…的真无限，2 是 1.9999…和 $1 + 1/2 + 1/2^2 + \cdots + 1/2^n + \cdots$ 的真无限，这种真无限不属于《逻辑学》所说的“量的关系”概念，2/7 是 0.285714…的真无限与它是不是分数这一点不相干，那么这几个例子所属的量的真无限该如何理解把握呢？其实，这些例子所是的恶的无限与真无限的关系与抽象的量领域中的点与线的关系本质上是同类的，虽说 2、2/7、0.285714…及

① 参看黑格尔《逻辑学》上卷，杨一之译，商务印书馆，1976，第 266～269 页。

② 参看黑格尔《逻辑学》上卷，杨一之译，商务印书馆，1976，第 267～268 页。

$1+1/2+1/2^2+\cdots+1/2^n+\cdots$之类是数，而点和线属于作为抽象的量的东西的空间的抽象规定。点与线的关系是一种无限的关系，这表现为，无论多少个点排列都排不出一条线来，这表明点与线这两种抽象的量的东西有无限的质的差异，二者的关系是无限的关系，所以说线不能还原为点，线不是由点组成的，或者说点不是线的组成部分。但点可以过渡为线，这就是点运动成线，这是一种否定之否定，机械运动从量的概念看就是量领域中的一种否定之否定。点是肯定，在这个点外的另一点是对这个点的单纯否定，这种直接的否定可以无止境地重复进行，所以说有任意多个点，这是点这种量的东西的恶的无限。单纯的简单否定无论重复多少次都仅是否定，其结果都是原有性质的东西的量的重复，不会产生有质的意义的新东西，有质的意义的新东西只有靠否定之否定才能建立或达到，这种否定之否定在这里就是点的运动，点的运动就是点对自身的否定之否定，其结果是线这种在质上完全不同于点完全超越了点的东西。

2 作为真无限与 1.9999…这种恶的无限的关系与线作为真无限与点的关系本质上是同类的，对此的证明不复杂。我们知道数轴上的每个点都与一个实数一一对应。以 2 =1.9999…为例，设一个长度为 2 的数轴，显然数 1.9、1.99、1.999、…这个无限序列中的每个数在这个数轴上都有相应的点。很显然，这个序列中任何一个数，不管它距这个序列的开端 1.9 有多远，其在这个数轴上的对应点与数 2 在该数轴上的对应点之间总有一段距离，这段距离作为一线段是无论多少个点都填不满的。由于每个点都对应一个小于 2 的数，这表明无论多少个点都远不能充满无论多短的一条线，这与 1.9999…这一恶的无限永远达不到 2 这一事实是等价的，所以说 2 是 1.9999…这一恶的无限的真理或真无限，其道理与线与点是无限的关系、线是点的真理或真无限这一点是一样的。点与线的关系显然不属于"量的关系"概念所说的那三种量的关系中的任何一种，这再次证明，《逻辑学》认为 2/7 是作为一种正比关系而成为 0.285714…这一恶的无限的真无限，这个说法是错误的。

有必要说的是，黑格尔可能不知道线与点的关系与分数 2/7 同无限小数 0.285714…的关系是同类的，因为真正澄清这一点要等到 19 世纪末集合论的创立。但点与线的关系不属于"量的关系"概念所说的那三种量的关系中的任何一种，对此他是知道的。黑格尔知道在量的领域有大量不属于"量的关系"概念所说的那三种量的关系的量的真无限。大逻辑"量的关系"概念之前的“定量的无限”小节有一个注释：“其他与质的大小规定性有关的形式”，考察的基本都是不能归入那三种量的关系的量的真无限。黑格尔在这个注释中考察了点与线、线与面等无限关系，这表明黑格尔知道如下事实：点与线、线与面之类的无限关系不属于“量的关系”概念所言的那三种量的关系。以上所言表明，“量的关系”概念确乎与“量的无限”密切相关，但这种“量的无限”涉及和处理的仅是数学化的自然科学的规律所有或所是的那种量的无限或真无限。又，无论是大逻辑还是《小逻辑》，其关于量的概念的全部正文都未涉及分数与无限小数的关系及线与点的关系这类真无限。大逻辑和《小逻辑》在“纯量”这一概念考察了量的间断性与连续性亦即离散的量与连续的量，但其所说的间断与连续是极抽象的，与分数与无限小数的关系或线与点的关系这类真无限不相干。[①] 整数或分数与无限小数的关系及点与线的关系是量的无限中的很重要的一类，对这类量的无限的纯粹内容的考察理应在思辨逻辑学关于量的纯粹思维中占有一席之地。遗憾的是，在《逻辑学》中我们只能在注释而非正文中才能见到与此相关的论述，这或许可说是《逻辑学》内容方面的一个缺陷；故可知，黑格尔说他的《逻辑学》需要做 77 次修改，[②] 这不是谦虚。

3. 内涵量领域中的“量的无限”

明白了抽象的数、量领域中的量的无限（恶的无限和真无限），现在我们就看看内涵量领域中的“量的无限”是怎么回事。《逻辑学》说“量的无限”构成了从定量向“量的关系”概念的过渡，其所说的“定量”只应是内涵量。《逻辑学》这个说法的问题在于，“量的无限”这个概念并不适合表述这个词在这里所欲表达的，亦即由内涵量向“量的关系”概念过渡的那个中介不应当用“量的无限”这个词去表述。“量的无限”说的是抽象的数和量（如自然数或抽象的欧式三维空间）的恶的无限地变大变小，其结果是趋向所谓无限多无限大无限小无限长无限短之类。但“量的关系”诸概念说的是有质的意义的内涵量领域中某种不变的本质东西，与这种本质东西对立的是内涵量中的“现象”，即种种可变的、其质的规定较为抽象的内涵量，如时间、温

① 对此可参阅拙著《黑格尔〈小逻辑〉解说》第一卷（人民日报出版社，2017）第 302 ~ 304 页的论述。

② 参看黑格尔《逻辑学》上卷，杨一之译，商务印书馆，1976，第 21 页。

度、重量、长度（注意不是抽象空间的某个维度的长度，而是作为实存东西的物体的长度）等。对这种具有较为抽象的质的规定的内涵量，固然可以抽象地想象其量值可以变得无限大或无限小，但这种内涵量的质的规定性却限制了这种想象，因为这种质固然较为抽象，却是有实在或实存意义的质，这使得变得无限大或无限小对这种内涵量来说毫无现实性，比如无限大或无限小的温度都是无意义或不可能的东西。以上所言简单说来就是，内涵量的质的规定性所具有的实存意义使得仅在抽象的可能性中才能设想的那种量的无限：无止境地增大或变小乃至无限大或无限小，其在内涵量领域中基本没有意义。由于"量的无限"通常指的就是这种可以无止境地增大或变小乃至无限大或无限小，故可知这个词不适于表述内涵量领域中那种最抽象最低级的内涵量：量值可变的内涵量的变化，对这种内涵量及其变化称之为"现象"或"变量"倒是合适得多。当然，"无限"这个词的字面意义似乎不排除把"量的无限"这个词用在其量值可变的那些抽象的内涵量的变化上，因为"无限"就是无限定亦即无规定，就是确定的规定性的缺乏，就此来说那些量值可变的内涵量可以说是无限的，因为确定的量值也是一种确定的规定性。但如果有合适的术语去表述，干吗要用那些极易引起误解甚至会导致曲解或混乱的名词呢？

"量的无限"这个词不适于表述内涵量领域中那些最抽象最低级的内涵量——量值可变的内涵量的变化，但"真无限"这个词用于表述内涵量领域中的本质东西——"量的关系"诸概念却是可以的，因为一切"真无限"都同时是有限，亦即有确定的规定性，须知"量的关系"诸概念都是有确定的规定性的，就此来讲"量的关系"诸概念亦可说是一种"量的真无限"，只要我们明白这个"量"是内涵量。"量的关系"诸概念作为一种"量的真无限"是某种本质东西，至少具有某种不变的本质意义，而数及抽象的量（如空间）领域中的那些"量的真无限"就绝不能说是本质，这是这两种"量的无限"的重大区别。比如，不能说 2 作为真无限是 1.999…这种恶的无限东西的本质，不能说线是陷入恶的无限多的点的本质。同理，相对于"量的关系"诸概念，那些量值可变的内涵量可称之为现象，但对抽象的数和量领域中的恶的无限东西就绝不可称为现象，比如 1.999…及无限多的点都不可说是现象。

三 “量的关系”诸概念的规定性及其发展运动

“量的关系”诸概念是内涵量领域中不变的本质东西，那些其量值可变的直接的内涵量就是该领域中的现象。直接的内涵量一般不会如单纯的数或抽象的量的东西那样可以无限地变大变小，但作为一种直接存在它仍属感性存在，一切直接的感性的存在所必有的本性的外在性是它必会有的。直接的存在的这种外在性对感性的质的东西来说就是质的规定性的变，对属于量领域的内涵量来说就是量的方面的量值的变大变小（比如温度的变化）。又，直接的内涵量作为一种感性物其外在性不仅表现为其量值的大小变化，还表现为内涵量的质的规定性方面的多：有诸多不同质的内涵量（如时间、距离、面积、体积、温度、重量等），故“量的关系”诸概念作为内涵量领域中的不变的本质东西，其不变性不仅有量的意义亦有质的意义。“量的关系”诸概念作为本质东西的不变性在量的方面就表现为量值的不变，是一常数，在质的方面则表现为它（们）是不同种（最常见的是两种）直接的内涵量的统一，因为理性是一不是多，本质东西就是相对于现象的多而言的一。“量的关系”这一概念表明，它（们）作为内涵量领域中的不变的本质东西、作为不同种直接的内涵量的统一形式看首先是不同的直接的内涵量的关系。当然，“量的关系”概念的最高阶段——方幂关系已超出了不同内涵量的关系这种形式，但形式上仍可称之为关系，它是同一个量与自身的自由关系。

尽管“量的关系”诸概念已是某种本质东西，但仍属于量的范畴，故量的概念的基本规定性——单位与数目也是“量的关系”诸概念的基本规定。但“量的关系”诸概念是内涵量领域中不变的本质东西，属于直接的量的东西（包括内涵量）的可变性在“量的关系”概念本身中必然被扬弃。直接的量的东西（包括内涵量）的可变性源于其规定性的两个环节——数目与单位的不相干，故可知单位与数目通常的彼此外在不相干这一外在性在“量的关系”诸概念中这里必然被扬弃，这两个环节在“量的关系”诸概念中必然会逐渐具有内涵愈益丰富和深刻的相关性。下面，我们就具体看一下那三种“量的关系”的具体规定性。

1. 正比关系的规定性及其缺点

正比关系的形式 $k = A/B$，其中 A、B 是两种其量值可变的直接的内涵量，

k作为这两个内涵量的不变的商数是正比关系本身。黑格尔称正比关系是直接的关系，[①] 这是什么意思呢？为什么可以这么说？直接性的一个意思就是最初的，最简单的。正比关系作为两种内涵量的关系，这种关系从量的方面看肯定不是加减，因为加减法只能用在同质的量上，故两个不同质的量的最初最简单的关系只能表现为乘除法。但为何是除法而不是乘法？答案在于直接性概念的另一含义——外在性上。直接性就是外在性。正比关系作为两种不同质的内涵量的最初最简单的关系，这一关系必然是外在的。这不是说作为正比关系的环节的那两个量彼此没有关系亦即不相干，而是说在正比关系所涉的那一量的规定性的全体和统一中，亦即在这个统一所是的单位×数目这一形式或概念中，单位与数目这两个环节是彼此外在不相干的，而这与正比关系本身还不具有量的东西的完整规定性、还不是量的规定性的全体和统一这一点是一致的。这是什么意思呢？黑格尔指出，正比关系并不符合"量的关系"的概念，并没有建立为它应该是的东西。[②]"量的关系"概念作为内涵量领域中的本质东西，作为不同的内涵量的统一，它应当具有量的规定性的全体，应当是量的东西的那两个环节——单位与数目的统一，[③] 这种统一应当是质的而非仅是量的。没有质的意义的仅仅量的方面的统一就是诸多不相干东西的堆积，对抽象的数或量的东西来说就是加法，比如任何一个自然数形式上看都是这种徒具形式的仅仅量的统一，比如自然数5就是5（作为数目）个1（作为单位），就是5个单位的外在凑合。真正的统一应当有质的意义，这种统一应当扬弃统一在其下的诸多东西的外在性，这种统一在量的领域只能表现为乘法。固然在无质的单纯自然数的运算中已有乘法，但黑格尔指出，乘法中"因数（即乘数和被乘数）的关系是互为单位和数目，不像在加减法里那样是增多和减少的关系，而是一种质的关系"[④]，就是说乘法依其概念是有质的意义的，乘法的概念是单位×数目，在这里单位与数目具有质的差异。在无质的自然数中单位与数目没有质的差异，在那里二者的区别只是徒具形式，故那里的乘法也是徒具形式，只是某些特殊情况下的加法，与加法完全等价。乘法的概念，乘法作为彼

---

① 参看黑格尔《逻辑学》上卷，杨一之译，商务印书馆，1976，第341页。

② 黑格尔：《逻辑学》上卷，杨一之译，商务印书馆，1976，第343页。

③ 参看黑格尔《逻辑学》上卷，杨一之译，商务印书馆，1976，第343页。

④ 黑格尔：《逻辑学》下卷，杨一之译，商务印书馆，1976，第53页。

此有质的差异的单位×数目这样的有质的意义的统一，要到内涵量这种有质的意义的量中才会出现。黑格尔指出，定量的概念是在内涵量中才达到的，[①] 就是说合乎量的概念的量是有质的意义的内涵量，只是在内涵量这里，量的两个环节——单位与数目才开始有质的差异，单位×数目作为定量概念的全体和统一才可能有真实意义。

但直接的内涵量只是使单位与数目有了简单的质的差异，而这源于在内涵量中单位有了质的意义。但直接的内涵量的单位这一环节所具有的质的意义尚是抽象的直接的，这种质仅在质的方面是规定了的，其量的方面仍未规定，亦即直接的内涵量的那两个环节——单位与数目仍是彼此外在不相干的，比如温度这种直接的内涵量就是如此，无论是10℃还是20℃都是温度，温度这种内涵量的量的方面亦即数目与它的质亦即单位不相干。直接的内涵量的这一缺点使得单位×数目这一量的概念的全体或统一仍处于不确定之中；这一点表现为，直接的内涵量其量值总是变动不居，所以说直接的内涵量只是内涵量领域中的现象。

直接的内涵量的这一缺点在正比关系中被克服了，正比关系本身在量和质两方面都是确定的，明确规定了的。但正比关系仍是有缺点的。正比关系是一种“量的关系”，“量的关系”概念作为内涵量领域中的本质东西应当具有量的规定性的全体和统一的意义，应当是量的东西的那两个环节——单位与数目的统一，[②] 这种统一的形式是乘法：单位×数目。但正比关系只构成了其所涉的量的规定性的全体中的一个环节，还不是量的规定性的全体和统一。正比关系的这一缺点从其形式上即可看出。正比关系的形式是 k = A/B，是除法不是乘法。k = A/B 等价于 A = k × B。从中可以看出，正比关系所涉的那一完整的量是 A，构成正比关系的另一环节的量 B 是从属于 A 的，甚至正比关系本身（k）亦是从属于那只应是它的一个环节的 A 这个内涵量的。量的规定性的全体和统一乃是单位×数目，很明显在这里正比关系并不具有作为量的东西的全体和统一的意义，而它作为一种“量的关系”依概念应当具有这种意义，这就是正比关系的矛盾和缺点。矛盾在于，形式上看只应是正比关系的一个环节的东西在正比关系中反倒成为量的规定性的全体或统一，正比关系作为一种量

---

① 《小逻辑》§104。

② 参看黑格尔《逻辑学》上卷，杨一之译，商务印书馆，1976，第 343 页。

的关系依概念应成为这种全体或统一，实际却只是这个全体的一个环节，亦即只是单位（如果把 k 看作单位把 B 看作数目的话）或只是数目这一环节（反过来，把 B 看作单位把 k 看作数目）。这一矛盾的解决构成了向反比关系的过渡。

正比关系的缺点亦可这样看。正比关系的形式是 k = A/B，这等价于 A = k × B，其中 A 是正比关系所涉的那作为规定性的全体的量，虽说它同时亦是正比关系中的一个环节。A 作为这里的量的规定性的全体和统一，作为单位 × 数目，其单位与数目这两个环节仍是不相干的。比如把 k 认作是单位，它的数目 B 与 k 不相干，就是说 B 的值是可变的，不确定的，与 k 没有关系，当然这与 A 这一在这里作为规定性的全体和统一的量其值是可变的、不确定的这一点是一致的。这就是正比关系的另一缺点：量的规定性的全体和统一在正比关系中并未得到规定，并未达到。至此我们可以明白本小节刚开始时提到的，为何黑格尔说正比关系只是直接的量的关系？这种直接性意味着什么？为何说这种直接性对量的东西来说是一严重缺点？直接性就是外在性。正比关系作为一种“量的关系”所是的这种直接性亦即外在性表现为，正比关系在其所涉的那一量的规定性的全体和统一（其形式是 k × B）中，正比关系作为这个统一中的一个环节与这一统一中的另一环节不相干，这表现为在 k × B 这个形式中 B 这个量可以任意变，B 的值与 k（即正比关系本身）不相干。这二者的彼此外在或不相干乃是量的那两个环节——单位与数目的不相干，须知 k 和 B 在正比关系所涉的那一量的规定性的全体和统一中一个是单位一个是数目，所以说在正比关系那里构成量的概念的那两个环节的关系是直接的，亦即是彼此外在不相干的。顺便说一句，以上讨论告诉我们，在同样是可变的直接的内涵量领域，某些内涵量与另一些内涵量相比具有某种本质意义，虽说这种本质意义是很抽象的，这表现为这种“本质”的量的方面亦即其大小仍是可变的，比如重量和体积都是直接的内涵量，但重量相对于体积具有某种本质意义，这从物体的重量与体积之比是一作为正比关系的常量（即比重）这一点即可明白。

以上所言的正比关系的矛盾及诸多缺点根本说来是一个：正比关系只是它所涉的量的规定性的全体或统一中的一个环节，还不是“量的关系”概念所应是的这个统一本身，现在这个统一本身亦即量的规定性的全体应当成为“量的关系”的现实内容，这样的“量的关系”就是反比关系。

2. 反比关系的规定性及其缺点

正比关系不符合“量的关系”的概念，不具有作为量的规定性的全体和统一的意义，这一意义由反比关系达到了。反比关系的形式是 $k = A \times B$，其中 k 是反比关系本身，其量和质两方面都是明确规定了的，是一常量。A 和 B 相对于反比关系本身亦可说是两个直接的内涵量，只是这个直接性与构成正比关系的两个环节的那两个直接的内涵量的直接性不是一回事。这里可以回答一个问题：为何正比、反比和方幂关系这三种“量的关系”本身都是在质和量两方面都明确规定了的常量？这个问题应当这样来回答。“量的关系”诸概念都是内涵量领域中的真无限，而一切真无限都同时是有限，亦即是明确规定了的具体规定性，须知真无限同恶的无限的区别就在于它有确定的肯定的规定性，而对量的东西来说就是一确定的量值这样的简单东西，这个确定的量值或简单东西作为一种确定的内涵量无论是质的方面还是量的方面都是明确规定了的，否则就不能说它是明确规定了的有限东西。当然，明确规定了的规定性其确定性大部分时候是相对而非绝对的。比如，正比和反比关系本身所是的那一常量作为一明确规定了的简单规定性其量值根本说来是相对的。对扬弃于它（们）之下的诸直接的内涵量来说它（们）当然是绝对的，对那些没有能力扬弃它们的其他内涵量来说它（们）也显得是一绝对不变的常量，但对那有能力把正比和反比关系扬弃于自身内的“量的关系”——方幂关系来说，正比和反比关系本身所是的那一常量其不变性就是相对的。比如，如果地球绕太阳的公转运动这一方幂关系有变，比如公转周期改变了，那么地球上的几乎所有的正比关系（比如所有物质或物体的比重）都会变，很多反比关系也会变，比如对地球来说开普勒第二定律所是的那一反比关系就会变。对黑格尔及黑格尔之前的人来说，方幂关系就是太阳系中的天体运动——这首先是行星的公转运动——的纯粹内容。考虑到那个时代的人对太阳系之外的宇宙并无多少认识，所以说对黑格尔及黑格尔之前的人来说，对牛顿力学尚是唯一成功的数学化的自然科学的那一时代来说，行星的公转运动这种方幂关系所是的那个常量（比如地球的公转周期）才无条件地是绝对的。

我们回到反比关系这里。从数学上看，反比关系的形式 $k = A \times B$ 同正比关系的形式 $k = A/B$ 没有本质区别，二者都是有两个变量的等式（k 是已知常数）。其实二者有重大的质的差异。数学看不出这二者的本质差异，是因为数学就其自觉的思维水平来说只是一种知性科学。思辨逻辑学所说的质是概念或规定性及其运动，而知性思维的自觉思维水平只是抽象的同一律，它把一切质的差异事实上都抹平了，对属于完全超越的领域——既超感性又超知性——的这种质的东西及其运动完全无知。

我们下面将主要通过把反比关系与正比关系相对比来把握反比关系。把正比关系的形式改为 A =k×B，这样反比关系与正比关系的质的差异就暴露出来了。真理是能动的全体，真理是从抽象到具体的发展。相对于具体的东西，抽象的东西就只是部分或环节，且不具有能动性，只是被动而非能动。在有质的意义的内涵量领域中，最高真理是能自己规定自己的能动的量，其他量的东西都是扬弃在它之下的环节。这种具有最高真理性的量其形式或概念就是方幂关系。在内涵量领域，量的基本规定性仍是单位与数目这两个环节，故那开始具有真理性的量必然具有单位×数目这一形式，因为真理作为全体是这一全体中的各环节的统一，而在量领域中统一的表现形式是乘法。我们知道正比关系未达到这种形式，但它指涉这种形式。显然反比关系具有这种作为全体中的各环节统一的形式，所以说反比关系是已开始具有真理性的量。反比关系的形式是k（反比关系本身）=（作为单位的A）×（作为数目的B）。当然A和B直接看去，或者说在这一关系或形式之外（这当然不是说A、B能逃脱它们所从属的那一反比关系的支配），它们都是某种直接的似乎彼此不相干的量值可变的内涵量，但在这一反比关系中，它们各自只是这一反比关系本身所是的内涵量的单位和数目这两个环节。当然，A和B哪个算作单位哪个算作数目是无所谓的。

在反比关系中，量领域的真理作为量的概念的全体亦即量的规定性的全体和统一开始达到了，这表现为在反比关系这里，那作为量领域中的全体和真理的那个量的东西本身是一个明确规定了的不变的常量。真理作为积极的肯定的无限必然同时是一个确定的有限，所以说在反比关系这里这样的真理开始达到了，这一真理就是反比关系本身。在正比关系那里就完全见不到或未达到真理。我们前面已经阐明，正比关系本身只是正比关系所涉的那一量的东西的全体中的一个环节，而其所涉的那一量的东西的全体并不具有真理性，因为这一作为全体的量是不确定或未规定的，须知真理作为确定的肯定的东西必须具有确定的规定性。正比关系的这一缺点从正比关系的形式中即可看出。正比关系的形式等价于 A =k×B，那只是正比关系的一个环节的直接的内涵量 A 就是正比关系所涉的那一作为全体的量的东西。作为全体它应当具有真理性，但它的两环节——单位（k）与数目（B）彼此外在互不相干，致使这一本应是真理的东西其规定性却是不确定的，完全不具有真理性，所以说在正比关系这里我们只能见到某种不变的本质东西（此即正比关系本身），却见不到真理。而反比关系不仅仅是内涵量领域中的一个不变的本质东西，亦是开始具有真理性的东西。

反比关系开始具有真理性，这与在反比关系这里那作为全体的量中的两个环节——单位与数目有了密切关联这一点是一致的，虽说在这里还不是单位决定数目（此即单位充分地规定数目）。在正比关系那里是单位与数目毫不相干，在反比关系中则是：单位通过反比关系本身（k）这一中介来规定数目，这在反比关系的形式中即是：若单位（比如 A）确定，则通过 k = A×B 这一反比关系形式数目（B）这一环节就被单位规定了。但从中亦暴露了反比关系的缺点：反比关系还不是自己规定自己这种最高的自由的量，这表现为反比关系本身作为一个明确规定了的内涵量，它还不能自由地——亦即仅依据自身——来规定自身中的各环节，因为构成反比关系这一内涵量的那两个环节有一个（比如 A）并不是来自反比关系自身，对反比关系来说这个环节是偶然的外来的，是已开始具有真理性的反比关系自身决定不了的，所以说反比关系只是开始具有真理性，还未充分达到量领域的真理，反比关系所是的那种真理性还不是自由，这种作为量领域中的自由东西的充分意义的真理就是方幂关系。

3. 方幂关系的规定性

前面对正比关系和反比关系的讨论事实上已经道出了何谓方幂关系。明白了正比关系和反比关系的缺点，说明白方幂关系是怎么回事就简单了。方幂关系的形式是 k（一常量） = A^2 =（作为单位的）A×（作为数目的）A。方幂关系本身是一常量，但这一常量的来历与正比和反比关系这两种“量的关系”本身所是的常量不同。方幂关系是量的东西的绝对的自身关系，这一自身关系本身所是的那一明确规定了的简单规定性（此即常量 k）完全来自自身。但正比和反比关系本身所是的那一简单规定性根本上并非来自自身，因为这两种“量的关系”都有自身扬弃不了的某种外在性，正比和反比关系本身所是的那一规定了的简单规定性其量值的某种偶然性或外在性就根源于此。但这种外在性在方幂关系中完全被扬弃了。方幂关系是正比关系和反比关系的真理，故可知正比和反比关系本身所是的那一简单规定性的具体量值只有在方幂关系这里才能得到充分解释。比如，重力加速度是自由落体运动这一未达到方幂关系的"量的关系"本身所是的那一简单规定性，其具体规定性或量值对自由落体运动这种"量的关系"来说就具有偶然性，此即：地球表面的重力加速度为何是9.8m/s^2，这只有在地球的公转运动这一方幂关系那里才能得到充分解释。

方幂关系是"量的关系"之达到完成和真理，是内涵量领域中完全自身规定的自由的量。显然，说"量的关系"概念是内涵量领域中不变的本质东西，这个说法对正比和反比关系这两种"量的关系"来说没有问题，但把它用到方幂关系这里就不充分了，因为方幂关系不仅仅是内涵量领域中的某种本质东西，它同时还是超越并扬弃了一切本质东西的自由，是内涵量领域的理想或概念。自由与本质的区别在于，自由是能动地把自己建立为自己要去规定和超越的那些有限物特殊物，致使那超越的自由本身作为普遍物和行规定的东西，这种普遍物并非外在于其所要规定的有限物或特殊东西，这使得在这里超越的普遍物对特殊物有限物没有任何外在性，反之亦然。未达到自由的本质东西对其所要规定的特殊东西来说固然亦有某种普遍性，但这种普遍性或本质东西对其所扬弃的特殊东西来说总有某种外在性，反之亦然。在正比关系和反比关系这两种具体的本质东西那里都有这种外在性，这是我们已经知道的，这里无须赘言。

方幂关系的形式首先与反比关系的形式一致，都是单位×数目，因为它们都达到了量领域的真理，都是量的规定性的全体和统一。但反比关系只是开始具有真理性，方幂关系则是量领域中真理的完成，这表现为方幂关系这种内涵量的所有环节都完全来自方幂关系本身。方幂关系的形式仍是单位×数目，其中单位是方幂关系本身所是的那一内涵量的自为存在环节，数目是这种自为存在的为他存在环节。方幂关系是完全自己规定自己的返回自身的自由的量，这意味着这种内涵量的为他存在环节亦即数目完全来自它的自为存在环节——单位，就是说在方幂关系这里量的东西的外在性亦即为他存在方面完全被扬弃了。扬弃不是取消，而只是被更高的环节——单位亦即量的自为存在环节所充分规定。量的规定性的全体和统一是单位×数目。量的外在方面被其自为存在方面充分扬弃或规定，而这两个环节作为量的东西的环节都是量，故在方幂关系这种内涵量中其外在性方面的量值——亦即数目——完全由自为存在方面的量值——此即单位的量值——所决定，这种单位充分决定数目的最简单情况就是数目的值 = 单位的值，故可知《逻辑学》所说的那种方幂关系［其形式是k =（作为单位的）A ×（作为数目的）A］乃是方幂关系中最简单的一种，这意味着圆周运动和椭圆运动是由方幂关系所支配的最简单的运动。为何月球的公转运动近乎圆周运动？为何太阳系行星的公转运动是椭圆轨道运动？为何有稳定轨道的天体的公转运动的周期、轨道半径等都是常量，根本缘由在此。比如，太阳系行星公转运动的周期 T 就是由 k（一常量） =（作为单位的）T ×（作为数目的）T 这一形式决定的。

对规定行星公转运动周期的上述这种方幂关系有一有趣之处值得特别说一下。行星运动的周期是一种量，是数目，这好理解，但作为单位或质的东西的行星公转周期是什么意思呢？行星公转周期是有质的内涵或意义的量，这句话可以简单理解为行星公转周期作为时间是一种内涵量，这种内涵量的质首先就是作为一简单、抽象的质的规定性的时间本身。时间不是空间，不是重量，不是温度，时间这种内涵量与空间、重量、温度这些内涵量有客观的质的差异。但与空间、重量、温度等客观区别开的时间是大家熟知的抽象的常识时间，这种常识时间观认为时间是一维、不可逆和线性的，时间无论向后追溯还是向前进展都可以无限地进行。常识观念还认为时间与空间、物质和运动都是不相干的，可以有时间没有空间，也可以有空间没有时间。时间中可以空无一物，时间中的物也可以完全静止不动，就是说时间与运动可以毫不相干。我们知道牛顿力学的时间观就是如此，上述常识时间观与牛顿力学的时间观是一样的。现代物理学已经否定了这种形而上学的抽象时间观，现代物理学认识到时间和空间都是有质的，这个质不是人们熟知的常识时间所是的那一使得其与空间、重量、温度等客观区别开的抽象质，常识时间观所说的时间作为一种内涵量其所是的质就是这种抽象质，而现代物理学对时间的质的认识比常识时间所是的这种抽象质深刻得多。现代物理学认识到空间和时间可以是弯曲的，时间有最小单位，时间和空间都是有开端的（此即著名的大爆炸宇宙论所言），这些认识所说的都是那种常识不知道的时间和空间深刻的质的方面，把《逻辑学》的方幂关系概念应用于开普勒第三定律而得到的作为单位或质的东西的行星运动周期，其所是的这种质或单位与现代物理学对时间的质的认识就同属一类。

但与方幂关系概念所表述的与天体运动相同一的作为单位或质的东西的行星运动的周期这种时间却有一种似乎被广义相对论所忽视的奇妙之处。广义相对论认识到巨大质量的恒星周边会引起空间弯曲，这种弯曲会成为封闭的圆或椭圆，行星运动的圆或椭圆轨道即由此而来。但相对论力学却忽视了——至少是不强调或不重视——巨大质量的恒星亦使时间弯曲成封闭的圆或椭圆。但从行星运动的周期T所满足的那一方幂关系必然得出如下结论：时间不仅如现代物理学对空间所认识到的那样是弯曲的，而且这种弯曲是彻底的，它具有如圆或椭圆这种回到自身的循环形式，因为满足k=（作为单位的）T×（作为数目的）T这种方幂关系形式的量的东西乃是圆或椭圆形式的运动，这是本文前面（第一节）已经阐明的。把方幂关系概念用于理解开普勒第三定律必然得出这一结论，黑格尔明确认识到这一点。他说，圆周运动作为时间“是自相联结为一体的现在、过去和将来，是这些维度的漠不相干（亦即无区别。笔者注），以致过去就是将来；同样，将来也就是过去。……时间的真理在于：它的目的是在过去，而不是将来。……正是运动的本质扬弃了现在、过去和将来的区分”①。能扬弃现在、过去和将来这三种时间维度的区别的只能是回到自身的圆周形式的循环时间，这种时间源自自由的天体运动，只有这种无条件的绝对运动才配称为“运动的本质”，而与这种绝对运动相同一的回到自身的圆周形式的循环时间亦堪称时间的最深刻的本质。以上这段话与黑格尔下面关于自由的天体运动之所言意思是一样的：“作为发达的总体的环节，时间又同时在其特定的统一、自为的总体中产生它自身，并在其中自己与自己相关联；时间作为内部无维度的东西，在它的产生过程中也仅仅是达到形式的自相同一性，即平方。”② 说圆周运动或行星运动的时间是“作为发达的总体的环节”，这个发达的总体就是合乎方幂关系概念的行星公转运动，时间是它的环节。时间本身亦是一种“自为的总体”，因为时间作为与运动着的物质不可分离的东西，其概念与物质及其运动根本上是同一的，故当物质及其运动符合方幂关系，亦即这种运动是自己规定自己的自由的天体公转运动时，随着运动着

① 黑格尔：《自然哲学》，梁志学、薛华等译，商务印书馆，1980，第59页。

② 黑格尔：《自然哲学》，梁志学、薛华等译，商务印书馆，1980，第94页。

的物质成为自己规定自己的这种“发达的总体”，这种运动的周期或时间也必然成为一种“自为的总体”，这种“自为的总体”作为一个真无限自然有其确定的规定性，亦即是一种“特定的统一”，其形式就是 k =（作为单位的）T ×（作为数目的）T 这种方幂关系，其中时间与自身的“特定的统一”作为在先的东西就是这一方幂关系本身所是的那一确定的简单规定 k，它自为地亦即能动地“产生它自身，并在其中自己与自己相关联”，这就是作为行星运动的周期（T）与自身的在先的特定统一的 k，k 就是这一在先的自为的特定统一本身所是的那一简单东西，它把自己建立或区别为（作为单位的）T ×（作为数目的）T。由于行星运动的周期或时间具有返回自身的圆周形式，故这种时间就成为“内部无维度的东西”，亦即过去、现在、将来这三个时间维度的区别事实上被扬弃了，返回自身的圆周形式的时间建立了这三个时间维度的同一性，须知这三个维度的区别只有在把时间看作一种无质的意义的纯然外在的量的东西、一种永不回返的线性时间时才能维持。

黑格尔的与其方幂关系概念相联系的空间、时间、物质和运动的学说至少在原则上预言了广义相对论，这是有识者不能不承认的。但本文上面的讨论表明，《逻辑学》方幂关系概念用于理解自由的行星运动时，产生了与现代物理学完全一致的空间与时间的弯曲，甚至是圆周形式的循环时间，并且为这种洞见提供材料的竟是其时空观与毫无思想的常识时空观无别的牛顿力学，这不能不令人惊叹。不仅是那弯曲的乃至圆周形式的循环时间观令人惊叹，黑格尔概念辩证法的威力、其“量的关系”方幂关系等概念的威力更令人惊叹。

本文至此的讨论表明，《逻辑学》“量的关系”概念相当成功地理解消化了那个时代唯一成熟的数学化的自然科学——牛顿力学，这一概念甚至能使黑格尔的某些洞见远远走在当时科学的前面，“量的关系”概念的这种威力不能不说是对黑格尔的概念辩证法的威力及真理性的一有力证明，是对其思辨逻辑学的真理性的一有力证明。以上所言启示我们，在经验思维至上、科学主义实证主义盛行、昔日超越的形而上学思辨几被遗忘的今天，黑格尔的概念辩证法值得一切不甘沉沦于鸡零狗碎的分析理性和工具理性的泥沼中、对超越的思维和真理尚有憧憬或热情的人们予以最认真地对待。黑格尔为理解消化他那个时代的科学做了惊人的努力，并取得相当成功，这对今天那些不甘于哲学与科学的分裂、尚抱有普全理性或知识统一的理想的人们来说亦是一巨大鼓舞。今天的哲学远落后于科学，纯粹理性在呼唤今天的黑格尔。

四 “量的关系”概念与《逻辑学》全体的相互映现关系

本文至此的讨论已充分阐明，“量的关系”（quantitative Verhältnis）概念说的就是内涵量领域中不变的本质东西，其定在或实存乃是数学化的自然科学中的诸本质东西——数学化的规律和物理常数，这种本质东西从形式上看是两个可变的内涵量的关系，只是这种“关系”对内涵量领域那些量值可变的内涵量来说反倒是在先的，所以说是一种本质，而那些量值可变的内涵量就是这一领域中的现象，故可知这个概念中的 Verhältnis 应译为“关系”而非“比例”或“比率”。在《逻辑学》本质论中黑格尔大量使用这个词。本质论阶段的概念都是成对的，每一对概念都是某种本质与现象的相互映现关系，黑格尔对这种关系也是用 Verhältnis 一词。《逻辑学》中“关系”（Verhältnis）与本质的这种密切关联表明，其内涵乃是内涵量中的本质东西的 quantitative Verhältnis 这个词，其中的 Verhältnis 只能译为“关系”。

“量的关系”概念说的是内涵量领域中不变的本质东西，那三种“量的关系”作为这一领域中的本质东西一个比一个深刻，这是我们已经知道的。但“量的关系”概念的结构及诸概念的关系还有更深刻的奥秘。能够阐明，“量的关系”概念作为内涵量领域中不变的本质东西，其发展的三个阶段其实是与《逻辑学》本质论和概念论阶段的概念发展相呼应的，具体说来就是，“量的关系”的三个阶段——正比关系、反比关系、方幂关系与本质论中的现象、现实及概念论所说的概念这三个阶段相呼应，前者不过是后者在“量的关系”领域中的预演罢了，或者说，正比关系、反比关系、方幂关系这三者分别是被本质论中的现象、现实及概念论所说的自身规定的自由概念自在地中介了的量的东西，“量的关系”概念借这三个环节在量的范围内经历了从本质到概念的发展。“量的关系”概念之前的直接定量（数及直接的内涵量）相当于量领域中的存在论，这表现为，数及直接的内涵量都是简单的直接存在。诚然，数或直接的定量的规定性有单位与数目这两个环节，其中单位是自为存在，数目是为他存在，但在直接的定量中这两个环节要么是没有质的差异，二者的差异仅是形式的，这是在单纯的数那里的情况。要么是单位有了质的意义，这使得单位与数目有了质的差异，但数目仍仅是单位的外在重复，数目的规定性与单位的规定性仍是不相干，直接的内涵量就是如此。但“量的关系”概念就不一样了。在“量的关系”概念中，单位与数目这两个环节不仅有了质的差异，二者的规定性亦开始有关联，并且这种关联越来越深刻。下面我们就说一下，“量的关系”概念的三个阶段为何说是纯粹思维后面的从本质论到概念论这一逻辑运动的预演，这一点是如何表现在单位与数目这两个环节的关联上的。

在正比关系中，单位与数目的关系与本质论中的现象阶段相似。在本质论的现象阶段，本质是自为存在，现象是为他存在。虽说现象和本质是相互映现的关系，现象是本质的反映或显现，本质是现象的本质，二者是不可分离地关联在一起，但这一阶段，现象作为本质的显现却显得是与本质不相干的仅仅外在的非本质的东西，无关紧要的东西，被认为与真理不相干。真理被认为仅属于本质，本质显得是与现象不相干的仅仅内在的不变东西。由此可知，本质论现象阶段的缺点是，真理自在地所是与自为地所是这二者的分离。真理是全体，这在本质论阶段就是：真理是本质（自为存在）与现象（为他存在）的统一。但现象阶段的缺点是，在这里真理仅被认为是本质，现象则被认为是非本质的，无关紧要的，与真理不相干。显然，真理是全体，是本质与现象的统一，这一点在本质论的现象阶段并未实现。

正比关系其实是本质论现象阶段在量领域中的预演，本质论现象阶段的这一缺点也是正比关系的缺点。正比关系是 $k = A/B$，其中 k 是正比关系本身，是一常量，A、B 是受这一常量 k 约束的两个可变的内涵量。现在把正比关系记为 $A = k \times B$，这一形式的改变使正比关系与本质论现象阶段的同一性及其同样类似的缺点显明出来了。在正比关系中 k 是单位，B 是数目，A 是正比关系中的概念的全体，故应是真理，因为真理是全体，是自为存在与为他存在的统一，这在正比关系中就是 $A = k \times B$，须知当两个量质的意义不同时，乘法具有这两个有质的差异的东西的统一这一意义。故可知在正比关系中真理亦即概念的全体乃是 A 这个内涵量，这表现为 A = k（作为自为存在的单位）× B（作为为他存在的数目），这与本质论阶段真理是本质与现象的统一这一点类似。为何说正比关系只相当于本质论的现象阶段？因为前者的缺点与后者是一样的。在正比关系中真理被认为只属于 k 这个作为单位的不变本质或自为存在，B 作为数目亦即为他存在被认为是无关紧要的，与真理或本质不相干。至于另一个内涵量 A，它作为自为存在与为他存在的统一本应被认为是真理，在这里同样被认为是无关紧要的，与真理不相干的。正比关系的这一缺点充分证明它只是“量的关系”中的现象阶段。

如同本质论现象阶段的缺点在本质论的最高阶段——现实性中被克服一样，正比关系的缺点在反比关系中同样被扬弃或克服了。本质论现象阶段的缺点乃是，真理作为本质（自为存在）与现象（为他存在）的统一，这一点并未在现象阶段实现出来，在那里真理被认为只属于与现象对立的本质。但在本质论的最高阶段——现实性中这一缺点被克服了。在这一阶段本质或真理被认为是充分实现在现象中，现象无论如何变化都被认为完全是本质的显现或实现，这表明真理是本质（自为存在）与现象（为他存在）的统一这一点在本质论的现实阶段实现了。同样的事情亦发生在反比关系中，因为反比关系不过是量领域中的现实性这种本质。反比关系的形式是 $k = A \times B$，其中 k 是反比关系本身，是一常量，A 和 B 是两个内涵量，其变化受这一反比关系的约束。在反比关系 $k = A \times B$ 中，A 和 B 的质的意义或规定性乃是，一个是单位或自为存在，一个是数目亦即为他存在，至于二者中哪个算是单位哪个算是数目是无所谓的。当然，在真正的现实性这一本质领域中，作为自为存在的本质或实体与作为为他存在的现象这二者是不容混淆的，也是不可能混淆的。但在量的领域中，即便本质或实体与现象的质的差异及它们的统一会以某种量的形式预先显现，由于量这种东西的抽象性，它并不适合表达真正的本质东西，故一些本质性的差异会牺牲掉，亦即被抽象掉，本应具有质的差异不容混淆的某些东西就会仅具有形式的区别，在反比关系中就发生了这种情况。但尽管有这种牺牲，反比关系是现实性这种最高本质在量领域中的显现，这是无可置疑的，反比关系确乎在量的领域内把现实性这种最高的本质东西显现或实现出来了。在反比关系 $k = A \times B$ 中，k 作为反比关系被认为是真理，它也确乎是真理，因为它被认为是自为存在或本质（在这里是作为单位）与为他存在或现象（在这里是作为数目）的统一（在这里是作为乘积）。

但反比关系仍是有缺点的，它的缺点与它自在地所是的现实性这种本质东西的缺点是一样的。现实性这种本质东西的缺点是，虽说作为概念的全体的真理被它达到了，但在这里真理的形式不符合真理的概念。真理的概念亦即理想乃是：真理是绝对的一，这个一是自己规定自己的自由东西。真理作为自由的概念乃是在自身中建立区别，同时又完全扬弃了这个区别，因为它知道区别开的对方与自己是完全同一的，故真理是不是区别的区别，是它与其自身的统一。显然，现实性这种本质或真理不符合真理的概念，因为它形式上看仍是两个东西（本质与现象）的统一。这一缺点同样表现在反比关系中。反比关系 $k = A \times B$，A 和 B 是两个不同的量，反比关系被认为是两个不同的量的统一。

现实性这种本质东西或真理的缺点在自己规定自己的自由的概念中被克服了，这一点同样发生在“量的关系”领域的最高阶段——方幂关系中。方幂关系的形式是 $k = A^2 =$（作为单位或自为存在的）A ×（作为数目或为他存在的）A，其中 k 是一常量。方幂关系的概念亦即质的意义乃是：一个量（k）否定自己（此即量的东西的运动），使自己成为区别开或对立的两个量（此即这一量的不断超出自己），但这一区别或对立在自身中同时又完全被扬弃了（此即超出和被超出彼此消失在对方中，证明超出和被超出的这两个量其实是同一个量），因为区别开的每一方在被对方否定时同时又完全是回到自身亦即肯定自身（此即超出自己成为自己的他物，同一地亦是回到自己），这证明这个量（k）是由自身否定所区别开的那两个量的同一性，亦即这两个量是同一个量。但作为由自身否定所区别开的量又是有质的差异的两个量，须知没有质的差异的两个量彼此只是互为他物（比如一条直线各部分的彼此外在），不可能来自自身否定，故可知这个量（k）是由自身否定而来的那既有质的差异又完全同一的两个量的统一。这两个量其实是同一个量（k）的两个有质的差异的环节，一个环节是不断地超出自身，此即数目或为他存在这一环节，一个环节是不断地回到自身，此即单位或自为存在这一环节，这个量 k 就是它的这两个环节的永恒的相互过渡，这一相互过渡证明这个量（k）的这两个环节是同一的，这个量本身（k）就是具有同一性的它的这两个环节（单位与数目）的统一，这一统一的形式或概念就是：k =（作为单位或自为存在的）A ×（作为数目或为他存在的）A。显然，永恒地在返回自身的圆周运动和椭圆运动都是这种自由的量。故可知方幂关系乃是量领域中的自由概念，是概念论阶段的自由概念在量或“量的关系”领域中的预演。

定量及“量的关系”领域中诸概念竟然有一种《逻辑学》全体所有或所是的从存在经由本质而达到概念的三一体结构，“量的关系”诸概念作为量领域中的本质东西其结构与发展竟然与《逻辑学》从本质论到概念论的发展有具体的映现或呼应关系，这可以说是解开了“量的关系”概念的一大奥秘。这一发现不仅对我们深入理解“量的关系”概念意义重大，定量及“量的关系”诸概念与《逻辑学》全体的相互映现关系无疑是对《逻辑学》的“存在”、“本质”、“概念”这一动态的内在目的论的三一体结构的生命力和真理性的一生动有力的展示和证明。

又，以上对“量的关系”概念的详细考察充分显明了《逻辑学》所说的量与常识表象及科学所说的量的莫大差异，这个差异就是数或量的表象与量的概念的差异。以上所言充分阐明，常识及科学（物理学和数学）所说的量不过是《逻辑学》所说的作为一纯粹概念的量的显现，量的概念把常识及科学所说的极多不同的量统一或浓缩了，甚至把后者认为其是不属于量的东西（比如运动着的物质）亦统一和消化在量的概念之下，显示了思辨逻辑学这种纯粹思维的巨大而惊人的威力。又，以上对“量的关系”概念的详细考察实际就是对量的概念的那两个环节——单位与数目的考察，这一考察向我们显露了黑格尔哲学语言的一个特点。黑格尔喜欢旧瓶装新酒，不喜欢造新词，而是尽可能对已有的旧词语赋予新的含义。我们或许可以批评黑格尔的这个做法有点过了，用单位与数目这两个表象熟知的无丝毫深刻意义的术语来表述如此深刻的思想。黑格尔哲学中的这种确乎过头的做法很多，比如《逻辑学》概念论所说的概念、判断和推理与常识表象（如形式逻辑）所说的概念、判断和推理完全不是一回事。但笔者觉得旧瓶装新酒总比杜撰并无实质性新内容的新术语要好，因为后者是不懂装懂故弄玄虚，海德格尔哲学就有这种缺点。其实黑格尔哲学术语的这种旧瓶装新酒的做法是有不得已的客观原因的，这就是表象与概念的莫大差异。其实，《逻辑学》所说的纯粹概念由其本性所决定，其实是超越一切语言的，不管是自然语言还是人工语言，因为语言只是表象层面的东西，只适于用来表达表象水平的东西。[①] 人们熟知的诸科学、数学无论多么抽象深刻，从哲学上看都仅是表象水平的东西，故可以用语言（自然语言

① 拙著《黑格尔〈小逻辑〉解说》第一卷对《逻辑学》开端的那几个概念（纯存在、无、变）不可借语言去表述这一点有详细讨论，可以参阅。

或人工语言）去表达。黑格尔哲学尤其是《逻辑学》的内容是绝对超越的思维，却不得不用人的表象语言形式去表述，这是无可奈何的事。由事情的本性决定，《逻辑学》的诸纯粹概念不管用何种语词表达，词不达意这一点根本上是避免不了的，所以说黑格尔哲学术语上的旧瓶装新酒的做法有不得已的客观原因，从事情的本性来说并无更好的做法。

域外稿件

作为德国唯心主义完成者的谢林[*]

汉斯·费格尔　文/翟欣[**]　译/邓晓芒　校

内容提要　谢林认为费希特对反思性自我把握的逻辑困境的批判陷入了循环论证。为了克服这种循环，谢林让自我意识跨越了主体性的界限，作为“第一性的东西”，这种绝对的自我意识使认知，而且使对反思的直观成为可理解的。谢林称自我意识对自身的这种“认知”为“智性直观”，智性直观之被反思只有通过想象力的审美活动才是可能的。谢林把对艺术产品的审美直观也称作哲学的工具论和凭证。为了能够系统地理解人类自由的本质的问题，谢林给出了一种有生命的、实在的自由概念，为一种不仅把善，而且把恶开启为人类自由的选择权的哲学提供了空间，在此意义上到达了唯心主义的边界。

关键词　谢林　唯心主义　智性直观　艺术　自由

首先我要承认，我这报告的题目不是来自我自己，而是来自唯心主义研究者瓦尔特·舒尔茨，他1955年取得在大学执教资格的论文的标题就是《德国唯心主义在谢林晚期哲学中的完成》，这一首创性的论题认为，不是黑格尔哲学，而是当时还很难被接受的谢林晚期哲学才应被视为德国唯心主义的真正完

---

* 本文是国家社科基金重大项目“德国古典哲学和德意志文化深度研究”（12&ZD126）的中期成果。

** 翟欣（1979—），女，湖北省浠水县人，华中科技大学外国语学院讲师，主要研究方向为德国古典美学与文学。

成。他的论据直到今天仍未失去说服力，该论据认为，唯心主义尝试从主体出发奠定自身的基础，又从主体出发构造世界，在其尝试进程中——该进程始于康德，经由费希特、谢林直到黑格尔——日益把自律的主体性的、本身被设想为各不相同的角色建立在不可追忆的（unvordenklich）根基即人类自律的起源上，而这种根基是不可能被侵占的。最后这个问题变成了致命的：为什么毕竟有理性，因而有曾经促使康德进行了批判的理性的事实（Faktum）？因为每一种想解释这种事实的尝试都必须提供合乎理性的根据，因而都已经以有待解释的理性作为前提了。这种见解的棘手之处在于，理性自身必须认识到它的自我认识（Selbsterkenntnis）终于已被判定为失败的："它认识到它自身的不可理解性，因为它的这个纯粹过程（ihres reinen Daß）的野蛮事实（factum brutum）总是已经抢在了它的思维之先"[①]。在康德那里这种基本事态（Sachverhalt）已经包含在他对第一批判（《纯粹理性批判》）的标题的解释里，可以既把它读作主观属格[②]，也可以把它读作客观属格[③]。批判着的理性与被批判的理性是什么关系呢？它在批判前是一种不同于批判后的理性吗？在谢林看来，如果理性总是想提出一种最终论证的要求，理性的自我认知必定一开始就会遇到给自己预先设想一个合乎理性的理由之不可能——要么就必然会耽于一种毫无希望的相对主义。如果它想要有意义地结束它的自我认知的这番策划（Projekt），它就必须推断出作为理性之根据的超理性的、"不可追忆地存在着的东西（Seyendes）"。只有一种似乎也是反唯心主义的、开始于理解着的理性之不可理解的实际性（Faktizität）的哲学，也就是一种构成着支配主体性自身的基本矛盾的哲学，才有权提出这个标题"德国唯心主义的完成"。如果它成功地，特别是在唯心主义这个开端的一贯性中做到了这一点，它就有望弄清楚哲学直到非唯心主义或后唯心主义的发展的解释进路，这可以是尼采把主体性在"命运之爱"（amor fati）中的不愿领悟（Nicht-Begreifen-Wollen）当作"对永恒轮回的无意义的循环的肯定"的解释进路，可以是克尔凯郭尔的关于自律和罪的悲剧性关系的进路，可以是叔本华的破坏一切理性努力的意志的进

---

① W. Schulz, Die Vorstellung des deutschen Idealismus in der Spätphilosophie Schellings, Stuttgart, 1955, S. 5.

② 指第一格，"由纯粹理性"进行的批判。——译者注

③ 指第四格，"对纯粹理性"进行的批判。——译者注

路，或者是海德格尔的此在在生存本体论上的被抛状态的进路。为了弄清这个观点，我想从谢林的自然哲学开始，在我看来它是对费希特知识学的唯心主义的最明显的反驳和抗议。接下来我要指出谢林的《先验唯心论体系》（1800年）中自然哲学和精神哲学的平等，也就是说，看它们是如何进入艺术的形而上学中并借此预先得到加固的。第三部分我想通过谢林生前最后出版的著作之一《对人类自由本质的哲学研究》（1809年）向大家指明这个问题的视角，即人类的自我规定何以在思辨上如此之深入，以至于它是建立在前反思的（präreflexiv）基础上的。

报告结构：

1. 谢林对费希特的批判：自然哲学的优先地位
2. 艺术作为哲学的工具论和凭证
3. 自由的体系

1. 谢林对费希特的批判：自然哲学的优先地位

我们首先回想下：费希特1795年在他的《知识学》里把康德的反思本应返回到的先验统觉（transzendentale Apperzeption）的纯粹统一的现成状态（Vorhandenheit）消解于“自我”的建立活动之中，这是一种必然产生自身以及与某些确定的东西互相产生的行动（因为任何行动都是由一种它凭借着展示自身的对象来定向的）。自我意识并没有凭经验发现它的对象，为了保持活动，它必须在自己这方面为自己建立起诸对象。此在（Dasein）和所在（Sosein）在这种产生行动中不可分割地就是一个，对象性和自我意识是源始同一的。跟莱因霍尔德的开端（Ansatz）相比，费希特从对事实的选择的不可能性出发，以便宁可让位于实际行动，实际行动才产生出事实来。施托尔岑贝格先生在他的报告中强调了“自我”这种观念的凭借构词的本性：随着“自我”这种观念的实行，同时在这观念方面也提供了一种现实性（Wirklichkeit）的意识，这一实行是维持这种观念的。但是他也认可这点：从一个自我之外的对象的单纯观念中当然推不出这个对象也实存着。

那么我们就遇到问题了：因为恰好在这里，早在1795年，谢林，还有荷尔德林和诺瓦利斯的批判就已经借助于对根据和后果在自我意识的奠基功能中的区别开始了。这就是诺瓦利斯说的，“自我永远不可能由于某种理由而得到绝对的提升”，因为否则的话它就会“自行停止”[1]。他认为，费希特虽然正确地指明了自我是如何凭借它的自我意识的实现同时成为现实的，但他并不能解释“自我”从“我在”中作出的回应。自我不丧失其作为超验根据的角色的地位，它就不可能被解释为自我和非我之间某种自身中介过程的结果。费希特卡在一种自我意识的单纯理论中。在费希特的生产原理的语境中，这个自我只能“以否定的方式成为我一切哲学思考的根据”[2]。因此康德的反思原理的复归又以潜在的形式作为费希特的生产原理中的坏的无限性而再次浮出水面。

与荷尔德林和诺瓦利斯一起，年轻的谢林也支持这种异议：在他的第一部真正原创性的著作《自我作为哲学的原则》（1795 年 4 月）中，就使绝对自我作为康德 - 费希特批判主义最高原则的这一奠基功能成为问题，其证据就是，如果它不是也被视为“一切实在性的原始根据”[3]，它就不能作为我们知识的最终的实在根据发挥作用。谢林在《对哲学体系的进一步阐述》（1802 年）中写道，把意识锚定在一个自我的绝对行动（Tathandlung）中，这只是通过“将解释的根据推延至无限”来转移反思模式的矛盾，因为如所引费希特的话所说的，“那（在外部的 = 不依赖于我而）独立的东西再次成了我的思维能力的单纯产物”：

> 以这种方式，在自我和非我之间的、本应得到平息的争执被推延到了一个无限的进程中；在当代，哲学必须预测永恒，但是我们也同样精确地经历着我们以往所知道的东西，并且还会经历的是，我们将在这一循环的一切永恒性中被理解，在这个循环里，“无”（Nichts）通过与另一个“无”的关系而获得实在性（Realität）。[4]

由于自我意识是对一种先行的无限东西的解释，它可以把这种无限的东西——既然它不能把自己理解为自己的创始者——只当作“调节性的理念”

① Novalis，Fichte-Studien 508，in：NS 2，S. 259.

② Novalis，Fichte-Studien 567，in：NS 2，S. 271.

③ F. W. J. Schelling，Vom Ich als Princip，in：SW 1，S. 162.

④ F. W. J. Schelling，Fernere Darstellungen aus dem System der Philosophie，in：SW 4，S. 358.

预先加以处理[①]（诺瓦利斯也称作“绝对悬设”[②]），所以，经典的反思原理的这个循环就只有借此才获得了更新。“一切对太初之物（das Erste）的寻找都是无意义的——它是调节性的理念”[③]。费希特在对反思性自我把握的逻辑困境的批判中想要避免的回溯（Regress）又作为被生产出来的回溯再次归来了。被思考的自我和进行思考的自我如在康德那里一样是分开的，尽管现在在费希特这里它们自在地被理解为对一种进向无限的活动的自我限制。因此在上述著作里，谢林认为他可以同意雅可比对《知识学》的批判，这种批判把《知识学》形容为“一种在形式和体系上组织起来的无知的游戏”，因为它“实际上无非是一种拘泥于形式的、自我表达的无知”[④]。

在谢林看来，更严重的是他在生产行动和生产成果的差别中所发现的第二个循环。他的论据非常简略：本应是发展出意识的条件的生产因子本身不可能像费希特的建立概念（Setzungsbegriff）所预先拟定的那样，做到与意识平行。从逻辑上它必须先行于意识。谢林在《世界时代》（1813 年）里对此赋予了简洁的形式：“不存在没有非我的自我，就这点而言非我先于自我”[⑤]。在早期的《论自然哲学的真实概念》（1801 年）里，谢林就已经看到了费希特的这个不清楚的问题，即没有在研究哲学的主体的地位和知识学在生产的进行中才获得的地位之间做出明确区分：

> 知识学尽管最初想推导出意识来，却毕竟按照一个不可避免的循环用上了所有那些向它展示已经（在哲学探讨的主体中）完成了的意识的方法，以便将一切东西同样地在因次（Potenz）中描述出来，这些东西却只是借助于意识才被提升到这一因次的。因此它把它的对象（行动者，生产者）也已经当作自我来接受了，尽管只有当反思者把它建立为与自身同一的时候它才等于自我（……）[⑥]

---

① Novalis, Fichte-Studien 472, in: NS 2, S. 254.

② Novalis, Fichte-Studien 566, in: NS 2, S. 270.

③ Novalis, Fichte-Studien 472, in: NS 2, S. 254.

④ F. W. J. Schelling, Fernere Darstellungen aus dem System der Philosophie, in: SW 4, S. 343.

⑤ F. W. J. Schelling, Die Weltalter (1813), in: SW 8, S. 227.

⑥ F. W. J. Schelling, Über den Wahren Begriff der Naturphilosophie, in: SW 4, S. 85.

谢林认为，《知识学》里自我意识的再创造陷入了与自我的理念的一种令人疑惑的模仿关系，该自我却是应该在生产的进程（Produktionsvollzug）中才首次确立起来的。费希特当作《知识学》的成就所强调的东西（“自我的观念只有通过这种方法才能实现；这种方法就是自我的观念本身”①），对于谢林来说——尽管我们说得很尖锐——是一种被骗得的结果，这结果发生在《知识学》的精神中，却并不锚定在《知识学》自身的原则中。因为如果在生产进程中应该产生出包含自身知识的自我观念的话，那么在生产进程中必然就会是已经创造出自我认知（Selbst-Wissen）的前提了。但费希特却通过知识学的抢先一步的意识骗得了这种自我认知。费希特《知识学》的循环在于，它“应当给逻辑奠定基础，但同时又应依据逻辑规律而产生”②。他不能指出，“自我只要它把自己本身当作自身来认识，它就只是主体－客体（das Subjekt-Objekt）”③。所以谢林在他晚期哲学里总结道，唯有在费希特看来，“康德（……）使自己纠缠于其中的那种矛盾对他来说才足以为他的生产原理奠定基础”④。因而费希特作为康德的继承者和克服者仍然还处在对认识的反思模式（Reflexionsmodell）的消极的依赖性中，而没有利用他的生产原理中所包含的客观唯心主义的可能性，这种客观唯心主义以“一切东西都仅仅通过自我并且为着自我而存在这个命题为前提，并在这前提下使客观世界（也）可以得到理解”⑤。“到头来，在康德的批判中比在费希特的知识学中有更多的客观性”⑥。

---

① J. G. Fichte, Sonnen Klarer Bericht（1801）, in: J. G. Fichte, Werke 2, hrsg. V. I. H. Fichte, Berlin, 1965, S. 366. 在其他地方，比如在《全部知识学的基础》（1794 年）里，费希特恰好强调了这个循环的不可避免性：“有限的精神必须要把自身之外的某种绝对的东西（物自体）建立起来，但另一方面它又必须承认这同一个东西只是为它而存在的（是必要的本体），这是一个它可以扩展到无限里去，但又永远走不出来的循环。” J. G. Fichte, Grundlage der gesammten Wissenschaftslehre（1794）, in: J. G. Fichte, Werke 1, hrsg, V. I. H. Fichte, Berlin, 1965, 281.

② F. W. J. Schelling, System des transzendentalen Idealismus, in: SW 3, 361.（译文参考《先验唯心论体系》，梁志学译，商务印书馆，1981，第 26 页。）

③ F. W. J. Schelling, Über den Wahren Begriff der Naturphilosophie, in: SW 4, 88.

④ F. W. J. Schelling, Philosophie der offenbarung, in: SW 13, 52.

⑤ F. W. J. Schelling, Geschichte der neueren Philosophie, in: SW 10, 95.（译文参考《近代哲学史》，先刚译，北京大学出版社，2016，第 112 页，有改动。）

⑥ F. W. J. Schelling, Geschichte der neueren Philosophie, in: SW 10, 91.（译文参考《近代哲学史》，先刚译，北京大学出版社，2016，第 107 页，有改动。）Vgl. auch schon F. W. J. Schelling, Philosophische Briefe Über Dogmatismus and Kriticismus, in: SW 1, 304.

谢林打破了这个循环，他指出，只有当生产中已经带有关于自身的认知时，才会出现费希特的自我生产和对自身的认知之间的统一：主体和客体在智性直观中的统一意味着自在的客体也是主体—客体。打破知识学循环的逻辑只可能在于，在它的原理中“形式和内蕴是互为条件的（……），认知的科学必须既是科学形式的法则，同时又是科学形式的最完美的实施”①。只有这一点弄清楚了，先验哲学作为全部体系才得以完成。

我给大家念一小段引文，它是最早的证据之一，可以从 1795 年/1796 年初谢林从图宾根毕业后几个月写下的书信摘记中查阅到。它的开头是相当费希特式的：

> 第一个理念当然是对我自身的表象，即对作为绝对自由的本质的表象。与这个自由的、意识到了自身的本质同时，整个世界从虚无中显露出来——即来自虚无的唯一真实的且可思维的造物。（主编 H. Fuhrmans 注：但是现在出现了断裂。谢林没有走向自我意识，而是立刻走向自然。）自我在这里下降到物理学的领域；问题是：为了道德的本质起见，一个世界必须是怎样的？我想给我们在实验方面披荆斩棘进展缓慢的物理学重新装上翅膀。如果哲学给出理念、经验给出数据，那我们终于可以大体上得到我对后世所期待的物理学。目前的物理学似乎不能满足一种重新归我们所有的或者应该有的创造性的精神。②

谢林的自由的观点一开始就不是——像在康德的先验批判演绎的方法中那样——针对着作为产物的自然的，而是针对着作为纯粹生产性的自然的。“在我们之外有物”被降为先验哲学的本该克服掉的、尚未完成的体系的“基本成见”③。这一点我们也许还可以肤浅地解释为费希特式的，但谢林也不是像费希特一样针对着智性的产物（作为自我意识受阻的活动）的自然。对康德和费希特的超越走的正是一条“相反的路。它本来对产物一无所知，产物

① F. W. J. Schelling，System des transzendentalen Idealismus，in：SW 3，361.（译文参考《先验唯心论体系》，梁志学译，商务印书馆，1981，第 26 页，有改动。）

② F. W. J. Schelling，Briefe and Dokumente 1，hrsg. V. H. Fuhrmans，Bom，1962，69f.

③ F. W. J. Schelling，System des transzendentalen Idealismus，in：SW 3，343.

对它来说根本就不存在。它本来只知道自然中的纯生产性的东西”[1]，即创造自然的自然（natura naturans），谢林把它也称为“作为主体的自然”[2]。客体在它的此在里“不是被预设为已经现成的”，而是被追溯到一种自由的行动，通过这行动客体才首先产生出来。布赖德巴赫先生在上个讲座里指出过，这样一种（在布鲁门巴赫和里特先生看来）纯粹的自然科学是如何陈述这自然的形成冲动的，也就是说，自然是如何使自身成为对象的。作为经验性的客体，这种自然只是自由行动静置的产物［被自然创造的自然（natura naturata）］，也就是说，是“存在本身”（Sein selbst）的产物，对这个存在本身，我们从来不（能）说“它存在着（es ist）”[3]。在 1809 年的《自由论文》中谢林将看到，他对于斯宾诺莎的“机械自然观”所取得的进步已经有了担保，因为他的“自然的能动表象从本质上改变了斯宾诺莎主义的基本观点”[4]。对他来说关键是这个问题：为了某种道德本质起见，世界必须是怎样的？

这一步骤在为存在论差异奠基的情况下，已经不是打算从实存之物的，因而从经验意识的现成性上解释清楚关于（作为产物的）对象的可能性条件的先验批判问题，借此谢林遭遇到了先验哲学和自然哲学的转折点。自然成了思辨性思维的对象，这思维打算这样来（重新）构成自然，以至于自然成了它作为客体与主体相对立的可能性条件。其目标是揭示自然的先验发生，从而以这种方式看出自然的生产性。

我们再回顾下康德。康德在他的《目的论判断力批判》[5] 中指出，因为有机体只可能是它自己的对象（它对于自己来说既是手段又是目的）[6]，与它对立的主体只能把它的主体性以“好像”（Als-Ob）的资格化为己有。谢林超越了这种“好像”：自然整体的合目的性从经验主体的观点出发被表象为这样，即它自身是由绝对自我出发（绝对自我作为哲学的原则仍然是一个悬设）而被塑造成的。但现在一个意识彼岸的观点因此而成了自然哲学的直接开端——一个高度思辨的、可疑的开端。但自然的先验发生的这种思辨重构的真理环节

---

① F. W. J. Schelling，Erster Entwurfeines Systems der Naturphilosophie，in：SW 3，101.

② F. W. J. Schelling，Einleitung zu dem Entwurfeines Systems der Naturphilosophie，in：SW 3，11.

③ F. W. J. Schelling，Erster Entwurfeines Systems der Naturphilosophie，in：SW 3，11.

④ F. W. J. Schelling，Freiheitschrift，in：SW 7，349.

⑤ 指康德《判断力批判》中的第二部分“目的论判断力批判”。——译者注

⑥ Vgl. F. W. J. Schelling，Erster Entwurfeines Systems der Naturphilosophie，in：SW 3，145.

源于这样一种洞见：这是自然的自组织倾向，当我们在目的论判断中对自然的这种特殊的章法（Verfasstheit）做出猜度时，这种倾向就传达给我们了。因为“自然只是我们知性的可见的有机体，自然只能生产合规则的、合目的的东西，自然不得不生产它”，[①] 以便作为整体实现自身。我在这里概略地简述一下这种论证的逻辑，是为了向大家指出，谢林绝对不是与康德决裂，而是以一种更全面的论证吸收了康德。他的回溯论证要归功于长于分析的先验哲学的视野，这一点谢林在他的先验唯心论体系中明确强调了：

> 待先验哲学体系完成之后，人们才会理解自然哲学作为补充先验哲学的科学的必要性，那时也就不会再提出只有自然哲学才能满足的那些要求了。[②]

他的自然唯心论的构想出于这样一种必要性：自然必须“从根源上自己成为自身的对象”，而这就是从“纯粹主体（reines Subject）到自身—客体（Selbst-Object）的这种转化”，它使我们一般说来能够进行目的论的判断，这种判断有同等权利与机械的自然解释并肩而立。康德的《目的论判断力批判》已经为谢林将费希特的主观唯心主义扩展为客观唯心主义的意图提供了论据。在谢林的视野中，费希特的自然概念不允许考虑一个自然的自组织性，他在这个地方发现的只是循环论证：“自然是智性的产物；那么究竟如何通过一个明显的循环智性又可以是自然的产物了呢?”[③]

谢林在《启示哲学》（1843 年）中回顾过去，把费希特对康德的反思模式的批判诠释为通往如下洞见的道路上“不可避免的下一步”，即“如果一般来说有对事物的先天知识，则存在之物本身也必然会先天地被洞见”。谢林想要做的是，把一门完全先天的科学的理念放在一种绝对的、没有任何前提的，“也就是里面没有任何从别处来的假定”的哲学里。

> 康德由于把对认识能力的批判变成哲学唯一的内容，他就……给一般

① F. W. J. Schelling, Erster Entwurfeines Systems der Naturphilosophie, in: SW 3, 272.

② F. W. J. Schelling, System des transzendentalen Idealismus, in: SW 3, 343.（译文参考《先验唯心论体系》，梁志学译，商务印书馆，1981，第 9 页。）

③ J. G. Fichte, Sätze zur Erläuterung des Wesens der Thiere, in: GAII, 5, 421f.

哲学指出了朝向主体的方向。[①]

这些出自 40 年后清算知识学唯心论的视角的表述暗示着这样的矛盾心理，带着这种矛盾心理谢林把他完成先验唯心论体系的计划回头与早前的费希特联系起来：费希特的“不可避免的下一步”并没有彻底克服反思模式，但是却在“一切都应当仅仅通过自我并且为着自我而存在”这一倾向中表明，思维的根基上的依赖性的每一种形式，若不是归功于某个自我建立的话，都必然会违背体系的要求，并不得不被放弃。

谢林指责的是，费希特只从经验性的自我出发来把握一个非我的观念，因而把握主体和客体相一致的根据。争论的焦点是费希特在《知识学第二导言》中所表述的、后来被谢林批评为循环论证的论点：

> 正如自我只为自身而存在一样，同时必然会对它产生出一个在它之外的存在；后者的根据在前者中，后者将以前者为条件：自我意识和不应当是我们自身的某物的意识必然会联系在一起；但前者必将被看作决定者，后者则应看作被决定者。[②]

正是由于自我意识受到非我的陌生性和不理解性的这种必要的束缚，谢林认识到了费希特恰好自认为用他的生产模式所克服了的反思哲学的残余。一元论的开端处在与一种不可取消的二元论的对峙中，因为费希特在非我中总是不得不考虑要保留一个不可支配的客观性，这种保留仍将是自我的自身肯定的发生条件。但是这等于是承认物的世界把一种暗藏的依赖性强加于自我意识，这种依赖性使得知识学那种肤浅的，认为一切只有通过自我、为了自我才存在的英雄主义从一开始就垮台了。对于谢林来说这种依赖性是片面的：

> 那经验性的自我虽然在与纯粹自我的联系中仍然作为经验性的东西而得以维持，它是必要的，不可避免地会受到客体的重压，并配备一种陌

---

① F. W. J. Schelling, Philosophie der offenbarung, in: SW 13, 50.

② J. G. Fichte, Zweite Einleitung in die Wissenschaftslehre Von 1797, in: GAI, 4, 212.

生的影响作用，但结构却与一个独臂杠杆的结构完全相同。①

就连谢林也仍然认为，费希特的这一洞见是奠基性的，即反思的自我否定的关系不能解释自我意识的事实，而是陷入了一种无限回溯，在其中本该被解释的东西总是必须已被设为前提了。只是为了在主客体分离的情况下不至于沉溺于这种反身性的循环，并由此纠正这个批判程序的有缺陷的自我反思，费希特用一种彻底的反转诠释剥夺了自我意识本源地给认识提供保证的主管地位（从而破坏了康德的“先验统觉的本源的综合统一”的结构），以便首先把自我意识作为一种实际行动（Tathandlung）的结果建立起来。一般自我的实存据说不应当作为生产进程的出发点，而必须作为终点——作为纯粹的自我建立的行动——而被产生出来并且以一定的方式被确定下来。②

但是谢林现在在这种知识学唯心论的基础上——似乎作为一个插入的问题——建立了他的自然哲学的理念。由于谢林批评费希特将自我限制在它所意识到的生产的范围里，也就不得不把生产的发生解释成被意识到的发生，所以谢林很早就用康德目的论的判断中准备好的论据构想了自然哲学，把它作为对先验哲学的必要补充。因为认知自己知道它是什么——如果认知的存在被解释为自我——这就暗示着一种客观性，这种客观性以主观原则为中介必须是完全可以被看透的。但是这种客观性在费希特那里得不到保证。谢林认为，费希特不能指明“我们必须承认那实存着的一切东西是如何、按照什么方式通过自我并且为着自我而存在的”③。

由于谢林的自然哲学通过“论证的相向而行”再次打破了知识学唯心论必然在它自己的前提面前的自我封闭，它就是费希特先验哲学的回溯论据的彻

① F. W. J. Schelling, Fernere Darstellung aus dem System der Philosophie, in: SW 4, 355.

② 类似的表达有：自我“同时是行动者，又是行动的产物；是在活动着的东西，又是由这活动所产生出来的东西；行动和行为业绩是一个东西和同一个东西”［J. G. Fichte, Wissenschaftslehre（1794）, in: GAI, 2, 259.］。同样的还有：“自我返回到自身，这是确定无疑的。因而它难道不是早在这一返回前并且不依赖于这返回就在此自为存在了；它难道不是必须已经在此自为存在了，以便能够使自身成为自己行动的目标；并且如果是这样的话，你们的哲学不是已经以它本应该解释的东西为前提了么？我的回答是：绝对不是。只有通过这行动，只有通过它，（……）自我才本源地自为地成了自身。”（J. G. Fichte, Zweite Einleitung in die Wissenschaftslehre Von 1797, in: GAI, 4, 213.）

③ F. W. J. Schelling, Geschichte der neueren Philosophie, in: SW 10, 92.（译文参考《近代哲学史》，先刚译，北京大学出版社，2016，第108页，有改动。）

底化。只是在这种情况下谢林的意图是显而易见的，即要赋予知识学以对它自身的某种意识，从而重建在费希特的先验哲学里丧失了的自然。

要求谢林自然哲学的开端只是给知识学加上的一个前缀，这可以用来产生出克服了费希特哲学的困境的错觉。结果，这个把费希特当作非我来把握的自然解释为自我意识的无意识活动的成果的方案就远远超出了费希特哲学的范围。从费希特已形成的自我意识开始的地方，在费希特只能把自然当作建立客体的行动来阐明（作为通过自我、为了自我来建立起实在性）的地方，谢林都以一个构想比他先行一步，在这个构想中，一个独立于我们之外并不依赖于我们的自然是作为自我意识的发生（Genese）来设想的。在绝对行动意义上的创造自然的自然（natura naturan）是“活力四射的自然科学家”的领地，而不是作为“空间上可确定的大批对象的死气沉沉的集合”的自然。或者用神学的术语来讲，尽管这是一种浸润着唯心论的神学：这个领地涉及的是研究“这个世界的神圣的、永恒创造着的原始力，这种原始力将一切事物从自身中生产出来，凭劳动创生出来”①。因此这个领地涉及的是使人类自由的发生在它的自然条件下显而易见，因而

> 通过一个过程（Proceß）去解释客观世界的表象，而自我是通过“建立自我”这一行动而以无意的，但却是必然的方式卷入到那个过程里面的。②

为了也能够揭示自我意识的发生，必须以作为自我的无意识的行动而先于自我意识准备好了的自然——“一个处于目前现成的意识彼岸的领域”③——为出发点。因此谢林在 1801 年的《论自然哲学的真实概念》里明确认可了一个“认知体系”，这一体系与知识学有根本的区别，因为正如一般批判主义那样，这个体系只有在其完成了的形式中才能接受意识：

---

① F. W. J. Schelling，Über das Verhältnis der bildenden künste zu der Natur，in：SW 7，293.

② F. W. J. Schelling，Geschichte der neueren Philosophie，in：SW 10，97.（译文参考《近代哲学史》，先刚译，北京大学出版社，2016，第 114 页，有改动。）

③ F. W. J. Schelling，Geschichte der neueren Philosophie，in：SW 10，93.（译文参考《近代哲学史》，先刚译，北京大学出版社，2016，第 110 页，有改动。）

> 有一种自然的唯心论和一种自我的唯心论。我认为前者是本源的，后者是推导出来的。(……) 尽管知识学最初想推导出意识，但是在经历了一个不可避免的循环后，它却利用了（在进行哲学思考的主体中）已经完成的意识向它表现出的一切手段，以便把一切都同样地在因次（Potenz）中描述出来，一切毕竟都是凭借意识才被提升到因次中的。(……) 但是成问题的不是知识学（一门封闭的、已完成的科学），而是知识的体系本身。——这个体系只有通过对知识学进行抽象才能形成，如果知识学是观念实在论（Idealrealismus），该体系就只有两个主要部分，一个是纯理论的或实在论的部分，一个是实践的或观念论的部分；这两个部分的统一不可能再形成观念实在论，毋宁说，它必然会形成实在的 = 唯心论（我上面将这称作客观的 = 已经形成的观念实在论），它的意思无非是艺术的体系。[①]

谢林的实在 - 唯心论（Real-Idealismus）之所以克服了费希特的自我的唯心论，是因为它将一种无意识的前史置于自我意识之前，这个前史作为自然不再是在自己的生产能力中向业已形成的自我意识展示出自身来，而只是在一种掩盖了它的生成（Werden）的客观性中还可以经验到。谢林说："对自然进行哲学研究，（但这）就意味着创造自然了"[②]，他的意思是将自然从它冷冰冰的客观性中解放出来，从它赤裸裸的机械性中解脱出来，而自从笛卡儿以来物理学就把自然归结为机械性了。自然是"客观的主体—客体（Subjekt-Objekt）"，与作为"主观的主体—客体"的人类精神相对立。谢林认为这种辩证法蕴含着极大的前景，因为人现在有能力理解自然界了，因为他回忆起了他自身被产生出来的过程。他使自己脱因次化（sichdepotenzieren），也就是说，他使自己返回到开端，就像在一个庞大的记忆档案（Anamnese）中进行哲学思考一样，把这个发展过程再经历一遍。

描述自我意识的生成史和外部世界在其"不可分割的联系"[③] 中的结构，或者——如谢林在《先验唯心论体系》中所写的——"哲学无法从外部描述

---

① F. W. J. Schelling, Über den Wahren Begriff der Naturphilosophie, in: SW 4, 84f.

② F. W. J. Schelling, System der Naturphilosophie, in: SW 3, 13.

③ F. W. J. Schelling, Geschichte der neueren Philosophie, in: SW 10, 93.

的东西，即行动和创造中的无意识事物及其与有意识事物的原始同一性"[①]，只有在艺术中才能成就。这样就到了我的第二个主题。艺术撕开了健忘症（Amnesie）的面纱，并且是1800年左右这种（诗学）唯心主义的秘密中心。就这点而言"艺术的体系"是费希特只想从意识的立场再创造（nacherfinden）出来的那种"绝对的连续性"。它是"一个不间断的系列，从自然当中最单纯的东西一直上升到最高的、最为复合的东西，上升到艺术品"[②]，从而应该实行这一悬设（Postulat），即"那种既是有意识的同时又是无意识的活动将在主观的东西中、在意识本身中被揭示出来"[③]。

正如艺术家的艺术其实不是为了胜过自然，而是在艺术中呈现存在者，但却把普通显现中同时一起被觉察到的非存在者排除掉，哪怕这种非存在者是对于知觉（für die Wahrnehmung）而言的——［它作为只是"视其为真"（fürwahr-Nehmung）与现实的看（Sehen）是明确对立的］：同样，自然哲学的意图也绝不是略过自然，而是纯粹描述和认识肯定的东西或自然中本来存在的东西。[④]

有机的自然单独对于自身来说是"自由和必然的统一的完整的显现（Erscheinung）"[⑤]。它作为这样一种显现虽然提供了一种可以认识的自由和必然的"本源的同一性"，但这种同一性却还不是"其根据置于自我本身中的同一性"[⑥]。为了"达到自由和必然的绝对统一"[⑦]，必须加上建立在自我的有意识的行动的基础上的自由。但是只有艺术品才会反映出这样达成的一致；在艺术品中自我才找到它的"完美的自身直观"[⑧]。

---

① F. W. J. Schelling, System des transzendentalen Idealismus, in: SW 3, 627f.（译文参考《先验唯心论体系》，梁志学译，商务印书馆，1981，第276页，有改动。）

② F. W. J. Schelling, Über den Wahren Begriff der Naturphilosophie, in: SW 4, 89.

③ F. W. J. Schelling, System des transzendentalen Idealismus, in: SW 3, 349.（译文参考《先验唯心论体系》，梁志学译，商务印书馆，1981，第15页，有改动。）

④ F. W. J. Schelling, Darlegung des Wahren Verhältnisses der Naturphilosophie zu der Verbesserten Fichteschen Lehre Von 1806, in: SW 7, 101.

⑤ F. W. J. Schelling, System des transzendentalen Idealismus, in: SW 3, 608.（译文参考《先验唯心论体系》，梁志学译，商务印书馆，1981，第258页，有改动。）

⑥ F. W. J. Schelling, System des transzendentalen Idealismus, in: SW 3, 610.（译文参考《先验唯心论体系》，梁志学译，商务印书馆，1981，第260页，有改动。）

⑦ F. W. J. Schelling, System des transzendentalen Idealismus, in: SW 3, 614.

⑧ F. W. J. Schelling, System des transzendentalen Idealismus, in: SW 3, 615.

谢林对“回到自己本身的（zu-sich-Selbst-Kommen）、成为对自己本身的意识（sichBewußtwerden selbst）这件工作”[①] ——它把费希特只是在自己的最高因次即意识中接纳进来——的再创造，是一部由审美所引导的自我意识的“记忆档案”（Anamnese）[②]，它告别了费希特的实践理性具有优先地位的理念。它是记忆档案 = 对世界灵魂的重新回忆——正如 1798 年一篇小文章的标题所言[③]。它不再是仅仅发生学的概念结构，或者说在实践的行动实施中（在实际行动中）确保自身的概念结构，而是从康德的第三批判中、从向美学的转向中抽引出的结果。

> 因此，站在意识的立场上，自然对我显现为客观的东西，而相反，自我则显现为主观的东西；所以从这个立场出发我只能这样来表达自然哲学的问题，也如同还在我的唯心论体系的导言里就已表达过的那样：让主观的东西从客观的东西中产生出来。用更高的哲学语言表达，就如同说：让意识的主体 = 客体从纯粹的主体 = 客体中产生出来。[④]

按照黑格尔的《差别论》[⑤] 中的说法，谢林在此阐明了，他的自然哲学不仅是对费希特的先验唯心论的扩展，而且从结果上看简直是对它的一场颠覆。费希特的先验唯心论在自然中只看到了智性的生产性（Produktivität）的反作用，却没有看到“自然的主体 = 客体的特征”[⑥]，而谢林构想出了一种以智性为目标的自然的生产性，从而指出“自我意识只有通过这样的自然才能得到中介”[⑦]。在黑格尔的尖刻的说法中，自然在费希特那里只因为这一点就有“绝对客观性或死亡的特征”，即自然只把自我意识当作“统治的综合”[⑧] 的中介。

---

① F. W. J. Schelling, Geschichte der neueren Philosophie, in: SW 10, 93.（译文参考《近代哲学史》，先刚译，北京大学出版社，2016，第 110 页，有改动。）

② F. W. J. Schelling, Geschichte der neueren Philosophie, in: SW 10, 95.

③ 指谢林的《论世界灵魂》（1798）。——译者注

④ F. W. J. Schelling, Über den Wahren Begriff der Naturphilosophie, in: SW 4, 86f.

⑤ 指黑格尔的《费希特和谢林哲学体系的差别》（1801）。——译者注

⑥ G. W. F. Hegel, Differenzen des Fichteschen und Schellingschen Systems der Philosophie (1801), in: Werke, 2, 77.

⑦ F. W. J. Schelling, Einleitung zu dem Entwurfeines Systems der Naturphilosophie, in: SW 3, 273.

⑧ G. W. F. Hegel, Differenzen des Fichteschen und Schellingschen Systems der Philosophie (1801), in: Werke, 2, 75.

谢林直到他的晚期哲学都在尖锐地批评费希特片面地把自然带入反思的主体里，他愈来愈多地通过与费希特的差别来强调他自己的立场。1806 年他在与费希特的争论高潮中以挑衅的语气反对知识学唯心论的“吹牛”（Thrasonische）① 和“自吹自擂”：费希特“不仅想拥有活的自然，还想要死的自然，他把自然当作他可以产生影响、可以进行加工和用脚践踏的东西”②。

> 在费希特的体系中它（自然）失去了崇高性的最后残余，它整个的“定在”（Daseyn）的目标都指向由人类对它进行的加工和管理。(……) 自然力只是依据人类而存在的，为的是屈服于人类的目标。这种屈服成了这种东西，它一度被表达为人对（……）自然的一种逐渐取消和毁灭（……）。③

在 1827 年的《慕尼黑讲座》中谢林还精确地指出了费希特的无条件的唯心论必定会碰到而它又无法解释的界限：

> 这位最无条件的唯心主义者，在谈到他关于外部世界的表象时，都无法避免把自我思考为一个有所依赖的东西——即使不依赖于康德所称呼的物自体或一般说来外在于自我的原因，但至少依赖于一个内在的必然性，而如果他认为是自我创造了那些表象，那么这个创造至少是一种盲目的创造，不是基于意志，而是基于自我的本性。对所有这一切费希特表现得漠不关心，在这全部必然性面前他产生的与其说是解释它们的关系，不如说是一种任意否定的关系。④

2. 艺术作为哲学的工具论和凭证

现在来讲第二点，论题是：艺术是哲学的工具论和凭证，正如它在《先

---

① 原文为 Thrasonische，按 Thraso 为 16 世纪布道和宗教辩论中的吹牛的军人形象。——译者注

② F. W. J. Schelling，Rezension：Überdas Wesen des Gelehren，in：SW 7，17.

③ F. W. J. Schelling，Darlegung des Wahren Verhältnisses der Naturphilosophie zu der Verbesserten Fichteschen Lehre，in：SW 7，110.

④ F. W. J. Schelling，Geschichte der neueren Philosophie，in：SW 10，92f.（译文参考《近代哲学史》，先刚译，北京大学出版社，2016，第 109 页，有改动。）

验唯心论体系》（1800 年）中处于中心地位一样。

谢林从这样一个假设出发："同一种活动，在自由行动中是有意识地进行创造的活动，在世界的创造中是无意识地进行创造的活动"①。自由不再仅仅是一种人类自发性的思辨范畴，而且也是自然关系的一个思辨范畴。呈现在眼前的不再仅仅是知识导向，而且是特别地让人获悉到与世界相遇。比如一位医生可能会根据一切技术规则正确地做出诊断，但是如果他想成为一位真正的好医生的话，他就需要经验，或者——按照老式的说法——需要判断力，因而需要一种知道如何把他的知识（Kenntnisse）应用到具体病例上的认知（Wissen）。而这种认知的实践本性没有任何规则。我们在这里碰到的是认知（Wissen）之维，它是不再能够被教会的。我这里马上要先说明：在这里向唯心论的有关行动自律的自由概念展示出来的视角，就是人格在具体行动中的实存经验的视角，也就是对自由的感性体验的视角。在这种对自由的理解上，概念的实在性和经验的实在性（Realität）靠得如此之近，以至于它们互相补充，甚至从一种无条件者（Unbedingte）的立场看是互为镜鉴的关系。——这个假设包含一些大家不必毫无异议地承认的含义。在此谢林追溯到新柏拉图主义的漫长传统，特别是普罗提诺的自然哲学，他是通过弗里德里希·克罗伊策的翻译知道它的。这里我也只能再略微提一下：自然中的 *Logoi*（逻各斯）是理性的原则，是从理性中创造形式的原则，是"theoria"（理论）的执行环节［克罗伊策把"theoria"翻译成"Betrachtung"（观看）］。自然是一种形式力，它通过以观看和被观看的双重角色（作为两者的统一）来创造出逻各斯，以产生其他的形式力。于是从它的诗性暗示中产生出了一种在自身中有区别的、在其内在的根据中划分等级的自然规定。——谢林赋予了这个给宇宙安排秩序的造物主般的灵魂（Seele）以自我意识。在思维中注定要分开的东西从无条件者（Unbedingte）的立场来看是一致的：从某种无所不包的自我意识的立场来看，作为客观东西的总和的自然和作为主观东西的总和的智性不可以被分离开来把握，而是本源地一致的，不管有多少种类上的区别——如果不是这样的话，我们就不能在自然中认出任何合理的结构原则。我们就连从经验中也不会变得聪明。

① F. W. J. Schelling, System des transzendentalen Idealismus, in: SW 3, 348.（译文参考《先验唯心论体系》，梁志学译，商务印书馆，1981，第 14 页起，有改动。）

作为哲学原则的自我意识就已经表明，只有当两个领域彼此需要、互相吸取时，自我意识才能作为“思维者借以直接变成自己的对象的活动”① 发挥作用。所以自我意识也是这样的东西，它应当在《先验唯心论体系》（1800 年）中，在特有的谢林式的变体中，作为自由的原则而从自身出发来建立一切认知。作为无条件的自我意识也只能按照一种能够说出我来的人类精神的尺度来理解。然而解释的根据既不是人类的自我意识，也不是任何一个更高的“存在的种类”。它是一种自相对待（Sichverhalten）的活动，这活动并不停留于封闭中，而必须被一而再地重新恢复起来。早在莱布尼茨就提到过一种“活的镜子”（miror vivant），作为镜子它在自发转向它的对象时从内容方面规定自身。这种自我意识是单纯凭借自身思维自身，是一种自身直接成为自己的对象的思维——“没有任何中介”②。它自身是本源的行动，因此理所当然也是无法证明的：

> 自我的概念是通过自我意识的行动产生的，因此，除这一行动之外，自我就什么也不是了，它的全部实在性都只是以这一活动为基础，它本身无非就是这一活动。③

与康德对自我意识的构想不同，在谢林那里自我意识跨越了主体性的界限，作为人们只能对它“要求和强求”④ 的行动，自我意识可以单独在一切客体性被抽象掉时被“知觉到”。它“除了自我意识这个宾词外，没有任何其他的宾词”⑤。作为“第一性的东西，一切实在性的唯一根据，唯一的解释原则”⑥，它不仅使认知，而且使对反思的直观成为可理解的。在它里面思维的主体和客体是一致的。因此这种（绝对的）自我意识的活动与经验性的、束缚于个别

---

① F. W. J. Schelling，System des transzendentalen Idealismus，in：SW 3，365.（译文参考《先验唯心论体系》，梁志学译，商务印书馆，1981，第 31 页，有改动。）

② F. W. J. Schelling，System des transzendentalen Idealismus，in：SW 3，384.

③ F. W. J. Schelling，System des transzendentalen Idealismus，in：SW 3，366.（译文参考《先验唯心论体系》，梁志学译，商务印书馆，1981，第 31 页，有改动。）

④ F. W. J. Schelling，System des transzendentalen Idealismus，in：SW 3，370.

⑤ F. W. J. Schelling，System des transzendentalen Idealismus，in：SW 3，368.（译文参考《先验唯心论体系》，梁志学译，商务印书馆，1981，第 33 页。）

⑥ F. W. J. Schelling，System des transzendentalen Idealismus，in：SW 3，343.（译文参考《先验唯心论体系》，梁志学译，商务印书馆，1981，第 9 页，有改动。）

的意识之上的或在客体的表象上延续不断的自我意识的活动，所起的作用是不一样的。它是一种“直接的自我规定”①，或者说是“使思维者直接成为自己的对象的活动”②。它不是两种相反方向的活动，而是“同一个活动”，“在自由行动中是有意识地进行创造的活动，（但）在世界的创造中是无意识地进行创造的活动”③。通过这种对无条件的自我意识的构想，意识和自由就被彻底地分离开了。被理解为有意识地选择一种可能性（liberum arbitrium④）的自由并不是自由，因为它与自我建立的时间以外的行动并没有关系，因而仍然是偶然的。尽管如谢林后来在《自由论文》中所强调的，作为选择的可能性的自由“在自为的理念中具有人类本质的本源的悬而未决”，但是“在应用于个别行动时却导致最大的荒谬”⑤。即使按照费希特的论点，所有意识都以我们自己的直接意识为条件，甚至人的本质就在于这种行动，这个论点也没有把握住谢林在这里所关注的自我意识的维度，而是停留于和一个作为自我意识的主体的自我发生关系。对谢林来说重要的是按照主体——它的实存——而先行的自我意识。自由在这里被想得很彻底，以至于从人类自由的视角来看，这种“一切意志最纯粹的本质（……）对每一个特殊的意志来说都是烧毁一切的火焰”⑥。

在这种对自我意识的构想的背景下，自我意识固有的那种悬设的“认知”是极难掌握的。它被理解为纯粹生产性（Produktivität）的意识，这生产性不会在一种产品里停止下来，因而保持无意识的状态。使自我的这些无意识实行的行动让某种哲学的意识能够理解，这需要一种能够将意识的边界都包括进描述（Darstellung）中来的翻译作用。谢林称自我意识对自身的这种“认知”——不同于理知的自我知觉（intelligible Selbstwahrnehmung）——为“智性直观”，因为作为直接的认知它同时也创造自身，因而作为“一切先验思维

---

① F. W. J. Schelling, System des transzendentalen Idealismus, in: SW 3, 533.（译文参考《先验唯心论体系》，梁志学译，商务印书馆，1981，第195页，有改动。）

② F. W. J. Schelling, System des transzendentalen Idealismus, in: SW 3, 366.（译文参考《先验唯心论体系》，梁志学译，商务印书馆，1981，第31页，有改动。）

③ F. W. J. Schelling, System des transzendentalen Idealismus, in: SW 3, 348.（译文参考《先验唯心论体系》，梁志学译，商务印书馆，1981，第14页，有改动。）

④ 拉丁文：任意的自由。——译者注

⑤ F. W. J. Schelling, Freiheitsschrift, in: SW 7, 382.

⑥ F. W. J. Schelling, System des transzendentalen Idealismus, in: SW 3, 381.

的机能（Organ）”[①] 它同时是生产性的（produktiv）和接受性的。在 1820/1821 年的《埃尔朗根讲演录》中谢林用“绽出”（Ekstasis）的概念替代了“智性直观”这个术语，他回顾以往时解释道：

> 有人把它称为直观，因为人们假定在直观时或（……）在观看时主体失去了自身，被建立于自身之外：智性直观是为了表达主体在这里不是遗失在感性直观里了，不是遗失在一个现实的客体里了，而是由于自己将自己放弃在根本不可能是客体的东西里而遗失掉了。[②]

说起来是先验思维的“机能”，但又与意识没有任何关系，这种思辨的窘境谢林在他的早期著作里并没有放过。他在《论作为原则的自我》里写道：

> 我同样知道，这种智性直观，人们只要愿意将它与感性直观类比一下，必定是完全不可理解的，此外它与绝对自由一样极少能出现在意识中，因为意识以客体为前提，但是智性直观只有在它根本没有客体的时候才是可能的。所以从意识中反驳智性直观的尝试必定会失败，正如想通过意识赋予它以客观实在性同样会失败一样，因为这无非意味着完全取消它。[③]

必须谈论一种在应用的效果中才证明自身的原则，但这原则在那里却已经不再是唾手可得的，这种窘境在谢林看来绝不是什么缺陷，反而是一个过程的根本标志，这一过程是在双重化（Verdoppelung）的统一性（Einheit）借这双重化而在客体中镜像性地面对自身，却遭到遗忘并仅仅还能被设想为非存在的时候发生的。

> 你们要求意识到这种自由？但是你们也考虑过只有通过这种自由你们

---

① F. W. J. Schelling，System des transzendentalen Idealismus，in：SW 3，369.（译文参考《先验唯心论体系》，梁志学译，商务印书馆，1981，第 35 页，有改动。）

② F. W. J. Schelling，Initia Philosophiae Universiae，Erlanger Vorlesungen WS 1820/21，in：SW 9，229.

③ F. W. J. Schelling，Vom Ich als Princip，in：SW 1，181.

> 所有的意识才是可能的，考虑过条件不可能被包含在有条件者（das Bedingte）里面么？你们考虑过只要自我在意识中显露，它就不再是纯粹的绝对的自我了么？考虑过对于绝对自我来说根本就没有什么客体么？因而还考虑过它不大可能自身变成客体么？——自我意识以丧失自我的危险为前提。①

智性直观在它的直接性和本源性里永远只能被“回忆”。它的作为自由活动的本质恰恰在于它任何地方都没有立足之地。在客体这方面智性直观维持着一个不断自我外化的过程，这过程不会在一个对象里停息下来，而是把对象当作它不愿意“是”［sein］的东西来知觉。在主体方面智性直观推动着一个不断自我直观的过程，这过程一再地“毁灭”着人格性，因为任何要把它提升到意识里来的尝试都会阻碍它的生产性。

> 我们从智性直观中苏醒，如同从死亡的状态中苏醒一样。我们通过反思（Reflexion）苏醒，即通过被迫返回到我们自身（……）。假如我继续这种智性直观，我就会停止生命。我会走出时间而进入永恒!②

谢林小心地使智性直观不要与任何实存的经验混为一谈，这种小心谨慎早在《关于独断主义与批判主义的哲学通信》（1795年）里就已经可以借助于一个反面的例子得到证明：“随处想到自己”这种幻觉是

> 所有迷狂的原则。当它成为体系时，它只不过是通过对象化了的智性直观，通过人们把对他自身的直观看作对外在于自身的客体的直观，把对内部的智性世界的直观看作对外在于自身的超感官世界的直观，而产生的。③

不仅仅“古代哲学”的迷狂沉溺于这种“虚构”；特别就连斯宾诺莎主义，甚至全部的神秘的体验，都是在这种幻觉上中的招，都“在这种神性的

---

① F. W. J. Schelling, Vom Ich als Princip, in: SW 1, 180.

② F. W. J. Schelling, System des transzendentalen Idealismus, in: SW 3, 325.

③ F. W. J. Schelling, Philosophische Briefe Über Dogmatismus and Kriticismus, in: SW 1, 320f.

深渊里被吞没了”，却仍然“作为这毁灭的根基一再地思考到它自己本身”。对于以“即使我不再存在，也毕竟还要存在”这个表象为基础的这样一种操心，谢林解释为一种绝望的表达。把认识活动绝望地坚持在一个不依赖于它的结果之上，这源于这种猜疑，即“至善”就在于“虚无”[1]，而与虚无相符合的只能是某种完全“外在于自身”的“认知”。

以此为前提，现在明显看得出谢林是如何尝试使形成着的自我在他的体系的展开进程中成为主人的。《先验唯心论体系》在区分生产性（produktiv）的活动和反思性（reflektiert）的活动的基础上建立了一种“先验的考察方式，这种方式绝不是一种自然的方式，而是一种人为的方式”[2]，为的是使认识的宣告活动通过其生产活动而曝光。凡是意识在思维、认知和行动中所逃避的东西，凡是这种绝对非客体的东西，都应该通过一种人为的先验考察方式带到意识前面来。这将通过一种技术得以完成，这种技术模仿艺术创造的进程，以意识方向的倒转以及自我和非我关系的倒转为出发点。谢林 1800 年在《先验唯心论体系》里称这种处理方式为“先验艺术”：

> 不是在普通认知中，有关那客体的认知本身（认知行动）消失了，而是相反，在有关认知行动的先验认知中，客体本身消失了。（……）先验的艺术将正好在于，在行动和思维的二重性中持久地维持自己的技巧。[3]

这种技巧就是谢林对不可传授之物（Unvermittelbares）的哲学认知何以可能的问题的回答。

这一切所不可掩盖的是，这种建构极为做作，没有任何无论怎样造成的经验是以它为基础的。建构和证明（Demonstration）是分不开的。像康德那样从他的对经验的先验批判理论的视角来思考的证明，谢林同样是完全不会有的，就像不会对倒转的知觉进行反思一样，例如诺瓦利斯在把情不自禁地看（Se-

---

① F. W. J. Schelling, Philosophische Briefe Über Dogmatismus and Kriticismus, in: SW 1, 326.

② F. W. J. Schelling, System des transzendentalen Idealismus, in: SW 3, 345.（译文参考《先验唯心论体系》，梁志学译，商务印书馆，1981，第 11 页，有改动。）

③ F. W. J. Schelling, System des transzendentalen Idealismus, in: SW 3, 345.（译文参考《先验唯心论体系》，梁志学译，商务印书馆，1981，第 11 页起，有改动。）

hen）转化为某种悬而未决的状态时就设想过这种倒转的知觉。以某种方式，甚至颠倒的秩序（ordo inversus）也成了这个哲学体系的建构原则，因而成了一个认知（Wissen）的问题，而不是一个知觉性的知识（Erkenntnis）问题。设想通过倒转反思的方向而在现实中取得一种直接经验的眼光，这经验具有一种“被一切从外部添加进来的东西剥夺了的自我”，这样的理念只是一种自我否认的虚构。囿于这种矛盾，即从一种意识必须要摆脱掉的经验出发，但又想把这种经验告诉给意识，谢林就像席勒和荷尔德林以前已经做过的那样，追溯到作为一种翻译机能的审美知觉，这种翻译机能使得所要求的矛盾心理，即“同时既是被直观的东西（生产者）又是直观者”，成为它的理解视野。但应归于这样一种知觉的只是这种功能，它为那种在完全不确定的意义上叫作“智性直观”的东西建立一种理解视野。谢林在这里用“审美知觉”指“古代意义上的那个词”，也就是感性（*asthesis*）的意义上的那个词。

> 完美的美学 Aesthetik（在古代意义上用这个词）将创立源自经验的行动，这行动只有作为对智性行动的模仿才是可解释的。[①]

智性直观可以按照审美直观的尺度来适应一种意识，谢林把这一主题当作他的先验哲学的机能的问题：“这一绝对无意识的东西和非客观的东西之被反思（Reflektirtwerden）只有通过想象力的审美活动才是可能的。”[②] 他这就对智性直观做出了不同于费希特的解释，后者只强调它的实践的重要性——从应然的角度来说。

对艺术产品的审美直观要作为补充来看，它在体系的终点——超出了理论和实践——结束了对自我的发展史的描述。谢林的先验逻辑使建构意识的行动移居到生产性活动和直观的边界，在这里这一行动自身被纳入了视野。凭借这种直观，“必须用来理解这种方式的哲学的感官”正式地完全转入到了客体中，一切对哲学的需求都停止了。因此谢林把这种直观也称作哲学的工具论和凭证，因为对恢复和描述绝对的东西的努力是哲学反思在自己的体系里的写

① F. W. J. Schelling, Philosophische Briefe Über Dogmatismus and Kriticismus, in: SW 1, 318.

② F. W. J. Schelling, System des transzendentalen Idealismus, in: SW 3, 351.（译文参考《先验唯心论体系》，梁志学译，商务印书馆，1981，第16页起，有改动。）

照，这种努力在完成了的艺术品里被反映出来了。在《先验唯心论体系》里，以一种客观性对抗智性直观的生产性活动的任务落到了艺术身上，艺术把这种客观性当作一种追求无限的活动不再进行限制。艺术的秘密在于对一种认知提出要求，这种认知是每个人只要他正确地理解自身就已经自发地拥有的。单纯的生成（Werden），正如它已经把自然体现在其有机的自给自足中一样，在艺术品中成为实在的。艺术和哲学在这里以一种如此引人入胜的关系互相建立起来，以至于谢林可以这样来表达：

> 所以哲学和艺术一样，都完全是建立在创造能力的基础上的，两者的区别仅仅基于创造力的不同方向。因为艺术的创造活动（Produktion）是向着外部的，以便通过作品（Produkte）来反映无意识的东西，反之，哲学的创造活动则直接向着内部，以便在理智直观中反映无意识的东西。①

唯独艺术可以展现“绝对的连续性”，因为唯独艺术能够把构成体系的进程的两个方面：主观的或观念化的活动和客观的或实在化的活动，在它们的交织中展现出来。相反，哲学的建构则只是在自己本身中（an sich selbst）一再地展示这种“连续性”的丧失，但是这样也披露了一种可以被解释为自我的形成史的过程，自我要在它的直接的行动本身中直观它自身。这种诗意的自由首次置入作品中的，是谢林作为他的扩展了的对自由的理解的特殊成就来炫耀的东西，这也就是说，和作品一起“自由首先恢复了它的权利”，因为自由现在已经发展成了一种包含着主体性和客体性的原则。艺术家通过囊括主体和客体的领域，代表了一种从一开始就在自我创造着的意识。在《天启哲学》里有很好的例子。谢林在书中写道：“塞万提斯讲到奥坎那（Ocanna）的一位画家，人们问他画的什么，他回答说：‘显露出来的东西’”。在艺术中关心的是捕获否定性，它是生成（Werden）在其流逝中所特有的。被展示的某种东西逃避那仅仅存在于过渡中、“结果中”的东西。这是这样一种绝对自发性的状态，谢林要求把它当作是对现实的哲学思考的不可追忆的开端的赞同，它处于审美状态的核心：

---

① F. W. J. Schelling, System des transzendentalen Idealismus, in: SW 3, 345. 译文参考《先验唯心论体系》，梁志学译，商务印书馆，1981，第 17 页。

> 我们可以说，如果从艺术中去掉这种客观性，艺术就会不再是艺术，而变成了哲学；如果赋予哲学以这种客观性，哲学就会不再是哲学，而变成了艺术。①

真正使艺术不同凡响的是它表明了一种对事物的关系，这种关系早在一开始就已构成了自然和自由之间特有的合法性："两者之间彼此互不依赖，尽管它们协调一致"②。在先验体系的最后一章用神话—诗性的句子清楚地表达了谢林自然哲学的这种美学基本特征：

> 我们所谓的自然界，就是一部写在神奇奥秘、严加封存、无人知晓的书卷里的诗。要是真能揭开这个谜，我们就会从中认出精神的奥德赛，精神也是神奇地受了迷惑，不断寻找自己又不断躲避自己的；因为精神的内蕴只是如同透过词句一样而透过感性世界闪现出来的，我们向往的幻想之国只是如同透过半透明的迷雾一样，也是透过感性世界闪现出来的。③

自然就是一首诗——只有通过它是诗，它才存在着。诗的比喻在这里不是隐喻。谢林在这里直接而本真地把"我们所谓的自然界"称为"一部诗"，就像他把宇宙理解为"绝对的艺术品"④一样。但是他同时又在双重虚拟的悖论式的保留之下做了这样的陈述："要是真能揭开这个谜，我们就会从中认出精神的奥德赛"。早在他将但丁式的诗歌解释为象征和寓意的边界现象时就表达了这种保留，艺术把这种保留表明为整体：就是说，与一个"位于尚不确定的远方的点"发生关联，"在那里世界精神自己将会完成这部它所寻思着的伟大的诗篇，现代世界的前后相继将会转变成一种同时并存"⑤。艺术是通往这

---

① F. W. J. Schelling，System des transzendentalen Idealismus，in：SW 3，630.（译文参考《先验唯心论体系》，梁志学译，商务印书馆，1981，第278页。）

② F. W. J. Schelling，System des transzendentalen Idealismus，in：SW 3，579.

③ F. W. J. Schelling，System des transzendentalen Idealismus，in：SW 3，628.（译文参考《先验唯心论体系》，梁志学译，商务印书馆，1981，第276页，有改动。）

④ F. W. J. Schelling，Philosophie der Kunst，in：SW 5，385.

⑤ F. W. J. Schelling，System des transzendentalen Idealismus，in：SW 3，445.

种新的实在论的过渡。它不单纯只是减轻了生活压力的负担，而且在返回到不可追忆的自然时是对未来的承诺。谢林一再预言艺术会在有限中直观无限，这种直观本身就处于一种张力的结构中，只有通过对一种自然的但无意识的发展史的回忆，这种直观才率先以一种自然的象征性的外观，而把自己的形成作为自由启示在现象中。艺术将人类此在（Dasein）的自我解释置于一种无穷运动的绽出的（ekstatische）视野里，这种运动就像奥德赛在神话里的迷途中寻找自己和躲避自己一样。

谢林同样用一句诗意的句子说明了他的历史哲学的基本思想，这个句子超越了主语和谓语的关系：历史是一场戏剧，它只有通过它是戏剧而存在。

> 如果我们把历史设想为一出戏剧，参与其中的每个人都完全自由而任意地扮演自己的角色，那么，这种杂乱的表演中的合理发展过程便只能这样来设想：这是在一切中进行创作的太一精神（Ein Geist），这位诗人，他的那些只是片段的东西（disjecti membra poëtae[①]）就是个别的演员，他预先已经把整体的客观效果与所有个别演员的自由表演建立在这样的协调之中，以至于最后必然会现实地显露出某种合理的东西来。但现在，假如这位诗人独立于他的剧本之外，那我们就只是搬演他所创作出来的东西的演员。如果他不独立于我们之外存在，而只是连续不断地通过我们的自由表演本身把自己启示和揭露出来，以致没有这种自由就连他自己也将不存在，那么，我们便是创作这个整体的共同的作家，是我们所演的那些特殊角色的自身发明者。——因此，自由与客观东西（合乎规律的东西）之间的和谐的最后根据，如果应该存在自由的现象的话，是绝不可能完全变成客观的。[②]

这里描述的不是“总归只以解说当代世界状况为对象的历史”[③]，而是诗的历史。借世界大剧场（theatrum mundi）的暗示，谢林试图传达一种立场，

① 拉丁文：诗人的残篇断简。——译者注

② F. W. J. Schelling, System des transzendentalen Idealismus, in: SW 3, 602.（译文参考《先验唯心论体系》，梁志学译，商务印书馆，1981，第251页，有改动。）

③ F. W. J. Schelling, System des transzendentalen Idealismus, in: SW 3, 590.（译文参考《先验唯心论体系》，梁志学译，商务印书馆，1981，第241页，有改动。）

这种立场——类似像自然和诗歌的比喻这种悖论——把受历史约束的看法转向一种无所不包的、战胜了当下的历史观。但这个至上的世界驾驭者的形象只有这种入门的作用，即从将历史作为戏剧来思考转向将戏剧作为历史来表象。这种比喻性的解释被转化为象征的观察。那俯视着这行动的发生就像俯视一出戏剧一样的世外之神，只有当他以幕后的方式自己引起了这戏剧的发生，以至于他从他的演员们的个体自由的互相配合中产生出来，而不是去指挥他们时，他才存在。

> 就像那环绕于有机自然界的（……）整套魔术，它是以这样一种矛盾为依据的：这个自然界虽然是盲目的自然力的产物，然而又是里里外外地合乎目的的。[①]

这是谢林的表达方式，所以历史也是这样组织起来的——区别只在于，历史是作为变化无常的、在时间中进步着的东西，以“一切发生的事情的总和”[②] 这个自然为背景而发生的。在自由的个体和自己起作用的个体的相互配合中，以及通过这种相互配合，世界历史以自主创作（autopoetische）的方式把自身实现为一个合目的的整体。在这里回溯到一种超验主体有助于抢先给人类自由的实际性（Faktizität）——它自为地、一刻不停地存在着——赋予一种人格的同一性，在这同一性中自由不必纠正自身。

谢林在《自由论文》（1809 年）中称这种神和人类自由的统一为

> 一种直接创造性的统一。依赖性并不取消独立性，甚至也不取消自由。它没有规定本质，它只是说不独立的东西也总有可能是本质，它只能作为它所依赖的本质的后果而存在；它没有说这个本质是什么，以及它不是什么。[③]

---

① F. W. J. Schelling, System des transzendentalen Idealismus, in: SW 3, 608.（译文参考《先验唯心论体系》，梁志学译，商务印书馆，1981，第 257 页，有改动。）

② F. W. J. Schelling, Philosophisches Journal 1797/8, in: SW 1, 466.

③ F. W. J. Schelling, Freiheitsschrift, in: SW 7, 345f.

凡是没有考虑到原因和结果之间的这样一种关系的人——就像（雅科比的）关于事物内在于神的学说一样——就会误解“主语与谓语的关系”，只赋予它一种同一律的空洞表象。

谢林在他的戏剧比喻中只是表面上放弃了自律的立场。历史的前定和人的自律在一种平等的、被预先加固了的作用关联中得以理解，通过这种作用关联，历史进程作为“一种绝对无规律的系列”，同时也作为“一种绝对合规律的系列”① 得以发展起来。这种比喻所表达的、同时彰显了一种生动的对自由的理解的区别就在于，在自由中行动的主体虽然是自然的行动着的主体的隐秘的必然性的代理人（一切智性的东西都是它的因次），但是，没有完全自律的行动，自然规划（Naturplan）的隐秘的必然性就不可能成形。只要代理人的自由是某种隐秘的必然性的手段，那么诗人就不依赖于他的戏剧的代理人；只要隐秘的自然的必然性被命令执行它的自由，那么诗人就依赖于这些代理人——只是这样的话演员也是他们的戏剧的“共同作家”。在这种加固中“无规律性或者说自由和规律性的共存”② 获得了保证，既不损害自律的立场，也不损害神义论的动机。于是，这种具有彻底的自我开端性的自律观念并没有相对化，而是在一种广义的自由理解中被思辨地扬弃掉了。戏剧的比喻在这里就像镜子一样，有助于理解这种既摆脱了内在表象又摆脱了外在表象的观点。“主观上我们为内心的显现而行动；客观上则根本不是我们在行动，而是仿佛一个他者通过我们而行动”。③

3. 自由的体系

现在要讲到第三个要点，即如何能够系统地理解人类自由的本质的问题。谢林 1809 年在他的即兴之作《对人类自由的本质的哲学研究》中阐明了这个观念。这部著作属于谢林最美的论文之一，不仅在哲学上，而且在文笔上。除了将他的自然哲学扩大到一种自由的宇宙演化论，这本著作还包含一部神谱。接下来我将就这个问题最后简短地讲三个主题：

---

① F. W. J. Schelling，System des transzendentalen Idealismus，in：SW 3，602.（译文参考《先验唯心论体系》，梁志学译，商务印书馆，1981，第 251 页，有改动。）

② F. W. J. Schelling，System des transzendentalen Idealismus，in：SW 3，599.（译文参考《先验唯心论体系》，梁志学译，商务印书馆，1981，第 249 页，有改动。）

③ F. W. J. Schelling，System des transzendentalen Idealismus，in：SW 3，605.（译文参考《先验唯心论体系》，梁志学译，商务印书馆，1981，第 254 页，有改动。）

第一，谢林在他的自然哲学中所描述的精神的有机的生成要从自然基础中推导出判断的产生，从而揭示出判断的本体论基础。这里的难点是使人获得这样一种意识，即意识到他自身——作为精神——在自然进程中达到了这样一个位置，自然在这一位置上意识到了它自身就是行动着的。以此为背景，谢林在他的《自由论文》中建构了一种自我意识，在这种自我意识里精神在物质的基础上自己将自己作为一个与物质分离开的东西生发出来。这个自己是它“特有的行动”；但它不再只是没有在时间之中的任何地点——正如在康德和费希特那里一样，而且还作为一种“按照自然来说永恒的时间”[①] 遍历了时间——而不被时间抓住（unergriffen）。于是谢林通过自我的前反思的（präreflexiv）建构史避免了自我规定的循环，这种循环是这样产生出来的，即，为了能自己规定自己，这自我总是必须已经被建立了。这种从道德哲学上的自由理解到前反思的自由理解的转变对于具体做决定具有深远的影响：自由不再是发生在孤立的自身关系中，而是发生在对其他人及与另一个人的人格定位里。可归责性的问题也发生了改变：个人人格不为他曾经想要的东西负责，而是为他所是的东西负责。这种决定现在是生命史的一部分，并对它——连同它所有的爱好、行动倾向和习惯——起反作用。

第二，如果把自然变成人的判断力为了能发挥作用而被指定的物质基础，那这只有在存在和思维彻底分离的前提下才能显示出来，人的意志正是在这种分离中产生的。因此判断不再可以只是一种唯逻辑的操作，而且表达了一种本体论的基础决定，对于这决定来说现在意志是起决定作用的。（用现代的说法，代替这种考虑将对自然科学的伦理的一切追问作出决定——从基因技术到干细胞研究）。为了认知中的这种自由，康德和费希特唯心论里的单纯形式上的自由概念是一种从所有约束和上下文联系中摆脱出来了的自由概念，它必须与一种“更高级的唯心论的”实在的、有生命的自由概念相调和。在道德哲学上这意味着：自由必须被理解为一种“善和恶的能力”[②]，从而被理解为一种也能够反对善和恶的种属条件的能力——用神学的话来说，自由在这种规定中必须在“一种不依赖于神的根基”[③] 里拥有自己的原因，在自然那里——即

① F. W. J. Schelling, Freiheitsschrift, in: SW 7, 385f.

② F. W. J. Schelling, Freiheitsschrift, in: SW 7, 385.

③ F. W. J. Schelling, Freiheitsschrift, in: SW 7, 354.

在神那里。从生存本体论来说这意味着：在人类的自由里有虚无的优先选择权。

第三，在自然的基础上的这种精神建构可以被描绘为（或者不如说“被讲述为”，因为这里涉及的是一种神话诗学的过程）一种绝对自我意识的展开；一种现在从时间上本质地前置（präfiguieren）了的自我意识。自然作为自我意识的先验的史前史似乎在等待着它的拯救。它是一种在永恒里要不断重复的时间。现实的时间（当下）把它的起源（过去）和它的目标（未来）建立在它自身之外。或者换句话说，

> 自我（……）不再回忆起它迄今走过的路，因为这条路的终点恰恰只是意识，所以自我（如今是个别自我）是本身无意识地、对此毫无认知地走过了通往意识之路。（……）科学的任务（……）就其对自我而言无非就是记忆档案（Anamnese），就是回忆起自我在它的普遍的（它在成为个体之前的）存在里曾经做过和曾经遭遇的事情。①

这些人们有可能会以为是弗洛伊德说的话，是谢林在他的《近代哲学史》（1833 年/1834 年）这本书里写下的；他们并非偶然地致力于同一个基本概念群（谢林的追随者中有生理学家约翰内斯·穆勒。他的学生恩斯特·布鲁克是弗洛伊德的老师之一）。只是有一个重要的区别，谢林这里谈的不是人的心灵，而是“世界灵魂”，人的心灵被划入其展开过程。这里涉及一种绝对自我意识的——或者时间中的永恒者的——历史展开进程。在所谓的《启示哲学》（1843 年）的最初稿本中有一段谢林解释同一律（绝对同一性）的手写笔记，在其中描述了三种时间绽出（Zeitekstase）或者叫世界时代：过去，现在和将来。处于开端的不是“我是我所是”，而是“我是我曾经所是”。这个开端不会停留在距离中，而是继续追问什么可以把它建立为实存。而这就与黑格尔所做的完全不同，黑格尔将物质或自然高贵化而试图克服精神的优先地位或一元论（这是黑格尔的特征），以有利于使物质的东西精神化或理念化——但这更多的是下一讲我们谈到谢林对黑格尔的批判时的内容。

---

① F. W. J. Schelling，Zur Geschichte der neueren Philosophie，Münchener Vorlesungen，in：SW 10，94.（译文参考《近代哲学史》，先刚译，北京大学出版社，2016，第 111 页起，有改动。）

4. 结语

对人类自由的本质进行沉思，对于谢林来说意味着对一种真正的自然哲学的原理提出要求，按照这些原理自然必须作为一种自为存在的力量来把握，这种力量恰好不是只限于作为认识的某种特定领域而存在的。在自然里不要把任何东西当成死的，而是要把一切都当成有生命的来把握，也就是当成还封闭于自身之内的、未展开的自由来把握。自然哲学的任务就是要指出："生成（das Werden）的概念是唯一与事物的自然本性（Natur der Dinge）相适合的概念"[①]。考虑到神或绝对自由，这就说明事物的创造不能被理解为自然写好的书，在这本书那里神——按照古老的泛神论的看法——一直停留在外部和之前。事物的自然毋宁必须被解释为神的自行生成（Selbstwerdung），该生成是由一个不依赖于神自身的（但又不是与它无限不同的）根据中发展出来的。万物

> 从绝对上来看，不可能成为神，因为它们与神 toto genere（从种属上完全）地或者更准确地说无限地不同。为了与神不同，它们就必须生成于一个不同于神的根据。[②] 神的自我否定是神在自然中进化的前提。

在《自由论文》一开始的这种思考上决定性的是对"神在它自身中拥有自身的根据"这句话做了新的推敲，因为这个根据现在不再被解释为形式的根据，而是被解释为质料的（material）的根据，预期性的意志（ein ahnender Wille）是它所特有的。"因为没有任何东西在神之前或在神之外"，于是谢林得出结论：

> 神必须在它自身中拥有它实存的根据。所有的哲学都是这么说的；但是它们都把这个根据当成一个单纯的概念来谈论，而没有使它成为一种实际的、现实的东西。神在自身中所拥有的自己的实存的这一根据并不是被绝对看待的神，即并不是就其实存着来看的神；因为它只是它的实存的根据，它（Er）就是自然——在神里面的自然；是一种虽然和神不可分离

---

① F. W. J. Schelling, Zur Geschichte der neueren Philosophie, Müchener Vorlesungen, in: SW 10, 358f.

② F. W. J. Schelling, Zur Geschichte der neueren Philosophie, Müchener Vorlesungen, in: SW 10, 359.

但毕竟是有区别的本质。[①]

由于谢林这样把自然规定为在神里面的根据（Grund in Gott），在他的思辨性的创世论的语境下，可能性的概念就增加了一倍：一方面成了可能性的黑暗的混沌，这些可能性从来不应该是现实的，而应该永远只保留在根据中；另一方面成了明亮的可能性，神的话语创造了它们并赋予它们以形态。两类可能性密切地互相参阅，这种关系谢林称之为精神。根据的可能性是在神里面的永恒条件，它是神本身不可支配的——是一种盲目的、绕自身旋转的意志。只是由于神能把这些可能性变成自己的可能性，万物的创造才以一种理智的方式展开。在这种意义上的创世不是在其一开始就已经是善的——它只有通过战胜了无规则的、混乱的、未完成的神才生成为善的。

现在决定性的是谢林在这种创世神学上所能够建立起来的人类学。因为这种人类学不是源自“相对的不依赖于神”，而是源自“绝对的不依赖于神”。这个本质，这个恰好就是这种界限自身的本质——或者像谢林所说的，一种自性（Selbstheit），这自性能消解那些在神里面不可消解的原则，因为它在自由的反思中再生产了在神里面神自身所不可支配的永恒条件——这个本质就是第一个人，即面对着从善还是从恶处于自由选择中的原人亚当（*Adam Kadmon*）。人类的实存就这样成了争斗的竞技场，神本身在最初的自然本性里也未能平息这种争斗。正如谢林在他的《埃尔朗根讲演录》里写到，这争斗是把神的开端送入一个开始动作的“神圣车轮的解决办法（die Lösung des göttlichen Rades）”[②]。它是界限，是已经成为人的神，关于这神克尔凯郭尔将这样说：他是持续不断的过渡，是一种“无限性和有限性、有时效的东西和永恒的东西、自由和必然的综合”[③]，是人们绝望地想成为自身和绝望地不想成为自身的综合。但是这样一来从自由堕落的可能性作为自由的构成性的本质特征就尤其发挥作用了——这就是恶。恶的概念宣布在此获得了一种原理上成系统的功能。这功能在于，从对康德唯心论的后继者来说有决定性意义的道德

① F. W. J. Schelling, Zur Geschichte neueren Philosophie, Münchener Vorlesungen, in: SW 10, 357f.

② F. W. J. Schelling, Initia Philosophiae Universiae, Erlanger Vorlesungen WS 1820/21, hrsg. V. H. Fuhrmas, Bom, 1969, 143.

③ S. Kierkegaard, Die Krankheit zum Tode, in: Gesammelte Werke, 24/25, Düsseldorf, 1954, 8.

哲学的语境里迈出了走向人格本体论的关键一步。对这方面的最后一段引言是：

> 自性本身就是精神，或者说人就是作为一种很自我的（尤其区别于神的）本质的精神，正是这样一种结合就构成了人格性。但是由于自性就是精神，它同时就从被造物提升到了超越被造之物，它是意志，这意志在完全的自由中看到了自己，它不再是在自然中进行创造着的普遍意志的工具，而是在全部自然之上和之外。①

作为悬浮着的中点，作为神和魔之间的“转折点”（Krisis），人因而不能停留在悬而未决之中。

> 人类被置于那样一个顶峰，在那里他在自身之内同等地拥有通往善和恶的自己运动的源泉：在他身上原则的纽带不是必然的，而是自由的。他面临一个抉择点；凡是他也会选择的东西，就会成为他的行为业绩，但是他不可能停留在狐疑不决的状态，因为神必然要把自己启示出来，因为在创世时尤其不可能有什么东西保持模棱两可的状态。②

这种情况下在道德神学上有意思的是：在一种遵循着实在的、有生命的自由概念的自由学说里，可以引入一种与神类似的反思立场，也就是来自于“一种从自身出发自由地行动的本质”，这本质虽然拥有对创世的责任，但却从未把这本质的实存的条件据为己有。人和神的唯一区别只在于他从来没有控制过他的实存条件。与神不同，他的实存条件永远在自身之外。虽然他出于同神一样的根据：他是一个想要成为他自身的统一体。但他正好是作为“还只是在根据中才现成着的神的那种隐藏在永恒渴望中的萌芽”的意志而存在的。一方面他来源于“在神自身内不是它自身的东西”，③ 也就是说，来源于在神中的自然（Natur in Gott），从而是被造物的本质。另一方面人又是迈进到世界

---

① F. W. J. Schelling, Freiheitsschrift, in: SW 7, 364.

② F. W. J. Schelling, Freiheitsschrift, in: SW 7, 374.

③ F. W. J. Schelling, Freiheitsschrift, in: SW 7, 359.

中来的精神，即经过反思的神性本质，代表神工作，神在“它的肖像（Ebenbild）里看到了”它自身并按照自己的本质塑造自然。只要他是神的镜子，并且他仿佛作为被创造的神却仍然避不开神，则“神就（在他身上）爱着这个世界”。[①]

这就不再是带来和谐的神学了：因为这种情况下我们就会考虑，这个启示事件（Offenbarungsgeschehen）是付出了代价换来的，代价也就是冒着违反人的自由和绝对自由的总体关系结构的风险。因为谢林的有生命的、实在的自由概念现在给一种哲学提供了空间，这种哲学将人的实存包括在内，从而不仅把善，还把根本恶开启为人类自由的选择权。谢林之前的整个传统无法解释这个难题：善的根本放弃——即恶——是如何也是一个自由意志的行动？那是对生命的恐惧，是自由的晕眩，这种晕眩“当精神想建立起综合（……），于是俯瞰它特有的可能性，然后抓住它所遵循的有限性”时，就产生出来。这种思想的阐明后来在克尔凯郭尔和海德格尔那里大家都可以再次找到，我想用它来结束我的报告，因为这里就是终结唯心主义的边界了。

---

① F. W. J. Schelling，Freiheitsschrift，in：SW 7，363.

人类：从起源到言语与规划*

奥斯瓦尔德·斯宾格勒　文/舒红跃　译**

内容提要　人类这一善于发明的食肉动物类型是什么时候开始产生的？斯宾格勒认为，人类是因手的诞生而成为人的。在能够自由运动的生命世界中，手是一种举世无双的武器。捕食动物的眼睛（它们“以理论的方式”对待世界）被添加到人类的手上了，后者以实践的方式掌控世界。人类不仅仅挑选武器，而且制造武器。这就是构成人类免于种属强制的自由的东西，这是一种在这个星球上的所有生命历史中唯一的现象。伴随着每一个新的创造物，人类离大自然越来越远，越来越成为大自然的敌人。随着“言语”和“规划”这一对范畴从人类的“手”和“工具”中脱颖而出，这一现象愈演愈烈，在人类的世界和宇宙之间的裂缝也越来越大。

关键词　斯宾格勒　人类起源　言语　规划

---

* 本文译自 Oswald Spengler, 1976, *Man & Technics: A contribution to a Philosophy of Life*, Greenwood Press。原文为该书第三章“人类的起源：手和工具”和第四章“第二阶段：语言和规划”，译文题目为译者所加。斯宾格勒《西方的没落》（1918 年）部分章节涉及对技术的探究，不过该书重点并非对技术之研究。1931 年，斯宾格勒出版了《人类与技术——生命哲学文集》一书，从人类学角度追述技术与人的关系，进一步厘清技术在西方没落过程中所起的作用。本文为湖北省教育厅重大项目“从现象学走向生命哲学——技术哲学研究范式的转换”（项目编号：16ZD018）的阶段性成果。

** 舒红跃（1964—），男，湖北鄂州人，湖北大学哲学学院教授、高等人文研究院研究员，主要研究方向为西方哲学、科学技术哲学。

一

人类这一善于发明的食肉动物类型是什么时候开始产生的？或者说，在人类产生的时候，同时发生的事情是什么？什么是人？它终究是如何成为人的？

答案是——人类是因为手的诞生而成为人的。在能够自由运动的生命的世界中，手是一种举世无双的武器。与它相比较的是其他动物的爪子、喙、角、牙齿和尾鳍。一开始，手中的触觉被浓缩到这样一个程度，以至于手几乎可以被称为触觉器官，这是在眼睛是视觉器官、耳朵是听觉器官的意义上讲的。手不仅仅能够区别热和冷、固体和液体、坚硬和柔软，而且，尤其重要的是，它还能够区分出重量、形状和阻力的位置，等等——简而言之，它能够区分出空间中的事物。然而，除了这一功能之外，生命的活力是被如此彻底地聚集进这一功能之中，以至于身体的整个举止和魅力因这一功能而——同时地——得以成形。整个世界上没有任何事物能够与手这一器官相比，没有任何东西能够像手那样既能触摸，又能做事。捕食动物的眼睛——它们“以理论的方式”对待世界——被添加到人类的手上了，后者以实践的方式掌控世界。

手的起源必定是突如其来的。根据宇宙现在运行的节奏，就像在世界史中其他的那些具有决定性意义的每一件事情（在最高的意义上，划时代的事情）一样，手必定已经形成了，就像闪电或地震那样一闪而过。在这里，我们又一次不得不让我们自己从 19 世纪的“进化的”过程这一概念——这一概念奠基于赖尔的地质学研究——中解放出来。虽然如此一种缓慢、迟钝的改变的的确确适用于英语语言的自然，但是它并不能代表自然。由于能够被测量的各个时代并没有揭示这样的进化过程，为了支持这一理论，几百万年的时间都被投掷进去了。然而，事实上我们不能辨别出地质学上的岩层，除非不明种类和来源的灾难已经为我们把这些岩层给分离开来；同样，我们也不能区分开化石生物的类别，除非它们突然出现并坚持不变，直到它们灭绝。对于人类的这些“祖先”，我们一无所知，尽管我们有着所有的研究①和比较解剖学。哪怕自从

① 总的来说，至于这一“进化”——达尔文认为，拥有一种如此珍贵的武器在为生存而战中有利于物种的保存。问题是，对于能够带来好处的武器，这种武器首先必须被准备好，未完成好的武器将是一种无用的负担，所以，这样一种正面的缺陷，在它的进（转下页注）

它出现开始，人类的骨架一直正是它现在这个样子——即使是在任何一个公共展览中，人们都能够看到尼安德特人这一种类。所以可以说，手、直立行走、头部的位置，以及如此等等是依次地和互不关联地发展而来是不可能的。所有事情是相互纠缠在一起的，是突然成为这个样子的。世界历史昂首阔步地从一个灾难走向另一个灾难，而不管我们能够理解这一事实，还是无法理解这一事实。今天，自从 H. 德弗里斯①以来，我们将这些事情称为“突变”。这是一个突然降临在所有种属的物种之上的内在的变化，当然“既不需要什么节奏，也不需要什么原因”，就像现实中所有其他事情一样。这就是现实的神秘节奏。

更进一步地说，不仅仅是人类的手、步伐和姿态必须一起形成，而且手和工具也是一起形成的——这是这样一种观点，这种观点迄今为止还没有一个人能够发现。没有武装的手就它自身而言是毫无用处的。它需要一种武器，以便它自己成为一种武器。正如工具从手的形状得以成形，手的形状同样也是从工具的形状得以成形的。企图按时间的前后顺序排列划分二者是没有意义的。已经形成的手，哪怕是在一个短暂的时间内，没有工具而能够生机勃勃，这种情况是不可能的。人类的最早残留物，人类工具的最早残留物，二者是同样地古老。

然而，已经做出的划分——不是按时间的前后顺序的排列，而是逻辑上的划分——是技术上的处理，以至于可以说，工具的制作和使用是不同的事情。就像有小提琴的制作技术和小提琴的使用技术一样，同样有轮船的制作技术和航海的又一种技术，有制弓匠的手艺和弓箭手的技巧。没有其他捕食动物哪怕是挑选它的武器，然而，人类不仅仅挑选武器，而且制造武器，并且是按照他自己个人的想法来制造的。具备了这一点，在与他自己的同类，在与其他动物，以及在与自然的搏斗中，他获得了一种可怕的优势。

这就是构成人类免于种属强制的自由的东西，这是一种在这个星球上的所

（接上页注①）化过程中（一种上面我们已经提到的进化）不得不被看成需要成千上万年的。现在，我们可以想象，这种进化过程开始了吗？在有望于探寻世界奥秘的过程中，穷追猛打各种因果关系多多少少是愚蠢的，这些因果关系毕竟是人类思想的形式，而非世界形成的形式。

① H. de Vries，Die Mutationstheorie（1901，1903；English translation，1910）.

有生命历史中唯一的现象。凭借于此，人类得以形成。他使他的活生生的生命达到他的身体条件所许可的最大限度的自由。种属的本能仍然保存着它全部的力量，不过对于被分离了的个体，已经产生了它自己的有思想与有理智的行为，这种行为是独立于种族的。这一自由在于选择的自由。每个人根据他自己的技巧和理由制作他自己的武器。我们所发现的由各种变形的、被丢弃的一件件武器所组成的巨大库存很好地说明了这一原初的思想—行为是多么的小心谨慎。

尽管如此，如果这一片片的武器是如此地相似，以至于人们能够——即使是带着可怀疑的理由——推断出诸如阿舍利文化（Acheulean）和梭鲁特文化（Solutrean）这些可辨别文化的存在，甚至由此把这些文化在所有五个大陆上时间并行的存在视为理所当然——然而，这一确信是没有得到辩护的。这一解释在于这个事实，那一免于种族强制的自由首先只不过是作为一种巨大的可能性而发生，却因极端缺乏任何可实现的独特性而衰落。一方面，没有任何人喜欢被看作是一种怪物而标新立异；另一方面，也没有任何人纯粹只是模仿他人。事实上，虽然每一个人都是为他自己而思考，为他自己而工作，但是，种族的生命是如此地强有力，以至于尽管存在着前面的说法，每个地方的产品都是相似的——说到底，哪怕是在今天情况还是这样。

因此，除了“眼睛的思想”，杰出的捕食动物有理解能力和敏锐的扫视之外，现在我们又有了“手的思想”。从“眼睛的思想”中同时产生出的是理论的、观察的、沉思的思想——也就是我们的“思考”和“智慧”——现在又从“手的思想”中发展出实践的、有效用的思想，这是我们真正的“狡猾”和“智慧”。研究寻求原因和结果，手按照手段和目的的原则起作用。一件事情是适合还是不适合的问题——实干家的标准——与一件事情是真还是假的问题毫不相干，后者是理论家的价值标准。实干家的目标是事实，与此相反，原因和结果的联结寻求的是真理。[①] 在这一智慧中产生出的追求真理的人（牧师、学者、哲学家）和追求事实的人（政治家、将军、商人）具有完全不同的思维方式。甚至自那时起，直至今天，掌控、指挥、紧握的手是意志的表现，这种表现是如此之多，以至于我们事实上拥有一种笔迹学和一种相手术，

① *Decline of the West*, English edition, Vol. 1, pp. 141 et seq; Vol. 2, pp. 212 et seq.

更别说各种各样的修辞格，比如说征服者的“重手”，金融家的“敏捷”，以及在罪犯或艺术家的作品中所揭示出的“手迹”。

带着他的手，带着他的武器，带着他的个人思考，人类成为创造者。动物所做的一切依然停留在它们的种属—行为的限制之内，这一切根本不能把它们的生命变得丰富多彩。与此不同，人类，作为创造性的动物，已经把这样一笔创造性的思想和行动的财富扩散到整个地球，以至于他似乎完全享有把他的简短历史称为“世界—历史”的权力，以及将他周围的人称为“人类”的权力，这些人把大自然的所有其他部分都看作背景、目标和手段。

我们可将思考的手的行动称为“行为”。在动物的生存中已经有活动（activity），但是，行为（deeds）仅仅是伴随着人类才开始的。在这一关联上没有哪一件事情比火的故事更有启发性。人类看到（从因果的角度）火是如何点燃的，许许多多其他动物也能够这样做。然而，只有人类（从目的和手段的角度）思考点火的过程。没有其他行为像这一行为那样给予我们这样印象深刻的创造感。大自然最可怕、最暴烈、最高深莫测的现象之一——电闪雷鸣、森林大火、火山爆发——因此而被人类纳入他自己的生命之中，让人类在自然之中得以生存。对于人类灵魂一直必然所是的事物，就是由人类自己所激发的对火的最初的洞见。

二

在这唯一自由和有意识的行为之下（这一行为故而是从强制性的和集体的种属行为的统一性中出现的），现在，真正的人类灵魂形成了一种非常独立的灵魂（甚至于可以与其他捕食动物的灵魂相比较）；这种灵魂，带有一个人知道他自己命运之后所具有的骄傲和深沉之样式，带有对于拳头的不受抑制的力量感。他们在行动中习惯于使用拳头，他们的拳头是所有人的敌人，带着杀戮、憎恨，带着果决的征服或者死亡。与无论哪一种动物的灵魂相比，这一灵魂是深沉的，并更加具有激情。它站在整个世界的不可协调的对立面，它自己的创造物把它从这个世界中剥离开来。这是一种新贵之灵魂。

最早的人类就像捕食的鸟类一样孤孤单单地栖息。如果几个“家庭”一起卷入一个群体，这是一个最松散类型的群体。因为这时依然不存在部落的想法，更别提什么种族了。这样一个群体是几个男人集会的机会，带着他们的女人，带着他们的女人的孩子，他们仅此一次不再彼此打斗，而没有什么共同的情感和十足的自由。他们并不像小小的种属类型的兽群一样是一个“我们”。

这些强大而孤独的灵魂是彻头彻尾地好战的，不信任、妒忌它自己的力量和它自己的战利品。它知晓当刀刃刺穿充满敌意的身体时的陶醉感，它也知晓血液的味道，知晓敲打在欢欣鼓舞的灵魂上的奇异的感觉。每一个真正的“人”，即使是文明后期城市中的人，时不时在他自身中感受到这一原始的灵魂沉睡着的火焰。在这里，绝不会对生物作出“有用的”或者“节省劳动的”这种充满同情的评价，更缺乏同情、和解和渴望安宁这些丝毫不起作用的情感。与此相反，代替这些情感的是，在这里充满了一个人知晓自己的恐惧、赞美和仇恨（目的是为了自己的命运和力量）后的骄傲，以及报复所有那些不管是活着的生物或者是无生命的东西的冲动——如果这些事物仅仅是由于它们纯粹的存在就对这种骄傲构成了威胁的话。

在一种不断增长的对于整个大自然的离心离德中，这一灵魂昂首阔步地向前迈进。捕食动物的武器是自然的，但是，带有它的人造的、精雕细琢的和挑选了的武器的人类的被武装了的拳头不是自然的。“技巧”是与“自然”相对立的概念。每一种人类的技术过程都是一种技巧，并且永远都是被这样描述的——就比如说，箭术和骑马术，战争的技巧，建造和统治的技巧，祭祀和预言的技巧，绘画和作诗的技巧，科学实验的技巧。每一种人类的作品都是人造的，非自然的，从火的照明，一直到高级文明中特地作为“技巧的”设计的成就。创造的特权一直是从大自然中的巧取豪夺。“自由意志”本身就是一种反叛的行为，而且是锱铢必较的。创造性的人类已经步出了大自然的束缚，伴随着每一个新的创造物，人类离大自然越来越远，越来越成为大自然的敌人。这是人类的“世界—历史”，一个稳步增长的、在人类的世界和宇宙之间存在着致命裂缝的历史——这一历史是一种反叛的历史，这一反叛成熟到人类向他的母亲举起了手。

这是人类灾难的开始——因为在自然和人类二者中间，自然是更为强大的那一方。人类依然依赖于自然，因为尽管发生着这一切，大自然仍然把人类拥抱在她的怀抱中，就像拥抱所有其他事物一样。所有伟大的文明都是失败的。虽然整个种族依然保留着，可却因内在的毁坏和破灭而落入不育症和精神上的腐败，就像田野中的尸体那样。反抗大自然的战争是毫无希望的，尽管如此，这一战争将会持续下去，直至痛苦地终结。

三

武装的手持续了多少个年代——也就是说，自从人成为人以来——我们并不知道。无论如何，总体的年份并不重要，虽然我们今天仍然把这一年份看得太高、太高。这不是一件几百万年的事情，甚至也不是一件几十万年的事情。尽管如此，很多很多的千年已经过去。

然而，第二个划时代的变革已经来临，就像第一个改变一样突然和巨大，同样，它也根本性地改变了人类的命运——再一次地在前文已经提到过的意义上的“突变”。史前考古学很久很久以前就发现了这一点，事实上，在我们的博物馆里所展现的东西的的确确是突然看起来开始不一样的。黏土器皿出现了，“农业”和“畜牧业”（虽然这是对这些词的鲁莽使用——这些词暗含了某些更加现代的东西）的踪迹出现了，棚屋建造出现了，坟墓出现了，旅游的迹象也出现了。一个新技术观和新技术方法的世界来临了。博物馆所展现的角度——这一角度太过肤浅，且沉迷于纯粹的考古发现的排序——已经把较老的石器时代和较新的石器时代，即旧石器时代（Paleolithic）和新石器时代（Neolithic）区分开来。很长时间以来，这一19世纪的分类一直被看成难以怀疑的；最近几十年，各种通过其他一些分类来代替它的企图被提了出来。但是，学者们仍然坚持对对象进行分类的观念——比如说，像中石器时代（Mesolithic，Miolithic，Mixolithic）这些词语所表示的——故而他们是止步不前的。已经发生改变了的，并不是工具，而是人类。再一次，仅仅只有从人类的灵魂出发，我们才能够发现人类的历史。

这一突变的年代可以被非常准确地确定，就在公元前5000年前的某个地方。[①] 最多2000年后，高级文明在埃及和美索不达米亚开始了。历史的节拍真真实实地悲剧性地加速了。迄今为止，成千上万年的时间几乎不起什么作用，但是，从今开始，每一个世纪都变得重要。带着不断地割裂的飞跃，滚动

---

① 参照德格尔斯（De Geers）的有关瑞典带状黏土的研究：《史前史的真实研究》（*Reallexikon der Vorgeschichte*），第二卷，“洪积年表”（Diluvialchronogie）一文。

的石块不断逼近深渊。

但是，事实上到底发生了什么呢？如果一个人更加深入地研究人类活动的这一新的世界形式，那么，他很快就会发现最让人匪夷所思的和最复杂的联系。这些技术，每一个技术都是这样，都假定了彼此间的存在。温驯动物的饲养要求牛马饲料的种植，食物、植物的播种和收割要求能够得到役畜和驮畜，这一切又要求建造动物围栏。每一种类型的建筑都要求各种物质的准备和运输，而运输又要求道路、驮畜和船只。

这一精神上的改变到底是什么呢？我所提出的回答是这样的——有计划的集体行为。迄今为止，每一个人过着他自己的生活，制作他自己的武器，在每日的奋斗中遵循他自己的策略。没有人需要其他人。这是现在突然发生的改变。新的进程占用很长一段时间，在某些情况下需要几年——考虑到在树木的砍伐和船只（由被砍伐的树木所制作的船只）的起航之间所流逝的时间。这一进程的内情是把自己划分为一套排列好的、相互分离的“行为”和一套一个又一个平行地起作用的“图谋”。对于这一集体的程序，不可或缺的先决条件是一种媒介，那就是语言。

所以，句子和单词中的语言既不能开始得更早，也不能开始得更迟，而是像每一件决定性的事情一样，必须恰恰在那个时候迅速地与人类的新方法形成密切的关联。这一点是可以得到证明的。

什么是“言语”（Speaking）?[①] 毫无疑问，“言语”是一个过程，这一过程具有为了它的目的需要告知的信息；“言语”是一种行为，这一行为被许多人在他们相互之间连续不断地实施。“言语”或“语言”只不过是从这当中抽离出来的一种内在的（语法上的）言说的方式，单词紧随其后也是如此。如果信息的的确确是通过这一形式被给予的，那么这一形式必须具备共性，必须具有确切无疑的永久性。我在其他地方已经讲过，在句子的言说之前是较为简单的交流方式，比如说眼神、暗号、姿势、警告性和威胁性的喊叫，等等。所有这些继续还在使用——甚至每一天都是如此，用作言说的补充，就像有旋律的演说、重读、面部表情和手势，以及（在书面语言中的）标点符号。

尽管如此，“流利的”言语——由于它的内容的原因——是某种非常新的

---

① 参见 *Decline of the West*，English edition，Vol. 2，ch. V。

东西。自从哈曼（Hamann）和赫尔德（Herder）以来，人类一直是他们自己来设置其起源这一问题。然而，如果迄今为止所有的答案或多或少都不是让人满意的，那么，这是因为这一问题的意图一直是错误的。因为语词言说的起源并不能在言语本身这一行为中被找到。这是浪漫主义者的错误，他们（离现实依然遥远）是从人类的“原始诗歌”中推演出语言的。不仅如此，此外，他们还认为，语言本身就是这种诗歌——神秘、抒情和祈祷融为一体，诗歌只不过是后来的某种东西，被看成大家每天共同使用的东西。但是，这种观点一直是这样的，语言的内在形式，语法、句子的逻辑构造，带有一种完全不同的样式；事实上，准确地说，正是非常原始的语言——比如说班图人（Bantu）和土库曼人（Turcoman）部落中的那些语言，它们才最明显地显示出清晰、敏锐和无差错地标识的倾向。①

这一切反而给我们带来浪漫主义者的那些不共戴天的敌人，即理性主义者的根本性错误，这些理性主义者永远追求这种理念——句子所表达的东西是一种判断或思想。坐在书桌旁边，周围堆满了书，他们研究他们自己的思想和作品的细枝末节。结果是，对于他们来说，思想显现为言语的对象，（又由于他们通常是一个人坐着的）他们忘记了在言语之外还有听觉，在问题之外还有答案，在自我之外还有他者。虽然他们说的是“语言”，但是，他们所意指的是演说、演讲和交谈。结论是，他们的语言起源观是错误的，因为他们把语言看作独白。

提出这一问题的正确方式不是字词中的言语是怎么形成的，而是它是什么时候形成的。一旦这一问题采取这种形式，那么所有一切马上变得明朗。句子所言说的对象（这一对象通常被误解或被忽视），是由句号来决定的；在句号中句子对言语变得习以为常（也就是说，“流利”），句子因而非常清楚地展示在建构句子的形式中。语言并不是通过独白的方式产生的，句子也不是通过演讲的方式产生的；它们起源于几个人的交谈。言语的对象不能被理解为一个人思考的结果，而是被理解为提问方与回答方相互之间一问一答的结果。由此导致的问题是，语言的基本形式是什么？答案不是判断和声明，而是命令、顺

---

① 原始语言是如此之多，以至于在许多方言中句子是一个怪异的长词，在这一句子中每一个被打算说出的事物是通过分类音节的方式来表达的，这些分类音节按照规则来添加前缀和后缀。

从、阐明、疑问、确信或否认。这些就是句子，它们起初是非常简短的，它们总是向他人言说，比如说“做!”“准备好了吗?”“是的!”“走!”作为概念的名称①，单词只不过是句子的对象的产物，故而可以说，狩猎部落的词汇从一开始就不同于牧牛者村庄的词汇，或者是航海的海岸居民的词汇。最初，语言是一种艰难的行为②，我们可以假定，语言被限定在仅仅不可或缺的那些行为上。哪怕是今天，与城镇居民相比，农民的言语要慢些——农民们是如此地习惯于言说，以至于只要他没有其他事情要做（不管他是否真的有什么事情想说或不想说），他都无法保持缄默，而是出于单纯的无聊而必须喋喋不休和扯淡。

语言的原初目标是完成一个与意图、时机、地点和手段相一致的行为。所以，一清二楚和毫不含糊的结构是第一要务，这对对话的双方来说是困难的，他们要把自己的意思传达给对方，要把自己的意志强加给对方，另外还要提供语法、句子和结构的技巧，还要提供命名、询问、回答和单词分类积累的正确方式——这一切奠基于实用的基础而非理论的意图和目的。在通过句子言语的肇始阶段，理论思考所起的那部分作用几乎是零。所有语言都具有实用的天性，是从“手的思想”开始的。

四

这种“有计划的集体行为”可以更简短地称之为“规划（enterprise）”。准确地说，“言语”和“规划”同更古老的一对范畴“手”和“工具”彼此所处的关系是一样的。在实施各种工作的实践过程中，同几个人说话发展出它内在的、语法的形式，反之亦然，做工作的习惯从思考（思考不得不与单词一起起作用）的方法中得到它的训练。因为言语在于把某些事情传递给另外一个人的思想。如果言语是一种行为，那么它是一种带有感官手段的智力行为。它立马不再需要原初的与身体行为的直接联系。事实上，公元前5000年前的

① 按照实用性的等级，概念是对事物、情境、行为的命名。马匹饲养者不会说“马”，而是说“灰色母马”，或“干草样的小马驹”；猎人不会说“野猪”，而是说“有长牙的动物”，“两岁大的动物”，“（不满一岁的）小猪”。

② 当然，这种行为将一直仅仅是能够流利言说的成年人的行为，就好像书写这种行为又要晚得多一样。

划时代的创新是——从那时起，由于语言的作用，思考、理智、理性（你可以用你喜欢的名称来称呼它）从对做事的手的依赖中解放了出来——着手准备让自己对抗作为在它自身中的一种力量的灵魂和生命。纯粹智力的仔细考量，计算——它在这一节点上出现了（突然的、决定性的和根本的）——达到了这一步，集体行为的有效性就像是一个个体，好像它是某些单个的巨人的行为。或者说就像梅菲斯托费勒斯（Mephistopheles）冷嘲热讽地对浮士德所言（Faust）：

对于我的马车来说，
如果我能够付出六匹马的价钱，
它们的力量难道不是都归我所有?
我好像有了二十四条腿，
驰骋得是多么的威风凛凛。

人类，捕食动物，有意识地坚持扩展他的优越性，远远超出他的身体力量的限度。对于他的这一“更大权力意志”来说，他甚而牺牲掉他自己生命的一个重要因素。为了较强的有效性，计算的思想首先产生了，为了这一缘故，他还非常愿意放弃一些他的个人自由。的的确确，他内心里依然是独立的。但是，历史绝不会允许退步。时间，以及生命，是不可逆转的。一旦习惯于集体行为及其他的成功，人类越来越深地把他自己交付给这一行为致命的言外之意。头脑中的规划要求坚定而执着地坚持灵魂的生活。人类成为他的思想的奴隶。

从个人工具的使用到共同的规划，这一步涉及巨大的、被增加了的程序上的人造之物。到目前为止，单纯地与人造的物质打交道（比如说在陶器、织造和磨砂中所做的）并不意味着很多的意义，虽然哪怕它是比在它之前的任何事情都更加有智慧和更有创意的事情。但是，对于我们来说，这些程序的些许踪迹已经降临，与我们今天一无所知的、种类更加寻常的许多事情相比，它们高高在上，的确预设了大量的思想的力量。毕竟，这些是从建造的观念中产生出来的东西。很久很久以前，在比利时、英格兰、奥地利、意大利西西里、葡萄牙有着若干有关金属的知识，有燧石矿（连同轴柄和画廊，通风设备和排水设施，以及佩戴鹿角的各式工具）——很显然，这一切都可以追溯到这些时代。[①] 在新石器时代（Neolithic period）早期，葡萄牙和西班牙西北部与布列塔尼（Brittany）（环绕着法国南部）有着密切的关系，依次，布列塔尼与爱尔兰有着密切的关系，这一关系预先设定了定期的海上交通，因而也预先设定了某些类型的适航船只的建造，虽然我们对于这一切一无所知。西班牙有能够用来建造尺寸巨大的毛石的巨石，这些巨石带着重量超过 100 吨的毛石，它们必须从非常遥远的地方搬运过来，并以某种方式安置下来，虽然我们再一次对所用的技术一无所知。事实上，对于这一物质的挖掘和运输，对于这样的工作在时间和空间上各项任务的指派，对于这些工作的计划、承办和执行，需要多少的想法、计算、指挥，对于这些我们有过任何清晰的了解么？如何事先计算凭借燧石刀这样的产品来进行的跨越宽阔海洋的运输所必需的那一长段时间？即使是“复合弓”，它出现在这一时期的西班牙岩石画中，为了制造它要求筋、角和特别的木头，所有这些都来自不同的地方，另外，它的制作还要求一个复杂的、花费 5 ~ 7 年的制作过程。至于四轮货车的“发现”（就像我们所天真地称呼它的），它预设了多少思考、分类和行为，从目的和所需的运输种类的确定，道路的选择和准备（这是通常被人们所忽视的一点），牲口的供应或征用，到所运输货物的体积、重量和捆绑的考量，护航舰队的管理和住宿等一一排列。

另外一种非常不同的创造物世界从生产的“思想”中产生出来，那就是植物和动物的饲养，在这种饲养中，人类自己取代了自然这一母亲，他模仿她、更改她、改进她、征服她。一旦人类开始种植而不是采集植物，从这时起，毫无疑问，他有意识地为了他自己的目的改变它们。无论如何，被发现的标本属于在野生状态中从未被发现过的物种。哪怕是在最古老的动物骨头的发现物中（这些骨头象征着任何一种被饲养的家畜），我们都已经看到了“驯化”的后果，这一驯化部分地（如果不是全部的话）一直是有意的，是通过深思熟虑的饲养带来的。[②] 食肉动物的猎物概念马上变宽了，它不仅仅包括狩猎中被杀戮的受害者，而且也包括自由的牲畜[③]——它们在一个人造的篱笆里

① *Reallexikon der Vorgeschichte*, Vol. 1, article “Bergbau”.

② Hilzheimer, *Natürliche Rassengeschichte der Haussaugetiere* (1926).

③ 在同样的条件下，就像我们今天树林里的牲畜。

面，甚至是在没有人造篱笆的情况下自由地放牧。[①] 这些牲畜属于某些人——一个部落、一个狩猎小组——牲畜所有者将会为了维持他的这一剥削的权利而搏斗。为了饲养的目的而捕获的动物（其中预设了饲养这些动物所需食物的种植），仅仅是被实施的许多占有模式中的一个而已。

我已经说过，武装的手的诞生，作为其结果，导致两种技术逻辑上的分裂，也就是武器制造的技术与武器使用的技术的分裂。同样地，所谓的有管理的规划导致思想的行为与手的行为的分裂。在每一个规划中，计划与实施是不同的部分，在这些活动中，实施的思想因此而占据了主要的位置。自此之后，既有指挥者的工作，也有执行者的工作，这一事实一直是所有人类生活的基本技术形式。不管是大型的狩猎活动，还是建造寺庙这样的事情；不管是战争的谋划，还是乡村的发展；不管是一个公司的成立，还是一个国家的建立；不管是一次大篷车旅行，还是一次反叛或一场犯罪——所有这一切最初的先决条件是有计划地、有创造性地向构思想法和指导执行，向指挥和分派角色迈进——一句话，有的人天生就是其他人的指挥者，其他人则是指那些天生成不了指挥者的人。

在这一个所谓的有管理的筹谋的时代，不仅仅存在着两种类型的技术——顺便说，就像这几个世纪所进行的那样，这些技术越来越明确地背道而驰——而且还存在着两种类型的人，他们因他们的才能在于这一方面或者那一方面这个事实而分化。正像在每一个过程中既有指挥的技术也有执行的技术一样，同样不证自明的是，既有天生就是指挥的人，也有天生就是服从的人，既有所谓的政治或者经济活动中的主体，也有政治或者经济活动中的客体。这是人类生活的基本形式，由于这种变化表现出这么多次数，表现出各种各样的形式，因而人类生活的这种形式只会随人类生活本身的消亡而灭绝。

无可否认的是，这就是人造物，与自然相反——但这恰恰是“文明”所是的东西。命运可能注定，有时候的的确确注定人类想象他自己能够废除它——人造物，尽管如此，然而这是一个不可动摇的事实。统治、决策、引导、指挥是一种艺术，一种艰难的技术，就像任何一种其他技术一样，它也预

① 甚至在19世纪，印第安人部落仍然尾随大野牛群，就像今天阿根廷的高卓人（Gaucho）尾随私人拥有的牲畜群一样。所以，在某些情况下，我们发现游牧生活是通过定居而非其他方式生长出来的。

设了一种内在的才能。只有孩子才会想象，一个国王是戴着他的皇冠上床睡觉的；只有巨大城市的低能儿，马克思主义者和文学爱好者，才会想象同样类型的事情会发生在商业之王身上。事业是产品，它只不过是作为这一工作——使体力劳动成为可能的工作——的结果。同样地，新的方法的发现、思索、计算和管理是有天赋的头脑的一种创造性的活动，作为必要的后果，执行的角色落在没有创造性的人身上。这里我们遇到一位老朋友，现在多少有些过时的问题——天赋和才华。天赋是——字面的意思①——创造性的力量，个人生命中的非凡火花（它在连续的几代人中神秘地和突然地出现）灭绝了，一代人以后又带着同样的突然性重新出现。天赋是给已经存在的特殊人物的礼物，它能够通过传统、教育、训练和高效的实践而得到提高。练习中的天赋预设了特别的才能的存在——而不是相反。

最后，在天生就是指挥的人和天生就是服从的人之间，在天生就是领导者的人和天生就是被领导者之间，有一种天然的等级上的差异。这一区别的存在是一个明明白白的事实，在大量时期和大量的人那里，这一区别是被每一个人所认可的（哪怕是心不甘，情不愿）。虽然在衰落的世纪中，大多数人强迫他们自己否认或者忽视这一点，然而，正是对这一原则的坚持——“所有人都是平等的”——显示，这里存在着某些必须得到辩解的事情。

---

① 它来源于拉丁语“天才（genius）”，指男性的生殖能力。

马里翁第三个还原的提出及其简评

杜战涛

内容提要 马里翁认为，胡塞尔的还原引向了绝对的（被）给予性，但胡塞尔的还原把给予性限制在了对象性上；在胡塞尔之后，海德格尔的还原也引向了给予性，但把给予性限制在了存在上。在这两个还原之后，马里翁提出了第三个还原，力图通过深度无聊的悬置，引回到纯粹形式的呼唤，从而使给予性摆脱外在限制，实现其真正的绝对性或无条件性。总体来看，马里翁的第三个还原的目的在于使还原服务于给予性，其视角既非认识论的也非存在论的，而是绝对的或无条件的，其价值在于赋予那些既非对象性也非存在性的现象以现象学上的权利。

关键词 马里翁 第三个还原 给予性 绝对性

在胡塞尔的还原和海德格尔的还原之后，马里翁[①]提出了他的第三个还原，力图使被胡塞尔现象学和海德格尔现象学所限制的给予性[②]解放出来，确

① 让-吕克·马里翁（Jean-Luc Marion，1946—），法国当代著名哲学家，法兰西学院院士，巴黎第四大学索邦大学教授，芝加哥大学宗教学系、哲学系客座教授。

② 这里对马里翁的“给予性”（donation）一词的翻译与含义稍作说明。这个词首先来自法文译者对胡塞尔的 Gegebenheit 的翻译，也就是说，法文译者把 Gegebenheit 译为 donation。由于德文 Gegebenheit 的英译是 givenness，因而英译者也把马里翁的 donation 译为 givenness。这会导致英文读者把 donation 完全等同于 givenness。但实际上，就马里翁对 donation 一词的使用来看，它不仅有被动或既成的含义（givenness），而且有主动的含义（giving）。就此而言，把 donation 译为给予性是比较合适的，因为中文的“给予性”可以包含 givenness 和 giving 这两种含义。因而，在本文中，在相关于胡塞尔现象学的 Gegebenheit 时，本文会使用被给予性这个词，而在仅只关涉马里翁现象学时，会使用给予性一词。

保其绝对性或无条件性。那么，这个还原具体是如何提出的呢？它大体有哪些特征呢？接下来，我们首先来看马里翁对胡塞尔和海德格尔的还原的评述，然后看他是如何具体提出他的第三个还原的，最后对第三个还原作出简评。

一　马里翁对胡塞尔还原的评述

在《还原与给予性》① 中，马里翁多次讨论了胡塞尔的还原。比如，马里翁在讨论胡塞尔的《逻辑研究》时说，“为了直观，为了回到事情本身，胡塞尔现象学于 1900—1901 年便不得不否定了一切前设，直至在任何情形下都即刻实施还原，即把思想还原到被给予物之明见性上”②，而且，这种还原“引向了构成和意义给予（Sinngebung）”③。马里翁甚至明确认为，只有还原引向了被给予性，还原在胡塞尔现象学中才具有（实施上的）优先性：“假如没有把现象引向其最终的被给予性，还原本身就没有运用其优先性：‘还原了的现象的被给予性是绝对的无可怀疑的被给予性’。”④

马里翁还认为，在还原到被给予性之后，一切就都消融到了被给予性上：胡塞尔的“普遍的和先验的观念论并未谴责传统存在论试图思考世界之存在或所有其他区域的存在，而是相反，谴责传统存在论没有彻底地思考它，也就是说，没有通过在其根源中对其进行思考从而将其思考彻底”，只有现象学可以“将其归为直观下的绝对被给予性的唯一对象，从而获得存在上的确定性：‘……在这种直观中，它是绝对的被给予性。它作为存在者被给予，作为此处这个（Dies-da）被给予。怀疑其存在是毫无意义的’”⑤，由于一切都要还原

---

① 此书已由方向红教授译出，名为《还原与给予》，2009 年由上海译文出版社出版。由于本文把 donation 译为给予性，为保持统一性，在本文中，称这本书为《还原与给予性》。

② Marion, *Reduction and Givenness*, tr. Thomas A. Carlson, Evanston: Northwestern University Press, p. 18（p. 31）. 本文尽可能给出了与英译本相应的法文本的页码，标注在括号中，下文同此。本文引用的胡塞尔和海德格尔的文本，也尽可能给出了相应的德文本页码。

③ Marion, *Reduction and Givenness*, p. 18（pp. 31 – 32）.

④ Marion, *Reduction and Givenness*, p. 33（p. 54）. 这里马里翁所引用的是胡塞尔《现象学的观念》（S. 50）中的话，马里翁的法文原文为“La donation（*die Gegebenheit*）d'un phénomène réduit en general est une donation absolue et indubitable”，在此，donation 是对 Gegebenheit 的翻译。

⑤ Marion, *Reduction and Givenness*, p. 42（p. 68）. 马里翁这里引用的是胡塞尔《现象学的观念》（S. 31）的文本。

到被给予性，其结果是，“存在者要么消失，要么被还原到同样的被给予性上”，存在者必须“与绝对的意向活动的和内在的被给予物相一致”[①]。

由上述引文不难看出，马里翁把还原与给予性关联在了一起：还原所引向的是给予性。这一点，可以从马里翁《还原与给予性》前言的话直接看出来，马里翁说他的研究的目的是“把给予性置于还原的中心”[②]。这意味着，给予性是还原所要服务的中心，还原所要致力的主要是给予性。而且，还原与给予性之间还有着正比例关系，这种正比例关系可以表述为：“有多少还原，就有多少给予性”（autant de réduction，autant de donation）。[③]

基于还原与给予性之间的关联，马里翁认为，我们要考察下述四个方面的问题：（1）还原者的问题——把正在考察的实事引回到哪一个（引回到谁）？（2）给予本身的问题——通过还原和引回而涉及的给予本身的问题（什么东西被给予）？（3）给予性的方式问题，也就是视阈问题（如何被给予）？（4）何种方式的给予性被排除出了给予性？[④]

依照上述四个方面，马里翁这样来评述胡塞尔的还原：（1）还原的展开是为了意向性的和构成性的自我（Je）；（2）还原把被构成的对象给予自我；（3）视阈是对象性；[⑤]（4）它排除了无法引回到对象性的东西，即排除了存在方式上的根本差异，比如意识的存在方式、用具的存在方式、世界的存在方式等。[⑥]

实际上，上述第（3）个方面和第（4）个方面是密切相关的。马里翁认为，胡塞尔现象学的视阈或框架是对象性，因而把现象学的现象限定在了对象性上：由于“‘被还原的现象’之现象性被还原到了对象之物以及永恒在场之上，所有那未被还原到在场的现象都会被排除于现象性之外”[⑦]。但事实上，现象会有更多种，在对象性之外也会有更多的现象性。马里翁认为，胡塞尔

---

① Marion, *Reduction and Givenness*, p. 43 (pp. 69 – 70).

② Marion, *Reduction and Givenness*, p. xi.

③ Marion, *Reduction and Givenness*, p. 203 (p. 303).

④ Marion, *Reduction and Givenness*, p. 204 (p. 304).

⑤ 在胡塞尔那里，“对象性”比“对象”一词之所指更为宽泛。但在马里翁这里，对象性主要指现象以对象的方式给出自身。

⑥ Marion, *Reduction and Givenness*, p. 204 (p. 304).

⑦ Marion, *Reduction and Givenness*, p. 56 (p. 90).

“陶醉于（对象的）构成问题……囿于其魔力”①，因而没有去寻问其他的现象和现象性，以及意识的存在方式、用具的存在方式、世界的存在方式等。

在马里翁看来，海德格尔离开胡塞尔的出发点在于“现象学的研究目标与对象性并不一致”②，或者说，海德格尔与胡塞尔之间的差异在于“回到事情本身是回到其对象性还是回到其存在？”以及相关的问题，比如“引回（或还原）是由先验自我来实施还是由此在来实施？”③

二　马里翁对海德格尔还原的评述

马里翁认为，现象学从海德格尔那里出现了转向（turn）：“现象学关心的不再是对现象的认识，而是对现象之展示方式的认识，因而它所指向的不再是科学之基础，而是对现象性（phénoménalité）的深思”④。

这里的“现象性”意味着什么？意味着现象之展示方式。马里翁首先引用了海德格尔的话：现象学“与诸现象没有任何关系，尤其是与单纯现象更加没有关系”，现象学所讨论的是现象的“展示方式”（Art der Aufweisung）；马里翁对海德格尔这些话的解释是：现象学“讨论的不是现象，而是通过现象甚至是直接地来讨论现象的现象性”⑤。可以看出，马里翁所说的现象性便是海德格尔所说的现象的展示方式。具体到海德格尔现象学，存在者之显现是由于存在的作用，存在便是存在者的现象性，现象—现象性的对子便体现为存在者—存在。⑥

在具体讨论海德格尔的还原时，马里翁首先引用了海德格尔关于还原的两处较长的文本。第一处文本是：

> 对于胡塞尔来说……现象学还原是这样一种方法……把现象学目光，

---

① Marion, *Reduction and Givenness*, p. 142 (p. 213).

② Marion, *Reduction and Givenness*, p. 2 (p. 8).

③ Marion, *Reduction and Givenness*, p. 2 (p. 9).

④ Marion, *Reduction and Givenness*, p. 49 (p. 78).

⑤ Marion, *Reduction and Givenness*, p. 49 (p. 78). 海德格尔的这段话见 Heidegger, *History of the Concept of Time*, tr. Theodore Kisiel, Bloomington: Indiana University Press, 1985, p. 86 (S. 118), *Being and Time*, tr. John Macquarrie & Ednarcl Robinson, London: SCM Press, 1962, p. 61 (S. 37)。

⑥ Marion, *Reduction and Givenness*, pp. 63 – 64 (pp. 100 – 101).

由生活于事物和人格之世界中的人的自然态度，引回到意识之先验生活及其思维活动—思维对象的体验，在这体验中，对象被构成为意识之相关项；……对我们来说，现象学还原指的是，把现象学的目光从对存在者的把握引回到对该存在者的存在的领会。①

第二处文本是：

把存在者置入括号之中，并未从存在者本身那里夺走任何东西，也不意味着假定存在者不存在。毋宁说，这种目光转变在根本上具有使存在者的存在特征呈现出来的意义。对超越的课题进行现象学的排除，其唯一的功能在于，着眼于存在者的存在使存在者呈现出来……现象学考察所要探究的，仅仅是对存在者本身的存在进行规定。②

对于海德格尔的这种提法，胡塞尔是非常不满的。胡塞尔在 1927 年给因加尔登（Roman Ingarden）的信中认为，海德格尔没有掌握现象学还原，因为海德格尔没有从世间主体性提升到先验主体性，而是又倒退到了人类学立场。

马里翁显然是倾向于海德格尔的。马里翁认为，胡塞尔之所以说海德格尔的还原是一种倒退，是因为胡塞尔只是把现象（显现者）视为意向活动之相关项，而没有真正遵循他自己提出的“回到事情本身”的现象学纲领，因为他没有正视这样一种主张：不仅仅可以把现象（显现者）视为意向活动之相关项，而且也可以把现象（显现者）视为这样一种存在者，即可由这种存在者超越至存在，也就是说，还原实际上可以最终抵达存在者的存在或存在者之现象性。③

依照马里翁的整理，海德格尔从存在者向存在者现象性或存在的还原，有以下两个途径：第一个途径是《存在与时间》以及《时间概念史导论》所提出

---

① Marion, *Reduction and Givenness*, pp. 64 – 65 (pp. 101 – 102), 出自 Heidegger, *The Basic Problems of Phenomenology*, tr. Albert Hofstadter, Bloomington: Indiana University Press, 1982, pp. 20 – 22 (SS. 29 – 30)。

② Marion, *Reduction and Givenness*, p. 65 (p. 102), 出自 Heidegger, *History of Concept of Time*, p. 99 (S. 136)。

③ Marion, *Reduction and Givenness*, p. 66 (p. 104).

的存在问题的三元寻问结构，即，①考察此在这种存在者，②来寻问存在者之存在，③力图抵及存在之意义；第二个途径是《形而上学是什么》的思路，即，通过畏对存在者的拒斥以及对存在的指向，最终从存在者整体引回到存在。[①]

在总结海德格尔还原的特征时，马里翁说，海德格尔两个方式的还原都趋向于这个唯一的目标："在纯粹的亲身给予性中，并作为现象，来接受存在本身"[②]。马里翁之所以这么说，实际上是来自于海德格尔本人对存在的界定。存在者通常是已然站立在我们面前的，"他们存在。他们已然被给予我们，他们在我们面前"[③]。由于存在者已经出现在我们面前，在这个意义上，可以把存在者称为现象。但是，那"卓越意义上被称为'现象'的东西"即存在，却"并不显示"，虽然它属于那通常显示着的存在者，并且"构成其意义和根据"[④]。在海德格尔看来，正是由于存在本身作为现象是"未被给予的（nicht gegeben），所以才需要现象学"[⑤]。因而马里翁说，海德格尔的还原"把一切被给予物引回到因而还原到那恰恰并不直接被给予的东西上，甚至那间接地也不能被给予的东西上（因而它是给予者/donateur）——这个东西即存在"[⑥]。这也就是马里翁说现象学还原的最终目的便是使存在本身亲身被给予的原因。

前文讨论过，马里翁认为胡塞尔还原导向了给予性。同样，马里翁认为，海德格尔还原的目标也是给予性。依照马里翁对还原进行分析的四个方面，马里翁这样来评述海德格尔的还原：（1）它还原到了此在；（2）这个还原给出了不同的存在方式，给出了"存在现象"；（3）它的视阈是存在本身；（4）它排除了那不必存在的东西（ce qui n'a pas àêtre）。[⑦]

马里翁认为，给予性是绝对的或无条件的，因而给予性就不该被限制在对象性（胡塞尔）和存在（海德格尔）上。由于还原的目标是给予性，那么，如果给予性依然受到限制（比如对象性或存在），那么，还原就需要继续深化

---

① Marion, *Reduction and Givenness*, p. 66 (p. 104)；具体见《还原与给予性》第二章第 6 节和第 7 节。

② Marion, *Reduction and Givenness*, p. 75 (p. 117).

③ Heidegger, *Introduction to Metaphysics*, tr. Gregory Fried and Richard Polt, New Haven: Yale University Press, 2000, pp. 29 – 30 (S. 21).

④ Heidegger, *Being and Time*, p. 59 (S. 35).

⑤ Heidegger, *Being and Time*, p. 51 (S. 28), p. 60 (S. 36). 着重号为该书著者所加。

⑥ Marion, *Reduction and Givenness*, p. 67 (p. 105).

⑦ Marion, *Reduction and Givenness*, p. 204 (p. 304).

或推进。于是，马里翁便推出了他的第三个还原。

在讨论马里翁的第三个还原之前，我们先简要考察一下马里翁对给予性的绝对性或无条件性的说明。

关于给予性的绝对性或无条件性，马里翁主要是从胡塞尔那里得出的。比如，马里翁引用了胡塞尔的文本“绝对被给予性是最终之物”，以及“还原了的现象的被给予性是绝对的无可怀疑的被给予性”①。马里翁将其解释为“单独给予性便是绝对的、自由且无条件的，这正是因为它给予”②。如果说，上段引文中的 Gegebenheit 具有被动的含义，马里翁则引用了有主动含义的一段：“我们必须……如其自身给予的那样接受现象”③。对于这段话，马里翁将其解读为一条原则，“这条原则事实上包含了对现象之绝对给予性的定义，因而它朝向的是现象之现象性，并展示出现象性的无条件性”④。马里翁认为，现象之现象性就是给予性，由于给予性是绝对的或无条件的，因而现象性也就是无条件的。由于现象性就是现象之展示方式，那也就是说，现象之展示是无条件的，即，其展示不受任何外在条件的限制，比如，它不受对象性（胡塞尔）和存在（海德格尔）的限制。马里翁认为，还原服务于给予性，那么，如何通过第三个还原来确保给予性的无条件性，使其从对象性和存在那里解脱出来呢?

三　马里翁第三个还原的提出

前文我们说过，马里翁把海德格尔的还原归为两个途径，第一个途径是《存在与时间》以及《时间概念史导论》所提出的存在问题的三元寻问结构，第二个途径是《形而上学是什么》的思路，即，通过畏对存在者的拒斥以及对存在的指向，最终从存在者整体引回到存在。马里翁的第三个还原是接续着

① Marion, *Reduction and Givenness*, p. 33 (p. 54). 这里马里翁所引用的是胡塞尔《现象学的观念》(S. 61, S. 50) 中的话。

② Marion, *Reduction and Givenness*, p. 33 (p. 54).

③ Marion, *Reduction and Givenness*, p. 50 (p. 81). 这段引文来自胡塞尔的 1911 年的《哲学作为严格的科学》，原文为“Man muß, hieß es, die Phänomene so nehmen, wie sie sich geben.”见胡塞尔《文章与演讲》(1911—1912 年)，倪梁康译，人民出版社，2009，第 33 页。

④ Marion, *Reduction and Givenness*, p. 50 (p. 81).

第二个途径提出的。

在《存在与时间》§40 中，海德格尔已经对畏这种基本现身情态（Grundbefindlichkeit）和无进行了讨论。在《形而上学是什么》中，他对无进行了更为深入的讨论。在日常生活中，我们与这个存在者那个存在者打交道，并首先和通常迷失于或沉沦于这些存在者之中。在日常生活中，畏很少发生。而在畏的发生（Geschehen）中，我们惶惶不安（umheimlich），我们日常与之打交道的存在者，乃至所有的存在者包括我们自己，都沉入到了漠然（Gleichgültigkeit）之中。在此之际，存在者整体移离开去，没有剩下任何依撑，只有“没有”向我们袭来。存在者整体的移离而去，无的袭来，意味着关于存在（有，是）的话语（Ist-Sagen）都陷入了沉默之中，也就是说，畏同时也使我们无言。而当畏这种情绪退却之后，我们进行回想就会察觉到，那个我们所畏的，其实本来就是什么都没有。这意味着，“畏揭示了无”[①]。不仅如此，海德格尔认为，“无通过畏并在畏中才是公开的（offenbar）”[②]。这意味着，无的显现条件是畏。此外，无并不是被此在主动揭示出来的，而是相反：在畏中，无是自身一显现的，因为随着滑离着的存在者整体，“无显示（bekundet）它自身”[③]。一方面，畏不是此在的某种主动行为的成就，畏是自我发生的；另一方面，通过畏并在畏中显现出来的无，是自身显示自身的，也不是此在某种主动行为的成就。对于畏和无，此在只能去接受二者的被动发生。

畏揭示了无，那么，下一个问题是，无又是什么样的情形呢？无又如何引回到存在呢？

首先，无不同于存在者，它不是对象性的东西：“在畏中，无揭示它自身，但不是作为存在者而揭示它自身。它也不是作为对象而被给予的。”[④] 在《形而上学是什么》的注释中，海德格尔说，无是一种拒绝，同时也是一种指引，无是拒绝着的指引：无所拒绝的，是“自为的存在者”，而无所指向的，是“存在者的存在”[⑤]。无是“存在者的对立概念，是对真正的存在者的否

① Heidegger, *Pathmarks*, ed. William McNeill, New York: Cambridge University Press, 1998, p. 88 (S. 112).

② Heidegger, *Pathmarks*, p. 89 (S. 112).

③ Heidegger, *Pathmarks*, p. 90 (S. 113).

④ Heidegger, *Pathmarks*, p. 89 (S. 113).

⑤ Heidegger, *Pathmarks*, p. 90 (S. 114).

定……无把自身揭示为是归属于存在者之存在的"[①]。这意味着，无悬置了自为的存在者，当然也悬置了此在指向存在者的意向性，并向存在引回。另外，从此在的角度来说，在畏所揭示的无中，此在才是超越的（Transzendenz），这种超越相关于形而上学的含义："形而上学源自于希腊文的 μετά τά φυσικά。这一名称后来被理解为寻问的标志，即，μετά—trans—'超出'存在者自身（而进行）的寻问。"[②] 在处于无之中的此在那里，存在才显明自身："存在自身在本质上是有限的，只有在嵌入到无之中的此在的超越中，存在才公开自身。"[③] 或者说，只有在无中，"存在者存在而无却不存在"这一哲学上的最源初的惊奇才会发生到此在身上。在无中，存在者的奇异性（Befremdlichkeit）向我们袭来，这种奇异性唤起了我们的惊奇，于是我们开始发问：为什么存在者存在而无却不存在呢?[④]

惊奇是发生在此在身上的情绪，这种情绪是存在使之发生的，或者说，最终是存在使此在有了惊奇这种情绪。在 1943 年的《形而上学是什么？·导言》中，海德格尔说，人可以在存在之声音（Stimme）所产生的调音（Stimmen）之中，学会在无中经验到存在。[⑤] 只有人这种存在者才能够被存在之声音所呼唤，从而经验到"一切惊奇之惊奇，即'存在者存在'"[⑥]。在此，存在发出了呼唤，而人则是被呼唤者（Gerufene）[⑦]，人被存在之声音所调音，从而产生了惊奇这种情绪，并因而开始经验存在。在此，海德格尔似乎是有意借用声音（Stimme）、调音（Stimmen）和情绪（Stimmung）三者在词根上的关联：此在被存在之声音（Stimme）所调动（gestimmt，stimmen 有"使……产生情绪"的含义）[⑧] 而有了情绪（Stimmung），比如畏（作为基本情绪）、惊奇等。可以看出，在"存在和人之本质的关联"[⑨] 中，存在占据了主导性，原

---

① Heidegger, *Pathmarks*, p. 94 (S. 120).

② Heidegger, *Pathmarks*, p. 93 (S. 119).

③ Heidegger, *Pathmarks*, p. 93 (S. 120).

④ Heidegger, *Pathmarks*, pp. 95 – 96 (SS. 121 – 122).

⑤ Heidegger, *Pathmarks*, p. 234 (S. 307).

⑥ Heidegger, *Pathmarks*, p. 234 (S. 307).

⑦ Heidegger, *Pathmarks*, p. 234 (S. 307).

⑧ Heidegger, *Pathmarks*, p. 234 (S. 307).

⑨ Heidegger, *Pathmarks*, p. 282 (S. 372). 人之本质是生存，见 Heidegger, *Pathmarks*, p. 283 (S. 373)。

因在于，首先，是存在之声音对此在发出了呼唤，此在是个被呼唤者；其次，存在之声音调动（stimmen）此在使此在有了惊奇、畏等情绪，从而有可能经验到存在自身。因而，海德格尔说，存在和人的本质的这种关联“归属于存在自身”[①]。

然而，即使在畏所揭示的无中，也不意味着，此在完全领会到了存在的意义，或者说，存在完全对此在显明了自身。向存在的引回，并非已经终结了。

海德格尔认为，“无恰恰是与存在者绝对不同的”[②]，古代形而上学就把无视为非存在者，即没有形式的质料，这种纯粹质料不能把自身构成为有形的东西，因而不能成为存在者。[③] 既然无不同于存在者，存在也不同于存在者（存在论差异），那么，无是不是等同于存在呢？海德格尔说，无和存在是共属的：“无……揭示自身为属于存在者之存在的……存在与无是共属的……”[④] 甚至，“在本质性的畏中，无把存在的深渊般的，然而尚未展显的本质发送给我们”[⑤]。那么，无到底最终是否揭示了存在呢？海德格尔的回答是：没有。无虽然拒绝了存在者自身并指向了存在者的存在，但无却把此在和存在最终隔离了开来：“不同于存在者，无乃是存在的面纱”[⑥]。这意味着，虽然无与存在是互属的，但是，无并不是存在自身，相反，作为中介，无这种深渊般的东西，一方面指向了存在，另一方面却又成了此在和存在之间的深渊，它阻挡了此在，使此在不能与存在面对面，使存在现象未能得到最终的揭示。

存在现象之所以未能得到最终的、完全的揭示，其最终原因在于存在与此在的关系。并不是说，只要此在努力去寻问，就可以最终与存在面对面。在存在与此在这个对子中，占据主导地位的是存在，存在自身决定了它是否展示它自身：“在此在的敞开状态中，存在自身自行展示又自行遮蔽，自行给出又自

① Heidegger, *Pathmarks*, p. 282（S. 372）.

② Heidegger, *Pathmarks*, p. 85（S. 107）.

③ Heidegger, *Pathmarks*, p. 94（S. 119）. 海德格尔关于古代形而上学的这种说法，似乎可以参照普罗提诺的流溢说。普罗提诺认为，纯粹的质料或质料自身（没有形式的质料）是太一（the One）流溢出来的最低级的东西，它就是黑暗，从而是太一（作为光）的反题，也是非存在。

④ Heidegger, *Pathmarks*, p. 94（S. 120）.

⑤ Heidegger, *Pathmarks*, p. 233（S. 307）.

⑥ Heidegger, *Pathmarks*, p. 238（S. 312）.

行撤离。"[①] 相比之下，此在则是承受性的：此在"为存在之敞开状态而敞开，它忍受（aussteht）着这种敞开状态并持立于其中"[②]。其实，"此在"的由来，正是来自与存在相关的承受性："以'此在'所命名的是这种东西：首先是存在之真理的处所（Stelle）",[③] 即，存在在此在这个处所自行展示、自行遮蔽、自行给出与自行撤离，而此在只是"去经验并进一步地思考"[④] 存在，并承受存在的这种自行展示、自行遮蔽、自行给出与自行撤离。进一步说，此在之所以能够去经验并进一步地去思考存在，恰恰在于存在自身的自行展示的需要，因而，此在去经验、去思考存在的这种命运，也是因存在而"被给予（gegeben）"[⑤] 的。因而，海德格尔说，存在与人的本质（即生存）的关系，归属于存在本身，而不是归属于此在。

海德格尔的存在论还原把存在问题最终置入了目光之中，并且，存在最后作为存在之声音或呼声而出现。基于存在—此在的本质关联，此在是否能够真正抵达（引回到）存在，完全取决于存在自身。因而，海德格尔这个现象学家，作为专题地去经验进而去思考存在的此在，这种由存在者向存在的还原或对存在的揭示，最终也是取决于存在自身的自行揭示的。因而，海德格尔的还原不同于胡塞尔的还原。胡塞尔的认识论还原是由胡塞尔这个现象学家主动来实施的，胡塞尔这个现象学家是还原的实施者。在海德格尔现象学中，最终看来，向存在的还原不是由此在所引发的，而是由存在自身所引发的，因为存在自身是否显现自身、何时显现自身、如何显现自身、最终是否完全显现自身，完全是由它自身所决定的。此在向存在引回的努力，只是存在自行展示自身的需要，而此在对存在的揭示和领会，也只是去经验和接受存在自身的自行揭示、自身给出而已。因而，最终看来，对于此在来说，这种还原是被动发生的。

在《形而上学是什么？·后记》中，存在自身并未亲身示人，而是以存在之声音或呼声（或呼唤）而出现，相应地，在这个对子的另一侧，此在则

---

① Heidegger, *Pathmarks*, p. 283（S. 373）.

② Heidegger, *Pathmarks*, pp. 283 – 284（S. 374）.

③ Heidegger, *Pathmarks*, p. 283（S. 373）. 黑尔德认为，"人在世界中作为一个生物而生存，在这个生物的此（Da）中，世界作为世界而呈现出来，也就是说，世界在它从深邃的遮蔽状态中的出现中显现出来"，参见克劳斯·黑尔德《世界现象学》，孙周兴编，倪梁康等译，三联书店，2003，第159页。

④ Heidegger, *Pathmarks*, p. 283（S. 373）.

⑤ Heidegger, *Pathmarks*, p. 96（S. 121）.

是被呼唤者。由于呼唤依然是存在所发出的，而被呼唤者的职能也只是为了接受存在的呼唤，这意味着，呼唤—被呼唤者这一关联体，实际上依然被限定在了存在—此在的模式之上。事实上，无论是早期的存在—此在这一现象关联体，还是后期的呼唤—被呼唤者的现象关联体，都把现象限定在了存在之上。海德格尔揭示了存在现象，但却以存在现象作为现象的原型，从而遮蔽了形式的现象概念。那么，形式的现象概念，能否最终被引回呢？下面让我们来看马里翁所提出的还原（第三个还原）。

现象学的第二个还原（海德格尔）的最终结果是，存在以呼声出现。马里翁的还原从海德格尔的存在之呼声开始。

海德格尔认为，存在之呼声是寂静的声音，它什么也没有说出。“有一些要求，它们对本质中的人提出来，它们渴望而且需要人的回答”①，但是，“我们可以不倾听这个原初的呼唤……事实上，我们不仅可以不倾听这个原初的呼唤，甚至可以给自己一种幻觉：我们不必去倾听它”②。海德格尔发出了疑问：对于这个要求，“我们是否愿意暴露给本质的呼唤呢？”③ 这就出现了拒斥存在之呼声的可能。那么，什么能够拒斥或悬置存在之呼声呢？马里翁的回答是：深度无聊。

不同于海德格尔的无聊，马里翁提出了深度无聊。他首先引入了帕斯卡的“无聊”：“人的状况。反复无常，无聊，躁动不安”，“……人如此之不幸福，以至于在没有理由无聊的情况下，由于他的气质性情的本性，他也会无聊”④。深度无聊不同于虚无主义。虚无主义者（尼采）以极大的热情去热爱这个存在着的、永恒轮回着的世界，然而，深度无聊不去重估价值也不去热爱。深度无聊也不同于否定：否定预设了谓述关系，预设了基底和系词“是”，而且，否定永远在进行否定，它要消灭（否定）存在者。无聊则不否定，它不被任何反对者、斗争等所触动。深度无聊也不同于畏（海德格尔）。在畏中，存在者整体滑落到不确定性中，此在随之感到了无的压力。但在深度无聊中，存在者并不缺席，而是不停地围绕着人，不停地使人分心。总之，深度无聊不估量

---

① Heidegger, *Basic Concepts*, tr. Garg E. Aylesworth, Bloomington: Indiana University Press, 1993, p. 5 (S. 5).

② Heidegger, *Basic Concepts*, pp. 6 – 7 (SS. 7 – 8).

③ Heidegger, *Basic Concepts*, p. 12 (S. 14).

④ See Marion, *Reduction and Givenness*, p. 189 (p. 284).

价值、不斗争、不谓述，也不是没有存在者，并且不承受无的攻击。[①] 无聊也不再让人聆听存在的呼唤。

马里翁认为，“无聊厌恶着”，因为无聊的法文词 ennui 来自 est mihi in odio（为我所厌恶的），这种厌恶，并不是激情或意向，而是对所有激情和意向的悬置。[②] 这种无聊是“彻底的无兴趣”，对无聊的人来说，“没有任何东西有什么差别”（nihil interest mihi）。[③] 不仅是事物之间没有差别，而且，在无聊着的人和这些事物之间，也都没有差别。

这样，无聊引发了双重的取消[④]（或双重的放弃）：它取消了它自己，也取消了世界的存在者。但这种取消不意味着摧毁，而是说，“似乎什么也不存在”[⑤]，这个“似乎”意味着，“世界事实上还保持着其存在性，其光辉以及其全部魅力；但似乎不存在了”[⑥]。“似乎”像是一团朦胧的雾，它消解但不毁灭，取消却又让其完好无损。

简单地说，深度无聊作用于存在现象，更准确地说，无聊悬置了存在现象。这种悬置体现在两个方面：

> 首先，作为对存在之物（what is）的憎恨的弃绝，无聊能够使此在对存在借以提出要求的呼声充耳不闻——这是耳朵的无聊。其次，作为对什么也不想看的视而不见，无聊能够使此在对一切奇迹漠然，甚至是对奇迹中的奇迹，即存在者存在——这是眼睛的无聊。呼声和惊叹虽然被展示给了双倍的无聊，但通过悬置它们，无聊也悬置了那使它们成为可见的和可听的“存在的现象”。[⑦]

这意味着，在深度无聊之中，存在现象被悬置了。

随着存在被悬置，“此在”也就不再是此在了。在海德格尔那里，此在处

① Marion, *Reduction and Givenness*, p. 191 (p. 286).
② Marion, *Reduction and Givenness*, p. 191 (p. 287).
③ Marion, *Reduction and Givenness*, p. 191 (p. 287).
④ Marion, *Reduction and Givenness*, pp. 191 – 192 (pp. 287 – 288).
⑤ Marion, *Reduction and Givenness*, p. 192 (p. 288).
⑥ Marion, *Reduction and Givenness*, p. 192 (p. 289).
⑦ Marion, *Reduction and Givenness*, p. 194 (p. 291).

在两种可能的存在方式之间：本真的或非本真的。而在马里翁这里，一旦无聊使存在被悬置，人就不再关心是否要成为本真的或非本真的自己，也不需要再去决断，因而就“悬置了此在的本质特征”，也就“逃脱了它作为此在的命运”①。或者说，只有在人与存在做游戏的时候，人才会扮演此在的角色，而当人不再与存在做游戏的时候，人就不再扮演此在的角色了。这意味着，无聊悬置了存在对此在的呼声，从而把“此在”从存在那里解放了出来，于是此在“最终把自身建立为此”②。

由于无聊，存在之呼声从“此在”这里剥离，“此在”（Da-sein）就被去除了“存在”（Sein），只留下“此”（da）。存在与此在的关系不再是主人与其领地的关系，而是说，存在是个游子，它曾经对此在发出呼唤，因而曾居留于此，但在深度无聊中，存在已经遭遇到了被驱逐的命运。对存在之呼声的悬置（使其失去作用），就使“此”能够对所有可能的呼声保持敞开。

那么，除了存在之呼声，还有其他可能的呼唤吗？马里翁首先举出了海德格尔所提及过的“天父的呼唤”。海德格尔在 1946 年的《关于人道主义的书信》中说到，人“是救赎史中的人，作为‘上帝之子’，他听到了并接受了圣父的呼唤”③。此外，马里翁又举出了列维纳斯的呼唤：呼唤“在面对在其表达中的面孔时——在其有死性中——指派我，要求我，呼唤我”④。并且，马里翁把这两种呼唤——海德格尔的（基督教的）和列维纳斯的（犹太教的）——统一于《旧约·申命记》（6：4）中的呼唤：“听，以色列，耶和华是我们的神，唯一的神”。

但是，马里翁指出，他提出的这个呼唤，并不是要诉诸神学中的上帝的权威来扩展现象学的领域，而是为了指出，首先，不同的呼声——比如上帝的呼声——会取消或淹没存在所发出的呼声；其次，更为重要的是，在存在发出的呼声之前，已经有了一个纯粹形式的呼声：“在存在的单纯呼唤之前，呼唤的模型就已经施行了。在存在发出呼唤之前，这个呼声作为纯粹的呼声，已经发出了呼唤”，这个纯粹形式的呼声并不是“诸多可能呼声中的一种呼声”，它

① Marion, *Reduction and Givenness*, p. 195 (p. 293).

② Marion, *Reduction and Givenness*, p. 196 (p. 294).

③ Heidegger, *Pathmarks*, p. 244 (SS. 319 – 320).

④ See Marion, *Reduction and Givenness*, pp. 196 – 197 (p. 295).

其实是“这个呼声本身”①。存在之呼声的可能基础，恰恰就是这个纯粹形式的呼声或呼声自身。

由于纯粹形式的呼声不是确定的或不确定的某个个别的呼声，它并没有预先被限定在对象性上（胡塞尔），没有被预先被限定在存在上（海德格尔），甚至也没有被预先被限定在伦理的呼唤上（列维纳斯），也没有预先被限定在上帝的呼唤上（神学），它是空洞的、没有内容的、纯粹形式的呼唤本身。

以上是马里翁在《还原与给予性》中所提出的第三个还原。马里翁说，“第三个还原——我们整个事业无非是要朝向于使我们认识到这一点是不可避免的——准确地说不存在（n'est pas），因为严格地实施着还原的呼唤，并非来自存在的（也非对象性的）视阈，而是来自呼唤的纯粹形式”②。

同样，依照考察还原的四个方面，马里翁这样来概述他的第三个还原：(1) 它还原到被呼唤者，甚至引回到单纯的听者的形象；而这一形象则是由呼唤所创立的，呼唤先于这一形象，这一呼唤是不确定的，是绝对的；(2) 它给出了赠予物本身（le don lui-même），这是让人走向或避开其呼唤之要求的赠予物；(3) 其视阈是绝对无条件的呼唤和绝对无限制的回应；(4) 呼唤之要求是没有条件和规定性的，因而这一呼唤就没有限制，既不限制于对象化之物也不限制于非对象化之物，既不限制于必定存在之物也不限制于不必存在之物。③ 马里翁说，简而言之，第三个还原还原到了被呼唤者（interloqué），因而给出了一切能呼唤的东西和能被呼唤的东西。

此外，由于马里翁认为，还原总是引向了给予性，因而，他在《还原与给予性》的“结语”部分，提出了“越多还原，越多给予性”的原则。④ 在他看来，还原并不是一个独立封闭的概念，而是与给予性有着本质关联，即，还原必然引向给予性。

在《还原与给予性》中，马里翁提出的第三个还原，把前两个还原引回到了纯粹形式的呼唤。而在《被给予》中，马里翁将此说法修正为，第三个还原引回到了给予性。在《被给予》开篇的“初步回应”中，马里翁说，“胡

---

① Marion, *Reduction and Givenness*, p. 197 (pp. 295 – 296). 着重号为该书著者所加。

② Marion, *Reduction and Givenness*, p. 204 (p. 305). 着重号为该书著者所加。

③ Marion, *Reduction and Givenness*, pp. 204 – 205 (p. 305).

④ Marion, *Reduction and Givenness*, p. 203 (p. 303).

塞尔的先验还原事实上是在对象性的视阈中运作的，海德格尔的生存论还原是在存在的视阈中展示的”，接下来，便出现了这种可能性，即“还原不再被对象或存在者所阻挡”，而是可以彻底化到“被给予物本身”或“纯粹被给予物”，引回到“纯粹被给予状态”，或者说，这个还原是“把现象性还原到给予性”①。

四　对马里翁第三个还原的简评

下面让我们就《还原与给予性》一书的主要内容，适当结合《被给予》中马里翁对《还原与给予性》的反思，对马里翁的第三个还原做以下概括。

第一，从目的上看，马里翁《还原与给予性》的核心目的在于阐明，还原服务于给予性以及还原是如何服务于给予性的。在该书的前言中，马里翁说，其研究“旨在把给予性置于还原的中心，因而置于现象学的中心”②。或许我们可以这么说，还原与给予性的次序或关系，正如《还原与给予性》的书名中所列的还原与给予性的次序。还原先于给予性而实施，最终则引向给予性；给予性在后面到来，但却处于中心地位。还原服务于或引向给予性，这一点是他整个考察的核心内容，因而无论是他对胡塞尔还原与海德格尔还原的具体讨论，以及他所提出的第三个还原，都是围绕这一点进行的。

第二，从视角来看，马里翁考察还原的视角，既不是胡塞尔的认识论视角，也不是海德格尔的存在论视角，我们或可称之为绝对的或无条件的视角。马里翁现象学的核心概念是给予性。在马里翁看来，给予性就在于“它给出它自身”（il se donne/it gives itself），③ 它只是给出它自己，因而无需任何外在的条件或限制，是绝对的或无条件的。具体到现象学上，给予性本身就不应当限制在对象性或存在上，而是处在对象性和存在之外。由于还原应服务于或引回到给予性，那么还原也就不能只在认识论现象学和存在论现象学中使用或被限制于其中，而应从绝对的或无条件的给予性的这一视角来考察还原。

---

① Marion, *Being Given*, tr. Jeffrey L. Kosky, Stanford: Standford Oniversity Press, 2002, pp. 2 – 3 (pp. 7 – 8).

② Marion, *Reduction and Givenness*, p. xi.

③ Cf. Marion, *Being Given*, p. 2 (p. 6).

第三，从具体的论证线索看，他的论证主要是历史式的考察和推论。[①] 也就是说，从现象学发展史，主要是从胡塞尔到海德格尔的发展入手，对胡塞尔还原和海德格尔还原进行考察，然后推出他本人的第三个还原。具体来说，他认为，胡塞尔的还原所引向的是绝对被给予性；海德格尔的还原要实现的是，力图最终引到存在之被给予性。但胡塞尔的还原囿于对象性，海德格尔的还原则囿于存在，因而需要提出第三个还原即彻底的还原，从而引向真正的绝对被给予性。

但不得不说的是，在对胡塞尔还原和海德格尔还原的考察之前，他似乎已经先行有了给予性的观念，然后他依照给予性观念，来考察胡塞尔和海德格尔的还原并推出他的第三个还原。而事实上，在现象学第一部曲《还原与给予性》之前，在其《上帝无须存在》（主要是神学著作）中，逾越于存在之外的给予性概念已经提出了。这使得他的第三个还原以及给予性概念提出之后，遭到了一些学者比如雅尼考等的批评，认为他的现象学是披着神学外衣的现象学。对此，我们后文将进行讨论。

第四，从效果或价值来看，第三个还原使给予性从对象性和存在解放了出来，使得那些既非对象性也非存在的现象得到了在现象学上被描述和展示的权利。依照马里翁本人所说的，他的还原可以促成"描述某些特异的现象，那些被先前的形而上学和现象学所忽略或排除的现象，即溢满于直观的现象"[②]。事实上，也正是借由第三个还原所引向的绝对的、无条件的给予性，使绝对的、无条件的给予性成为现象性的核心标志，从而可以考察那些超出主体把握能力的溢满现象，而溢满现象的提出，恰恰是马里翁对现象学的核心贡献之一。

第五，从概念的清晰性来看，对于其现象学的核心概念还原以及给予性，马里翁的阐述是有欠清晰的。比如，既然还原是需要实施的，那么还原尤其是他的第三个还原，究竟由谁来实施的、实施的具体环节是什么？给予性概念的确切含义到底是什么？对于这些，他在《还原与给予性》中并没有给出确切的界定，因而引发了一些学者的批评。虽然在《还原与给予性》之后出版的《被给予》一书中，他对这些质疑或批评进行了集中回应，对相关概念尤其是给予性做了一些澄清，但似乎仍显不够。

---

① Cf. Marion, *Being Given*, p. 2 (p. 7).

② Marion, *Being Given*, pp. 3 –4 (p. 9).

德文、英文内容提要

Die Elementarischen Gesichtpunkte der Hegels Spekulativen Logik Ⅱ

Abstrakt: Diese Arbeit ist eine Untersuchung der elementarischen Gesichtpunkte der Hegels spekulativen Logik und in zwei Hauptstücke geteilt. Im ersten Hauptstücke betrachte ich: 1) Evolution od. Degeneration im Progress des Gegenstands der spekulativen Logik; 2) das Verhältnis der Vernunft und des Verstands in diesem Verlauf. und im zweiten Hauptstücke: 3) das Verhältnis des logischen Denkens und der intellektuelle Anschauung; 4) die Einheit des Geschichtliche und Logische. Alle diese Forschung ist vor sich gegeangen unter Anleitung der materiale Dialektik und mit den Ergebnisse der modernen naturlichen und sozialischen Wissenschaften verknünpft.

Keywords: die dialektische Logik; die verständige Logik; Evolution; Degeneration; die intellektuelle Anschauung; das Geschichtliche

Die Gespräche zwischen Zhao Dunhua und Deng Xiaomang über Kant und Hegel

Abstrakt: Das Thema dieser Gespräche ist ein Vergleichen zwischen Kants und Hegels Philosophie. Zhao und Deng stimmen mit einander darin überein, daß Kant und Hegel, obwohl jeder seinen Vorteil und Nachteil hat, aber für die chinesische Idee und Kultur in unserer Zeit beides sehr benötigt werden. Die zwei Sprecher haben aber die verschiedenen Meinungen davon, wie man den Vorteil und Nachteil bewertet, und diskutieren tiefschürfend die folgenden Probleme, wie über ihre Verstehung von Heuchelei, die Marxs Kritik an Hegels Staatlehre, Krieg und ewiger Frieden, die Beziehung der historischen Kultur und politischen Philosophie zur Metaphysik, Verhältins der deutschen Philosophie zu Rausseau und der französischen Revolution. Bei Fragen und Antworten werden die umfassende Auffassung von Rausseau, das Unterschied der Sprachen, Schriften und Kulturen zwischen China und Deutsch, die Bdeutung und der Einfluss und die aufklärerische Wirkung der deutschen klassischen Philosophie für die chinesische Gedanke in unserer Zeit u. s. w. besprecht.

Keywords: Kant; Hegel; das Vergleichen zwischen China und Deutscch

On the Transcendence of Kant's Philosophy in Virtue and Knowledge

Qiang Yihua / 051

Abstract: The relationship between virtue and knowledge is an important but controversial issue in the history of western philosophy. The knowledge in Socrates's proposition of "virtue is knowledge" is also includes moral knowledge, but is main intellectual knowledge. Not only that, Socrates's view further developed by Plato and Aristotle as a general philosophical view, and formed a characteristic of traditional metaphysics. Kant achieved a transcendence over traditional metaphysics on the issue of virtue and knowledge through distinguishing true and good as well as seeking truth (its target is knowledge) and seeking good (its target is virtue) on the basis of the difference between a natural world with natural inevitability and a moral world with free inevitability as well as natural metaphysics and moral metaphysics. Kant's transcendence which is actually a further development of Hume's idea of distinguishing between factual propositions and value propositions is a correct treatment to the relationship between virtue and knowledge. However, if we do not regard ethics as formalism only like Kant, it will also cause some harm to ethics to exclude intellectual knowledge from ethics, especially from moral judgment.

Keywords: Virtue; Knowledge; Equality; Inequality; Transcendence

Kant for Anti-Kantians

Michell Slot

translated by Li Jialian and Gao Jin / 065

Abstract: I think every kind of approach to ethics or ethical theory ought to accept Kant. We all have or should recognize a debt to Kant's innovations and in many areas, his clarity of historical and conceptual moral vision. I am going to begin by talking of the distinction between categorical and hypothetical imperatives, which I think Kant was first to draw in any explicit way. I am going to proceed to discuss Kant's distinction between das Gute and das Wohl, a distinction that I believe effectively makes Kant the discoverer of the idea of a good state of affairs, or at least the first to be really clear about the implications of that area. And I am going also to talk about how Kant's distinctive emphasis on the inner character of morality contains important lessons for virtue ethicist and care ethicist, and may even have something, though less, to say to consequentialists, since a proper attention to what Kant is saying about the inner life can help consequentialists to sharpen and differentiate their own contrary views.

Keywords: Categorical Imperative; Hypothetical Imperative; Good; Welfare; Inner Character

Verstehung und Übersetzung: Eine Auseinaderstzung von § 1. der Transzedentalen Ästhetik in Kants der *Kritik der reinen Vernunft*

Pu Lin / 089

Abstrakt: Die akademische Überstzung meint mir *Verstehung und ihre Foramtion*, deren Merkmal darin besteht, die elementarischen Begriffe, die die Gedanke des origirale Schriftstellers darstellt, in Muttersprache terminologische zu werden und in Wort zu ausdrücken; welcher Ablauf unausbleiblich von unseren vorhandenen Kultur und Denkungsart und Sprache begrenzt wird, aber sie gleichzeitig tradiert, verandert und formiert. Deshalb ist Übersetzung wesentlich auf Verstehung und Erlkärung gegründet. Diese Arbeit versucht, das am Beispiel von § 1. der Transzedentalen Ästhetik in Kants der *Kritik der reinen Vernunft* zu erläutern.

Keywords: Verstehung; Überstezung; *Kritik der reinen Vernunft* ; Transzedentalen Ästhetik

Hegels Begriffe "Vernunft" und "Glaube"

Lu De Vos und Peter Jonkers

übersetzt von Cheng Shouqing / 105

Abstrakt: In dieser Arbeit diskutieren Lu De Vos und Peter Jonkers getrennt Hegels Begriffe "Vernunft" und "Glaube" . Lu De Vos argumentiert, dass Hegels Begriff "Vernunft" während der Jenaer Zeit unter Schellings Einfluss vorgeschlagen wurde und zum Thema der Philosophie wurde, und seine spätere Logik und Philosophie waren die Wissenschaft über die Vernunft, aber die erstere stellt die Vernunft selbst dar, während die letztere die Wirklichkeit der Vernunft darstellt. Peter Jonkers' Meinung nach hat Hegels Begriff "Glaube" in den meisten Fällen eine negative Bedeutung, bedeutet ein unmittelbares und subjektives Fürwahrhalten, das dem vermittelnden und objektiven Verstandeswissen entgegengesetzt ist; in den *Vorlesungen über die Philosophie der Religion* begann er, eine neutrale Bedeutung zu gewinnen, nämlich das Zeugnis des Geistes, ist die Vermittlung zwischen dem Gläubigen und dem Glaubensgrund.

Keywords: Hegel; Vernunft; Glaube

Hegels Argument von Physiognomik und Schädellehre

Alastair MacIntyer

übersetzt von Deng Xiaomang / 115

Abstrakt: Alastair MacIntyer behaupt, daß Hegels Argument von Physiognomik und Schädellehre den menschlichen Charakter und Zustand entdecken und aufklären möchte und einige Probleme in unserer Zeit trifft. Er hat Hegels Kritik gegen diese zwei Pseudowissenschafte wiederholt und die neuen Unterstützungen durch die Ansichten von der moderne Experim entelpsychologie für jene Kritik gegeben, aber einige bisher noch wertvolle Gedanke in diesen veralteten Lehren doch bleibend anerkennen wie die Theorie über Position der Bezirke von Gehirn-funktionen. Die wesentliche These hier ist die Beschreibung der drei in Verhältnis zur Geschichtlichkeit stehenden und wählenden Eigenschaften des Hegels Schemas, in welchem er das menschliche Verhalten untersucht: das erste, die geschichtliche Kontinuität und Anhäufung; das zweite, die Aussicht der menschlichen Betätigung auf Zukunft; das dritte, daß die Geschichtlichkeit des Menschen nicht als Material der Naturwissenschaften gelten wird, sondern umgekehrt, die Naturwissenschaften zur Hilfsmaterialien der humanistischen oder historischen Wissenschaften werden soll, die als die elementarischeren Typen des Erkenntnisses ist, das heißt, daß das Geschichte der Bildung, die man durch Philosophie bekommt, ein elementarischeres Erkenntnistyp über menschliche Sein, als jede theoretische Konstruktion von Menschheit mit dem naturwissenschaftlichen Modell.

Keywords: Hegel; Physiognomik; Schädellehre; Naturwissenschaft; Geschichtlichkeit

On "Quantitative Relation" in Hegel's *Logik*

Qing Wenguang

Abstract: A fundamental meaning of "Quantitative Relation" in Hegel's *Logik* is that they are a kind of pure, ideal and absolute understanding of the laws of mathematical natural science at that time. The notions of "Quantitative Relation" are essences of the field of intensive quanta which are of qualitative meaning. That is identical with the fact that the laws of mathematical natural science are essences of natural appearances being of quantitative meaning. The determinatenesses of "Quantitative Relation" derive from firstly Hegel's understanding of Newtonian Mechanics according to the notion of "Quantitative Relation" . They are at the time identical with the structure of the whole of *Logik*; concretely, the notons of "Quantitative Relation" reflects the development through "Die Lehre vom Wesen" from "Die Lehre vom Sein" to "Die Lehre vom Begriff" in Hegel's *Logik*. That is of great importance to both "Quantitative Relation" and the whole of *Logik*. Besides, this paper also clarifies some inadequacies and faults among Hegel's discussions on "Quantitative Relation" in his *Logik*.

Keywords: Hegel's *Logik*; Quantitative Relation; Intensive Quantum; Newtonian Mechanics; Reflection between "Quantitative Relation" and the whole of *Logik*

Schelling als Vollender des Deutschen Idealismus

Hans Feger

übersetzt von Zhai Xin und Deng Xiaomang

Abstrakt: Schelling meint, daß Fechts Kritik an der logischen Aporie der reflektierten Selbsterfassung in circulus vitiosus geratete. Um den Zirkel zu überwinden, hat Selbstbewußtsein als das Erste und absolute bei Schelling die Begrenzung des Subjekts überschritten und das Wissen und die Anschauung von der Reflexion verständlich gemacht. Schelling bezeichnet dieses Wissen des Selbsts von sich als die intellektuelle Anschauung, welche nur durch die ästhetische Tätigkeit der Einbilduungskraft rekleftirt werden kann. Er nennt die ästhetische Anschauung an Kunstprodukte auch das Organon und Dokument der Philosophie. Um das Problem von Wesen der menschlichen Friheit systematisch zu begreifen, hat Schelling einen lebendigen und realen Begriff von Freiheit bietet und Platz einer Philosophie geräumt, welche nicht nur das Gute, sondern auch Böse für Option der menschlichen Freiheit eröffnet, und in dieser Bedeutung die Grenze des Idealismus erreicht.

Keywords: Schelling; Idealismus; die intellektuelle Anschauung; Kunst; Freiheit

Man: From its Origin to its Speech and Enterprise

Abstract: Since when has this type of the inventive carnivore existed? Spengler's answer is—through the genesis of the hand. Hand is a weapon unparalleled in the world of free-moving life. The eye of the beast of prey (which regards the world "theoretically") is added the hand of man which commands it practically. Man not only selects its weapon, but makes it . This is what constitutes his liberation from the compulsion of the genes, a phenomenon unique in the history of all life on this planet. Creative man has stepped outside the bounds of Nature, and with every fresh creation he departs further and further from her, becomes more and more her enemy. with the category of "Speech" and "enterprise" stand out from the "hand" and "implement" of human beings, this phenomenon is becoming more and more intense, and the cracks between the world of man and the universe are bigger and bigger.

Keywords: Oswald Spengler; The Origin of Man; Speech; Enterprise

A Brief Commentary on Marion's Third Reduction

Du Zhantao

Abstract: Marion claims that Husserl'reduction leads to the absolute givenness (donation), as well as Heidegger's reduction; however, these two reductions limit givenness respectively to objectivity and beingness. In order to free givenness from objectivity and beingness, Marion proposes his third reduction: boredom suspends beingness as well as objectivity and leads to the pure form of call, which is absolute and unconditional. In brief, the third reduction serves to safeguard the absoluteness of givenness, and vests those which are beyond the horizon of objectivity and beingness with the right of being displayed phenomenologically.

Keywords: Marion; The Third Reduction; Givenness; Absoluteness

图书在版编目(CIP)数据

德国哲学. 2017年. 下半年卷 / 邓晓芒，戴茂堂主编. -- 北京：社会科学文献出版社，2018.8
ISBN 978-7-5201-3049-3

Ⅰ. ①德… Ⅱ. ①邓… ②戴… Ⅲ. ①哲学-研究-德国-丛刊 Ⅳ. ①B516-55

中国版本图书馆CIP数据核字(2018)第155411号

德国哲学（2017年下半年卷）

主　　编 / 邓晓芒　戴茂堂
副 主 编 / 舒红跃

出 版 人 / 谢寿光
项目统筹 / 周　琼
责任编辑 / 黄金平

出　　版 / 社会科学文献出版社 · 社会政法分社（010）59367156
地址：北京市北三环中路甲29号院华龙大厦　邮编：100029
网址：www.ssap.com.cn
发　　行 / 市场营销中心（010）59367081　59367018
印　　装 / 三河市东方印刷有限公司

规　　格 / 开 本：787mm × 1092mm　1/16
印 张：15.25　字 数：256千字
版　　次 / 2018年8月第1版　2018年8月第1次印刷
书　　号 / ISBN 978-7-5201-3049-3
定　　价 / 98.00元

本书如有印装质量问题，请与读者服务中心（010-59367028）联系